Tim Hindle
Die 100 wichtigsten Managementkonzepte

Tim Hindle

Die 100 wichtigsten Managementkonzepte

Aus dem Englischen von
Nikolas Bertheau

Econ

Die englische Originalausgabe erschien 2001 unter dem Titel »Guide to management ideas by The Economist Books« bei dem Verlag Profile Books Limited, London.

Der Econ Verlag ist ein Unternehmen der
Econ Ullstein List Verlag GmbH & Co. KG, München

2. Auflage 2001

ISBN 3-430-14652-6

© 2001 by Tim Hindle
© 2001 by Econ Ullstein List Verlag GmbH & Co. KG, München
Lektorat: Dr. Petra Sternecker
Alle Rechte vorbehalten. Printed in Germany
Gesetzt aus der Rotis Serif und Officinia Sans bei
Franzis print & media GmbH, München

Inhalt

Vorwort zur deutschen Ausgabe

In einer Zeit schnellen Wandels tut Überblickswissen Not. Umso mehr, wenn es sich um die in diesem Buch versammelten wichtigsten Managementansätze handelt, denn noch immer genießt das Thema Management bei uns nicht den Stellenwert, den es verdient.

Der Veränderungsdruck auf Unternehmen, Führungskräfte und Mitarbeiter wächst weiter. Getrieben wird er – direkt und indirekt – durch die steigende Bedeutung der Informationstechnologie.

Direkt wächst der Veränderungsdruck deshalb, weil Informationstechnologie heute ein wesentlicher Bestandteil aller wertschöpfenden Unternehmensprozesse ist. Indirekt steigt er, weil sie sich als wesentlicher Wegbereiter der Globalisierung und Privatisierung entpuppt hat. In den siebziger Jahren diente der Einsatz von Informationstechnologie lediglich dazu, Prozesse der Massenverarbeitung zu rationalisieren. In einer nächsten Entwicklungsstufe wurde die Informationstechnologie dazu genutzt, alle in Unternehmen vorhandenen Geschäftsprozesse zu unterstützen. Mit dem Wandel von der Industrie- zur Informationsgesellschaft in den Neunzigern wurde eine dritte Stufe erreicht, in der man Informationstechnologie plötzlich als Wettbewerbsfaktor entdeckte. Elemente der Informationstechnologie wurden nun in Produkte und Dienstleistungen integriert, um eine Differenzierung vom Wettbewerb zu schaffen. In einer vierten Stufe, in die wir gerade eintreten, wird Informationstechnologie zum Instrument der Unternehmensführung selbst werden. Damit zwingt sie Unternehmen zu einem veränderten Management und zu einer Veränderung der zur Verfügung stehenden Managementtechniken. Wie das?

Elemente der Informationstechnologie sorgen bei richtiger

Verwendung für eine bisher nicht erreichbare Transparenz und Zugänglichkeit von Informationen. Beides erlaubt eine qualifizierte Selbststeuerung von komplexeren Vorgängen. In der Vergangenheit musste man eine Steuerungshierarchie aufbauen, die den Mitarbeitern vor Ort vorschrieb, was sie zu tun haben, damit in der Prozesskette zu einem späteren Zeitpunkt keine Störungen auftraten. Heute sehen die Mitarbeiter durch die Bereitstellung der richtigen Informationen vor Ort selbst, was zu tun ist. War man in der Vergangenheit gezwungen, Unternehmenseinheiten sich lokal verbessern zu lassen, so ermöglicht die moderne Verwendung von Informationstechnologie eine optimierte Abstimmung der Wertschöpfungsprozesse – unabhängig von Raum und Zeit und über die Grenzen von Unternehmen hinweg!

Allerdings sollte man nicht dem Irrtum erliegen, die Informationstechnologie sei ein Allheilmittel für das Management komplexer Unternehmen und Vorhaben. Sie ist lediglich ein Wirkstoff, den man einsetzen kann und der die Möglichkeiten effektiven Managements erweitert und verändert. Dennoch ist sie zugleich eine unausweichliche Herausforderung, der sich die Unternehmen durch die entsprechenden Umstrukturierungen stellen müssen, wollen sie künftig erfolgreich sein. Der in diesem Sinne gelungene Einsatz der Informationstechnologie ist die Basis für gutes Management und damit letztlich die Voraussetzung für die optimale Auswahl und Anwendung entsprechender Techniken.

Gerade im Informationszeitalter sind die hier versammelten wichtigsten Managementkonzepte grundlegend. Indem Unternehmen und Manager moderne Informationstechnololgie einsetzen und die Wertschöpfungsprozesse entsprechend organisieren, können diese letztlich mit ganz neuen Möglichkeiten genutzt werden.

Frankfurt, im August 2001   Thomas Köhler,
                                        Sprecher der Geschäftsführung,
                                                        Accenture

Einführung

Dieses Buch wurde in erster Linie geschrieben, um eine Lücke zu schließen. Fehlte doch bislang ein kompakter Band mit kurzen Einführungen in die wesentlichen Managementkonzepte, die während des vergangenen Jahrhunderts die Strukturen und den Arbeitsstil der Geschäftsorganisationen maßgeblich prägten. Diese Konzepte sind nicht länger auf die Seiten wissenschaftlicher Managementjournale oder die Vorlesungssäle angesehener Business Schools beschränkt. Auf viele von ihnen wird zunehmend auch in allgemeinen Trainingsmaterialien für das Management und auf den Seiten der täglichen Wirtschaftspresse Bezug genommen. Und doch erklären sich nur die wenigsten von selbst. Ohne ein Buch wie dieses erscheint mir die Beschäftigung mit Business und Wirtschaft ein wenig so, als würden wir eine Kunstausstellung betrachten, ohne das Mindeste über den Künstler zu wissen: Es mag zwar lohnen, doch können wir einen tieferen Einblick nur mittels einer fachgerechten Einführung gewinnen.

Die vorliegende Anleitung ist bestrebt, den interessierten Leser über die Literaturempfehlungen am Ende der meisten Kapitel zu einem eingehenderen Studium anzuregen. Mein Ziel war es, die 100 größten Managementideen des 20. Jahrhunderts zusammenzutragen, was im Schnitt einer großen Idee pro Jahr entspricht: Wer könnte mehr erwarten?

Bei den meisten Ansätzen bestand kein Zweifel hinsichtlich ihrer Zugehörigkeit zu dieser Riege. Einige jedoch wären ebenso gut durch andere ersetzbar, weshalb die Auswahl letztlich eine Frage der persönlichen Sichtweise bleibt. Wichtige Anregungen verdanke ich hier Professor Piero Morosini von IMD, einer Business School in Lausanne. Wie stets bei solchen Unternehmungen gehen jedoch alle wesentlichen Versäumnisse auf das Konto des Autors.

Je weiter dieses Buch gediehen war, desto mehr war ich fasziniert von der Bandbreite und Tiefe so mancher Idee zum Thema
Organisation und »Arbeitsverhalten« der Individuen sowie der
Menschen als Erzeuger und Konsumenten. Ebenso beeindruckte
mich die Beobachtung, wie viele von ihnen zyklischer Natur
sind. Sie kommen und gehen und kommen anschließend wieder.
Die Parallelen zwischen dem Scientific Management eines Frederick Taylor und der Begeisterung im späten 20. Jahrhundert für
Business Process Reengineering sind unübersehbar. Ebenso auf-
fallend ist die regelmäßige Wiederbelebung der von Douglas
McGregor eingeführten Theorien X und Y, wie auch ein Revival
der gegenwärtig unterbewerteten Idee des Satisficing längst
überfällig ist – und sei es auch nur, um in der Welt des E-Commerce zur Anwendung zu kommen.

Ich möchte Stephen Brough von Profile Books dafür danken,
dass er meine Überzeugung teilte, der potenzielle Markt für ein
Produkt wie dieses beschränke sich nicht auf meine Person. Des
Weiteren danke ich Aimee-Jane Lee vom Worcester College, Oxford, für ihre große Hilfe bei den Recherchen zu vielen der Einträge, und Piero Morosini, der, weder Zeit noch Mühe scheuend,
mir einerseits Mut machte und mich andererseits zur nötigen intellektuellen Akribie anhielt.

Zuletzt möchte ich all den Managementvordenkern und -auto-
ren danken, die in diesem Buch Erwähnung finden. Leider gehen
viele von ihnen in all dem Management-Hokuspokus unter, der
jedes Jahr veröffentlicht wird und der Branche einen schlechten
Ruf verschafft. Aber die besten von ihnen geben wertvolle Einsichten in die Art, wie die meisten von uns den Großteil ihrer wachen Zeit verbringen. Wenn dieses Buch nur einige dieser Einsichten vermitteln kann, dann hat es sein Ziel erreicht.

Januar 2000   Tim Hindle

Activity Based Costing (ABC)

Activity Based Costing ist eine Methode, die Kosten von Produkten oder Dienstleistungen entsprechend den Ressourcen anzusetzen, die für ihre Bereitstellung aufgewendet werden müssen. Nach der Zeitschrift *The Economist* besteht das Ziel dieses Ansatzes darin, »die Art der Kostenermittlung zu verändern«.

ABC stellt eine Alternative zur traditionellen Buchführung dar, bei der die Gemeinkosten eines Betriebs (indirekte Kosten zum Beispiel für Beleuchtung, Heizung und Vermarktung) proportional den jeweiligen direkten Kosten einzelner Aktivitäten zugerechnet werden. Ein solcher Ansatz ist unbefriedigend, weil zwei Aktivitäten mit vergleichbaren direkten Kosten in unterschiedlichem Umfang für die Gemeinkosten verantwortlich sein können. Ein seriengefertigter Industrieroboter mag beispielsweise ebenso viel Arbeitsleistung und Material verschlingen wie eine Spezialanfertigung. Für letztere müssen die Ingenieure des Unternehmens jedoch sehr viel mehr Zeit (ein Gemeinkostenfaktor) aufwenden als für das Serienprodukt.

Dieser Unterschied wird von den traditionellen Kostenrechnungssystemen nicht berücksichtigt. Ein Unternehmen, das vermehrt Spezialanfertigungen herstellt (und seine Preise nach der bislang üblichen Kostenrechnung kalkuliert), käme schnell in die roten Zahlen. Je leichter die neuen Technologien es den Unternehmen machen, kundenspezifische Produkte herzustellen, desto mehr Bedeutung kommt der korrekten Zuordnung der indirekten Kostenanteile zu.

Die Einführung von Activity Based Costing ist keine einfache Aufgabe – und mit Sicherheit komplizierter als das Abc. Zuerst müssen alle Geschäftsaktivitäten in ihre einzelnen Komponenten zerlegt werden. Das schweizerisch-schwedische Energieunternehmen ABB beispielsweise zerlegte seine Einkaufstätigkeit im

Rahmen seines ABC-Programms in Bestandteile wie Verhandlungen mit Zulieferern, Datenbankaktualisierung, Einkauf und Beschwerdebearbeitung.

Große Unternehmen sollten tunlichst einen Pilotversuch durchführen, bevor sie das System unternehmensweit implementieren. Die für ABC erforderlichen Daten stehen häufig nicht unmittelbar zur Verfügung und müssen erst gesondert ermittelt werden. Oft ist dazu die Durchführung vieler neuartiger Messungen notwendig. Größere Unternehmen beauftragen meist eine auf dieses Gebiet spezialisierte Beratungsfirma damit, ein entsprechendes System zu implementieren und zu betreuen.

Am einfachsten ist es, ABC-Software in Kombination mit dem existierenden Kostenrechnungssystem des Unternehmens einzusetzen. Das traditionelle System bleibt nach wie vor im Einsatz, während die ABC-Struktur dann ergänzend zur Verfügung steht, wenn bestimmte Kostendaten als Grundlage für eine anstehende Entscheidung zu ermitteln sind. Moderne Kostenrechnungssoftware, wie sie beispielsweise vom deutschen Softwarehersteller SAP angeboten wird, erleichtert die Einführung von ABC.

Die Implementierung eines ABC-Systems ist eine Vorbedingung für die Geschäftsprozessverbesserung (siehe Seite 106) und für jede Art von Reengineering (siehe Seite 251). Viele Unternehmen nutzen ABC-Daten als Basis für die beim Einsatz einer Balanced Scorecard erforderlichen Messungen (siehe Seite 14).

Historischer Abriss

Die Idee des Activity Based Costing entstand Mitte der achtziger Jahre als Reaktion auf die zunehmende Unzufriedenheit mit traditionellen Methoden der Kostenrechnung. Sie gründet im Wesentlichen auf Arbeiten Michael Porters (siehe Wettbewerbsvorteil, Seite 336), der die Geschäftstätigkeit erstmals als einer Folge miteinander verketteter Einzelaktivitäten beschrieb. In diesem Modell ist Gewinn nichts anderes als die Summe der Differenzen zwischen dem Preis, den die Kunden für die verschiedenen Aktivitäten zahlen, und den Kosten, die diese verursachen. Die korrekte Ermittlung der Kosten für einzelne Aktivitäten ist demnach von zentraler Bedeutung für die Gewinnerzeugung. Nach einem imposanten Start geriet ABC jedoch etwas in Misskredit. Selbst Robert Kaplan, Professor an der Harvard Business School, der gelegentlich als der Gründungsvater von ABC bezeichnet wird, musste zugeben, dass die Entwicklung in den neunziger Jahren stagnierte. Die Schwierigkeit lag in der praktischen Umsetzung der Theorie. Viele Unternehmen waren nicht bereit, ihre herkömmlichen Mechanismen der Kostenüberwachung zugunsten von ABC preiszugeben. In seinem Buch *Prozesskostenrechnung als Managementinstrument* erklärte Kaplan, dass »die meisten Anwender nur einen Bruchteil der potenziellen Möglichkeiten des modernen Kostenmanagements wirklich nutzen«.

Dennoch hat ABC viele zufriedene Kunden. Chrysler, der inzwischen mit Daimler-Benz fusionierte US-Autohersteller, spricht von Einsparungen in Höhe von mehreren 100 Millionen US-Dollar durch ein Programm, welches das Unternehmen Anfang der neunziger Jahre einführte. Mittels ABC stellte sich nämlich heraus, dass einzelne Chrysler-Teile in Wirklichkeit 30-mal teurer waren als ursprünglich kalkuliert, was das Unternehmen veranlasste, die Herstellung vieler dieser Elemente auszulagern (siehe Outsourcing, Seite 223).

Empfohlene Lektüre

Kaplan, R. S. u. Cooper, R., »Make Cost Right: Make the Right Decisions«, in: *Harvard Business Review*, September–Oktober 1988

Kaplan, R. S. u. Cooper, R., *Prozesskostenrechnung als Managementinstrument*, Frankfurt 1999 (Original: *Cost & Effect*, Boston 1997)

Ness, J. A. u. Cucuzza, T. G., »Tapping the Full Potential of ABC«, in: *Harvard Business Review*, Juli–August 1995

O'Guin, M. C., *The Complete Guide to Activity Based-Costing*, Englewood Cliffs 1991

www.c3i.osd.mil/bpr/bprcd/0201c1.htm – ABC Guidebook

Balanced Scorecard

Robert Kaplan, Professor für Rechnungswesen an der Harvard Business School, präsentierte in jedem Jahrzehnt eine große Idee. In den Achtzigern war es das Activity Based Costing (siehe Seite 11). In den Neunzigern war es die Balanced Scorecard.

Die Idee der Balanced Scorecard findet sich in einem Artikel, den Kaplan 1992 gemeinsam mit David Norton, President einer Beratungsfirma mit Namen Renaissance Strategy Group, für die *Harvard Business Review* verfasste. Der Artikel mit dem Titel »The Balanced Scorecard – Measures that Drive Performance« geht von der Idee aus, dass wir am Ende das bekommen, was wir messen. Wenn wir lediglich finanzielle Leistung messen, erreichen wir auch nur finanzielle Leistung. Nur wenn wir die Perspektive erweitern und zusätzliche Kriterien bei unseren Messungen berücksichtigen, haben wir eine Chance, auch andere als rein finanzielle Ziele zu erreichen.

Kaplan und Norton schlugen insbesondere folgende Gesichtspunkte vor:

- **Kundenperspektive:** Wie sieht der Kunde das Unternehmen, und was muss das Unternehmen tun, um für diesen Kunden ein wertvoller Lieferant dieses Kunden zu bleiben?
- **Interne Unternehmensperspektive:** Welche internen Prozesse muss das Unternehmen verbessern, um seine Ziele bei Kunden, Aktionären und anderen zu erreichen?
- **Innovation und Verbesserung:** Wie kann sich das Unternehmen weiter verbessern, um auch in Zukunft Wert zu erzeugen? Was sollte im Hinblick auf dieses Ziel gemessen werden?

Historischer Abriss

Die Idee der Balanced Scorecard übte anfangs eine große Attraktivität aus. Die Unternehmen hatten zunehmend Probleme mit den traditionellen Leistungsgrößen, die ausschließlich auf die Interessen der Aktionäre ausgerichtet waren. Viele waren der Meinung, dass dieser Ansatz zu kurz greife, indem er den Ausschlägen des Aktienmarkts eine übermäßige Bedeutung beimesse und Vorstände wie Manager daran hindere, längerfristige Möglichkeiten in Betracht zu ziehen. Die Balanced Scorecard erweitere nicht nur das Wahrnehmungsspektrum des Unternehmens im Hinblick auf die aktuelle Geschäftssituation, sie erleichtere auch die Identifizierung möglicher zukünftiger Erfolgsfaktoren.

Kaplan und Norton selbst sahen die Vorteile der Balanced Scorecard unter anderem in folgenden Aspekten:

- Sie erleichtert es den Unternehmen, die nötigen Maßnahmen zu ergreifen, um eine »Pionierleistung« zustande zu bringen.
- Mit ihrer Hilfe lassen sich Unternehmensprogramme zusammenfassen, die häufig isoliert ablaufen, wie beispielsweise Qualitätsprogramme, Reengineering, Process Redesign und Kundenserviceprogramme.
- Sie ermöglicht es, Strategievorgaben in konkrete Leistungsgrößen und Zielsetzungen zu übersetzen.
- Unternehmensweite Messgrößen werden untergliedert, sodass lokale Manager und Beschäftigte erkennen können, mit welchen Maßnahmen sie zu einer Verbesserung der Effektivität des Unternehmens beitragen können.
- Sie fördert eine integrierte Sichtweise, die mit der traditionellen Vorstellung vom Unternehmen als einer Ansammlung isolierter und unabhängiger Funktionen und Abteilungen aufräumt.

Empfohlene Lektüre

Kaplan, R. S. u. Norton, D. P., »The Balanced Scorecard – Measures that Drive Performance«, in: *Harvard Business Review*, Januar–Februar 1992
Kaplan, R. S. u. Norton, D. P., »Putting the Balanced Scorecard to Work«, *Harvard Business Review*, September–Oktober 1993
Kaplan, R. S. u. Norton, D. P., *Balanced Scorecard*, Stuttgart 1997 (Original: *The Balanced Scorecard: Translating Strategy into Action*, Boston 1996)
Kaplan, R. S. u. Norton, D. P., »Why Does Business Need a Balanced Scorecard?«, in: *Journal of Strategic Performance Measurement*, Teil 1, Februar-März 1997, Teil 2, Juni–Juli 1997
Neely, A., *Measuring Business Performance*, London 1998

Bedürfnishierarchie

Die Bedürfnishierarchie wird fast ausschließlich mit Abraham Maslow assoziiert, dem einflussreichsten Anthropologen, der jemals für die Industrie tätig war. Der in New York gebürtige Maslow führte anthropologische Forschungen bei den Schwarzfußindianern in der kanadischen Provinz Alberta durch, bevor er in die Wirtschaft ging. Später wurde er Psychologieprofessor an der Brandeis University in Massachusetts.

Die Bedürfnishierarchie beschreibt einen Theorieansatz, wie Menschen motiviert werden können. Sie hat einen direkten Bezug zur Art und Weise, wie Unternehmen ihre Mitarbeiter motivieren und zu Bestleistungen anspornen. Maslow stellte seine Theorie erstmals in einer Arbeit (»A Theory of Human Motivation«) vor, die 1943 in der *Psychological Review* erschien. Darin postulierte er fünf Kategorien menschlicher Bedürfnisse, wobei die Bedürfnisse der niedrigeren Kategorien befriedigt sein müssen, bevor die höheren als Motivationsfaktoren wirken können. Ein Geiger, der am Verhungern ist, kann kaum dazu motiviert werden, Mozart zu spielen, und ein Ladenangestellter, dem keine Mittagspause vergönnt ist, ist am Nachmittag weniger produktiv als einer, der seine Pause gehabt hat.

Dieser Theorieansatz entstand aus der Einschätzung heraus, dass die klassische Wirtschaftstheorie Managern wenig Hilfestellung gibt, weil sie die Komplexität der menschlichen Motivation außer Acht lässt. Maslow selbst schrieb:

»Welche Arbeitsbedingungen, welche Art von Arbeit, welches Management und welche Belohnung oder Bezahlung tragen zur Gesundheit des Menschen bei, dazu, dass er sich in voller Größe aufrichten kann? Die auf einer unzureichenden Theorie der menschlichen Motivation basierende klassische Wirtschaftstheorie könnte revolutioniert werden, wenn wir die Realität höherer menschlicher Bedürfnisse akzeptieren, einschließlich der Bedürfnisse nach Selbstverwirklichung und Liebe als den höchsten Werten.«

Ganze Wirtschaftsbranchen existieren, um die Bedürfnisse in Maslows fünf Kategorien zu befriedigen:

- **Physiologische Grundbedürfnisse:** Hunger, Durst, Sex und Schlaf. Nahrungsmittel- und Getränkehersteller bemühen sich, Bedürfnisse aus diesem Bereich zu befriedigen, ebenso wie Prostituierte und Tabakzüchter.
- **Sicherheitsbedürfnisse:** Arbeitsplatzsicherheit, Schutz vor Schaden und Vermeidung von Risiken. Auf dieser Stufe drehen sich die Gedanken der Menschen um Versicherungen, Alarmanlagen und Spareinlagen.
- **Soziale Bedürfnisse:** Zuneigung gegenüber Familie und Freunden. Dazu gehören Hochzeiten, gute Restaurants und Telekommunikation.
- **Selbstachtungsbedürfnisse** (auch Egobedürfnisse genannt): Unterteilung in innere Bedürfnisse (zum Beispiel Selbstachtung und Stolz) sowie äußere Bedürfnisse (zum Beispiel Status und Anerkennung). Zu den Wirtschaftsbranchen, die sich auf diese Bedürfnisebene konzentrieren, gehören die Sport- und die Freizeitbranche.
- **Selbstverwirklichungsbedürfnisse:** »Ein Musiker muss Musik machen, ein Künstler muss malen, ein Dichter muss schreiben, wenn er seinen Seelenfrieden haben will. Was ein Mensch kann, muss er tun. Dieses Bedürfnis können wir als Selbstverwirklichungsbedürfnis bezeichnen«, erklärt Maslow. Das kann beinhalten, dass wir Kunstausstellungen besuchen, auf Berge klettern oder Romane schreiben. Theater, Kinos und die Musikbranche beziehen sich diese Ebene. Die Selbstverwirklichung unterscheidet sich mindestens in einer Hinsicht von den übrigen Bedürfnisstufen: Sie erreicht niemals den Zustand der Erfüllung oder Befriedigung.

Die Position des Einzelnen in dieser Hierarchie verändert sich entsprechend seinen veränderten Bedürfnissen ständig. Eine einzelne Handlung kann Bedürfnisse auf verschiedenen Ebenen gleichzeitig befriedigen. Ein gemeinsames Glas mit einem Freund in einer Bar etwa löscht zugleich den Durst und befriedigt unser Bedürfnis nach Freundschaft (Stufe eins und drei). Ganze Branchen sind bemüht, Bedürfnisse auf verschiedenen Ebenen zu befriedigen. Ein Hotel beispielsweise offeriert Nahrung (Ebene eins), ein Restauranterlebnis (Ebene drei) und spezielle Wochenendausflüge zu speziellen Sehenswürdigkeiten (Ebene fünf). Die Hierarchie ist nicht absolut. Sie hängt von dem allgemeinen Umfeld ab, in dem der Einzelne lebt. Inwieweit beispielsweise soziale Bedürfnisse am Arbeitsplatz befriedigt werden, ist eine Frage der Kultur. In Japan ist das Unternehmen für den Mann (nicht hingegen für die Frau) eine wichtige Quelle von Zugehörigkeitsgefühl; auf den Westen trifft das in viel geringerem Maß zu.

Historischer Abriss

Maslow wird von Peter Drucker, einem viel beachteten Wirtschaftstheoretiker, als »der Vater der humanistischen Psychologie« bezeichnet. Aber Drucker erhebt Einwände gegen die Bedürfnishierarchie. Er schreibt:

»Was Maslow nicht sah, war, dass sich ein Bedürfnis im Lauf seiner Befriedigung verändert ... wenn sich ein Bedürfnis dem Zustand seiner Befriedigung nähert, nimmt seine Belohnungsqualität, und damit seine Wirksamkeit als Anreiz, rasch ab. Gleichzeitig nimmt seine Kapazität, abzulenken, Unzufriedenheit zu erzeugen oder abschreckend zu wirken, rasch zu.«

Maslow hielt nichts von autoritären Führungsmethoden. Die autoritäre Charakterstruktur sei »die wichtigste Einzelkrankheit, unter der die Menschheit heute leidet – weit wichtiger, als alle medizinischen Krankheiten ... und die am weitesten verbreitete aller Krankheiten ... pandemisch ... selbst in den Vereinigten Staaten, selbst in diesem Hörsaal«. Wer den Punkt der Selbstverwirklichung erreicht, so seine Überzeugung, habe einen demokratischen und keinen autoritären Horizont.

Die meisten der Maslow'schen Wirtschaftsrezepte basieren auf demokratischen Prinzipien. Zu seinen ersten »Schülern« gehörte ein kalifornisches Unternehmen namens NLS. Es demontierte in den frühen Sechzigern seine Montagebänder und ersetzte sie durch Produktionsteams mit jeweils sechs oder sieben Beschäftigten. Jedes Team war jeweils für einen gesamten Produktionsprozess zuständig. Zahlreiche weitere Innovationen (wie beispielsweise die Abschaffung der Stechuhr) revolutionierten das Unternehmen ohne Produktionsverlust und mit einer deutlich verbesserten Motivation der Beschäftigten.

Gelegentlich tangierte Maslows Theorie den Bereich der Philosophie und (entfernt) den der Religion. Einmal schrieb er:

»Unser einziger Rivale begegnet uns in unseren Möglichkeiten. Unser einziges Scheitern ist das Unvermögen, unsere eigenen Möglichkeiten zu verwirklichen. In diesem Sinn kann jeder Mensch König sein und sollte dementsprechend wie ein König behandelt werden.«

Wer von den eigenen Talenten keinen Gebrauch macht, versündigt sich nicht gegen seine Religion, wohl aber gegen sich selbst. (Siehe die Theorien X und Y, Seite 296.)

Empfohlene Lektüre

Hoffmann, E., *The Right to be Human – A Biography of Abraham Maslow*, Wellingborough 1989
Maslow, A., »A Theory of Human Motivation«, in: *Psychological Review*, Bd. 50, 1943
Maslow, A., *Motivation und Persönlichkeit*, Hamburg 1981 (Original: *Motivation and Personality*, New York 1954)
Steers, R. M. u. Porter, L. W., *Motivation and Work Behavior*, 5. Aufl., New York 1991
www.totallearning.com.au/public_html/needs_nf.html – The Maslow Need Hierarchy

Benchmarking

Benchmarking ist eine Methode, mit der die Leistung einer Geschäftseinheit oder eines Unternehmens mit beliebigen anderen Einheiten verglichen werden kann. Auf diese Weise kann ein Unternehmen sein eigenes Leistungsniveau in einem breiten Kontext messen und eine Vorstellung von der Best Practice in dem entsprechenden Bereich gewinnen. In *The Benchmarking Book* definiert Michael Spendolini Benchmarking als einen »fortlaufenden systematischen Prozess zur Bewertung von Produkten, Dienstleistungen oder Arbeitsabläufen von Best-Practice-Unternehmen, um auf diese Weise die eigene Unternehmensleistung zu verbessern«.

Ursprünglich hatte man die Messdaten zur Unternehmensleistung mit entsprechenden Daten aus demselben Unternehmen zu verschiedenen früheren Zeitpunkten verglichen. Dadurch ließen sich zwar Verbesserungen innerhalb des Unternehmens verfolgen, eine absolute Leistungsbeurteilung war jedoch nicht möglich. Das Unternehmen konnte sich stetig verbessern, wenn seine Wettbewerber es in dieser Leistung übertrafen, dann war »immer besser« noch lange nicht »gut genug«.

In ihrem Buch *Benchmarking* unterscheiden C. J. McNair und H. J. Leibfried vier Varianten von Benchmarking:

- **Internes Benchmarking:** eine Art Qualitätsmanagement, eine interne Überprüfung der Unternehmensstandards, um zu erkennen, wo sich Verschwendung reduzieren und Effizienz verbessern lässt.
- **Wettbewerbsorientiertes Benchmarking:** der Vergleich der Standards eines Unternehmens mit denen eines anderen (konkurrierenden) Unternehmens.

- **Brancheninternes Benchmarking:** der Vergleich der Standards eines Unternehmens mit denen der gesamten Branche, der es angehört.
- **Branchenübergreifendes Benchmarking:** der Vergleich des Leistungsniveaus eines Unternehmens mit den Weltbesten ohne Rücksicht auf Branchen und nationale Märkte. Die Japaner verwenden dafür das Wort *Dantotsu*, was so viel bedeutet wie »der Beste unter den Besten sein«.

Benchmarking ist ein fließendes Konzept, das die Tatsache berücksichtigt, dass sich die Geschäftssituation und damit auch die relative Bedeutung der einzelnen Prozesse mit der Zeit ändern. Wenn sich beispielsweise ein Einzelhändler vom Ladenverkauf auf den Internethandel verlegt, verliert das Thema Kundenparkplätze schlagartig an Bedeutung, während stattdessen die Leistung der Lieferwagenflotte zu einem wichtigen Faktor wird. Das Benchmarking muss diese Bedeutungsverschiebung natürlich berücksichtigen.

Benchmarking setzt voraus, dass die Unternehmen bereit sind, ihre Messdaten in einer Art öffentlichen Arena preiszugeben, damit andere sich damit vergleichen können. Das geschieht in der Regel über ein Drittunternehmen, das die Daten ordnet und schließlich in einer Form präsentiert, die keine Rückschlüsse auf die Identität der einzelnen Datenlieferanten zulässt. Die Unternehmen können ihre eigenen Daten wieder erkennen und auf diese Weise feststellen, wie gut sie im allgemeinen Vergleich dastehen.

Historischer Abriss

Die Begeisterung für das Benchmarking resultierte aus zwei Entwicklungstendenzen:

- Dem von den Japanern entworfenen Konzept des Total Quality Management (siehe Seite 299) und des damit verbundenen Kaizen (siehe Seite 142), was so viel wie kontinuierliche Verbesserung bedeutet. Dieses System setzte detaillierte Statistiken voraus. Es erforderte eine gewissenhafte Messung der Branchenaktivitäten und die fortlaufende Überprüfung dieser Messgrößen. Dabei reichte es nicht aus, wenn nur ein Unternehmen diese Messungen durchführte; die Methode verlangte vielmehr, dass die Wettbewerber dasselbe taten.

• Den Arbeiten Michael Porters (siehe Wettbewerbsvorteil, Seite 336) aus den achtziger Jahren. Sie zwangen die Unternehmen, sich bei der Bestimmung der eigenen Position mehr an den Wettbewerbern und weniger an der eigenen Vergangenheit zu orientieren.

Eines der besten Beispiele für Benchmarking lieferte der Fotokopiergerätehersteller Xerox, der sich in den achtziger Jahren einem rigorosen Benchmarkingprozess unterwarf, nachdem sein Marktanteil stark unter der japanischen Konkurrenz gelitten hatte. Xerox begann mit einer systematischen Analyse der Produkte und Arbeitsabläufe seiner Wettbewerber mit dem Ziel, sich selbst zu reorganisieren und die Konkurrenz dabei nicht nur einzuholen, sondern zu überholen. Das Unternehmen konnte seinen Marktanteil weitgehend zurückerobern, bis ihm 1989 in den Vereinigten Staaten der angesehene Malcolm Baldrige Quality Award verliehen wurde.

Benchmarking ist in den Vereinigten Staaten und Japan mittlerweile allgemeine Praxis und kommt auch in Europa immer häufiger zur Anwendung. Der deutsche Elektro- und Elektronikhersteller Siemens beispielsweise hat sich ausgiebig mit Wettbewerbern und Unternehmen aus anderen Branchen (zum Beispiel im Einzelhandel) verglichen, um in Erfahrung zu bringen, wie er sich etwa im Bereich Kundenservice verbessern kann.

Empfohlene Lektüre

Ahlstrom, P., Blacknon, K. u. Voss, C., »Benchmarking and Manufacturing Performance: Some Empirical Results«, in: *Business Strategy Review*, Bd. 4, 1996
The Benchmarking Management Guide, American Productivity and Quality Center, Portland 1993

Boxwell, R. J., *Benchmarking for Competitive Advantage*, New York 1994

Karlöf, B., *Das Benchmarking-Konzept: Wegweiser zur Spitzenleistung in Qualität und Produktivität*, München 1994 (Original: *Benchmarking: A Signpost to Excellence in Quality and Productivity*, New York 1993)

McNair, C. J. u. Leibfried, K. H., *Benchmarking. Von der Konkurrenz lernen, die Konkurrenz überholen*, München 1995 (Original: *Benchmarking – A Tool for Continuous Improvement*, New York 1992)

www.pr.doe.gov/dg61-3.html – Special Focus Area: Benchmarking

Brainstorming

Brainstorming ist ein ziemlich theatralischer Name für ein halb strukturiertes Meeting, dessen Hauptzweck die Erzeugung neuer Ideen ist. Ihm liegt die Vorstellung von so etwas wie psychologischer Synergie zugrunde: dass nämlich ein kreatives Meeting mehr als die Summe der Teile, das heißt mehr als die Summe der Ideen in den Köpfen der einzelnen Teilnehmer, zutage fördern kann.

Um wirklich erfolgreich zu sein, müssen Brainstorming-Sitzungen von einem geschulten Moderator geleitet werden und einige Grundregeln berücksichtigen. Ohne einen Moderator besteht bei derlei Veranstaltungen häufig die Gefahr, dass die meiste Energie in die Suche nach möglichst vielen Kritikpunkten an jeder neuen Idee fließt. Am Ende kommt nichts anderes dabei heraus, als dass eine Idee nach der anderen zerpflückt wird.

Zu einem formalisierten Brainstorming gehören drei Grundregeln:

- Den Teilnehmern steht es frei, beliebig viele Ideen vorzubringen, mögen sie auch noch so irrwitzig sein.
- Bis zum Ende der Sitzung ist keine Kritik an den Ideen zugelassen.
- Den Teilnehmern steht es frei, die Ideen der anderen fortzuspinnen, in jeder noch so abwegigen Weise zu kombinieren und in jede Richtung zu verändern.

Wenn Sie sich im Brainstorming versuchen wollen, sollten Sie die folgenden Ratschläge beherzigen:

- Legen Sie ein konkretes Gesprächsthema fest.
- Teilen Sie Diskussionen bei mehr als zehn Teilnehmern in kleinere Gruppen auf.

- Lassen Sie jede Gruppe einen Protokollführer wählen, der die aufgeworfenen Ideen festhält.
- Stellen Sie sicher, dass die obigen drei Grundregeln jedem Teilnehmer bewusst sind.
- Lassen Sie den Ideen freien Lauf und geben Sie sie unterschiedslos zu Protokoll.
- Bestimmen Sie Auswahlkriterien für die besten Ideen und bewerten Sie anschließend jede Idee nach diesen Kriterien.
- Beschreiben Sie die Schritte, die nötig sind, um die besten Ideen umzusetzen.

Historischer Abriss

Brainstorming wurde angeblich in den späten dreißiger Jahren von dem amerikanischen Werbeagenturleiter Alex Osborn als Managementtechnik entwickelt. Zeitweise wurde sie in Unternehmen ausgiebig angewendet, um neue Produktideen oder radikal veränderte Herstellungsmethoden zu entwickeln. Häufig jedoch erwiesen sich die Resultate des Brainstormings als unzureichend. Die meisten Kritiker sind sich einig, dass unstrukturierte Sitzungen nur selten funktionieren. Aber auch wenn die wichtigsten Grundregeln eingehalten werden, bleiben die Ergebnisse häufig enttäuschend.

Forschungen bezüglich der Effektivität des Brainstormings haben gezeigt, dass der Einzelne, wenn er selbständig vorgeht, originellere und höherwertige Ideen hervorbringt. Der Vorteil von Gruppen ist, dass insgesamt mehr Ideen produziert werden, auch wenn jede einzelne möglicherweise von geringerer Qualität ist. Im Übrigen zeigen Gruppen eine größere Ausdauer; der Einzelne wird schneller müde und ideenlos.

Ergebnisoffene Gruppendiskussionen haben sich weniger bei der Generierung als vielmehr bei der Auswertung von Ideen bewährt. Hier scheint ein Gruppenfeedback hilfreich zu sein.

Empfohlene Lektüre

De Bono, E., *Serious Creativity – Die Entwicklung neuer Ideen durch die Kraft lateralen Denkens*, Stuttgart 1999 (Original: *Serious Creativity*, New York 1992)

Goman, C. K., *Kreativität im Geschäftsleben – Eine praktische Anleitung für kreatives Denken*, Wien 1991 (Original: *Creativity in Business – A Practical Guide for Creative Thinking*, Mento Park 1989)

Rawlinson, J. G. *Creative Thinking and Brainstorming*, Aldershot 1986

Branding

Branding bedeutet ursprünglich die Kennzeichnung von Vieh (in der Regel mittels eines Brandzeichens). In der Geschäftswelt verstehen wir unter Branding Maßnahmen, um Waren und Dienstleistungen mit einer wieder erkennbaren Identität zu versehen. Philip Kotler, der Autor von *Marketing-Management*, einem weltweit anerkannten Standardbuch zu diesem Thema, definiert eine Marke folgendermaßen: »Ein Name, Begriff, Symbol oder Design (oder eine Kombination dieser Dinge) mit dem Zweck, die Waren oder Dienstleistungen eines Anbieters oder einer Gruppe von Anbietern auszuzeichnen und sie von denen der Konkurrenz unterscheidbar zu machen.«

Ein Markenimage lässt sich auf verschiedene Weise vermitteln, sei es über Werbung, Verpackung oder Mitarbeiterverhalten. Natürlich muss dieses Vorgehen von Zeit zu Zeit an den kulturellen Zeitgeist angepasst werden.

Branding bedeutet in mehrerer Hinsicht eine Bereicherung von Produkten und Dienstleistungen:

- Die Kunden erhalten eine Gewähr für die **Qualität des Produkts**: Das wiederum gestattet es dem Hersteller, über den reinen Nutzwert des zugrunde liegenden Produkts hinaus einen Aufpreis zu berechnen. Die Kunden kaufen Coca-Cola nicht nur, weil ihnen der Geschmack gefällt, sondern weil der Markenname Coca-Cola gleichzeitig in den Augen der Kunden so etwas wie eine »Qualitätsgarantie« ist.
Die Bedeutung der Marke erklärt sich aus der Möglichkeit, mit zugkräftigen Namen einen größere Nachfrage beim Kunden zu erzielen als mit weniger bekannten Produkten. Als der Tabakkonzern Philip Morris 1988 den Nahrungsmittelhersteller Kraft kaufte, bezahlte er dafür das Vierfache des materiellen Anla-

genwerts. In der Tatsache, dass die immateriellen Aktiva 75 Prozent des Gesamtwerts ausmachten, zeigte sich die Stärke der Marke Kraft. Als Nestlé Rowntree kaufte, zahlte das Unternehmen das Fünffache des nominellen Anlagenwerts. Der Großteil dieser Zusatzkosten (knapp zwei Milliarden britische Pfund) galt Rowntrees bekannten Marken wie Polo, KitKat und After Eight.

Das Vertrauen der Kunden in bekannte Markennamen ist besonders dann von Nutzen, wenn die Verbraucher nicht ausreichend informiert sind, um eine sachgerechte Wahl zwischen den Produkten oder Dienstleistungen zu treffen. Westliche Reisende beispielsweise orientieren sich beim Kauf von Getränken und Zigaretten in fernen Winkeln der Erde, wo ihnen die lokalen Produkte unbekannt sind, an globalen Markennamen. Ähnliches trifft auch auf das Internet zu, dessen Angebotsvielfalt Onlinekunden schnell überfordern kann. Sie greifen auf vertraute Marken zurück, weil diese ihnen als Garant für Qualität und Wert erscheinen.

- Eine Marke bietet eine Ausgangsbasis für den Einstieg in **andere Geschäftsaktivitäten**: Marken haben eine lange Haltbarkeitsdauer. Von den wichtigsten 50 Marken abgepackter Lebensmittel in Großbritannien sind weniger als zehn Prozent jünger als 20 Jahre. Während ältere Produkte allmählich vom Markt verschwinden, kommen unter denselben Marken neue Produkte in die Regale.

Es kann riskant sein, die Elemente einer erfolgreichen Marke zu verändern. Als British Airways 1997 ein anderes Design an den Seitenflossen seiner Maschinen einführte, war dies als Teil einer vorsichtigen Kurskorrektur im Branding des Unternehmens gedacht. Aber der Wechsel vom Union Jack mit seinem nationalistischen Beigeschmack zu ethnischen und abstrakten Farbkombinationen, die den Eindruck von Wärme, Geschwindigkeit und (vor allem) Zugehörigkeit zu einer globalen Gemeinschaft vermitteln sollten, erwies sich als Missgriff. Die Kunden betrachteten die neuen Seitenflossen als ein Symbol für die gleichzeitige Verschlechterung im Service der Fluggesellschaft. Gegen Ende des Jahrzehnts gab British Airways den Fehler zu und kehrte zu Variationen der britischen Nationalflagge zurück.

Wenn ein Markenprodukt in seiner Kategorie die Nummer eins ist, sprechen wir von einem Markenführer. Eine Markenführerschaft ist mit erheblichen Vorteilen verbunden. Eine US-Studie fand heraus, dass Markenführer im Durchschnitt eine deutlich höhere Investitionsrendite erzielen als weniger vorteilhaft platzierte Marken.

Unternehmen, die eine wertvolle Marke besitzen, versuchen häufig, sie zu erweitern und auf andere Produkte und Dienstleistungen auszudehnen. Ein klassisches Beispiel ist die Schokoladenriegelmarke Mars, die erfolgreich auf ein in Form und Geschmacksrichtung ähnliches Eiscremeprodukt übertragen wurde.

Es gibt jedoch auch eine Theorie, wonach eine Marke auch überstrapaziert werden kann. Die durch jedes einzelne Produkt der Marke erzeugten Verbrauchererwartungen müssen von allen Produkten, die unter dieser Marke laufen, erfüllt werden.

Historischer Abriss

Die Unternehmen wissen seit langem um die Macht der Marken. Eine besonders fruchtbare Periode für die Entstehung großer Marken waren die letzten beiden Jahrzehnte des 19. Jahrhunderts, als die Namen Kodak und Kellogg erstmals in den Schaufenstern auftauchten. Beide Erfinder hatten ein Prinzip befolgt, dessen allgemeine Gültigkeit erst viel später erkannt wurde: dass nämlich die zwei wirksamsten Elemente eines Markennamens der gutturale Klang (und hier besonders das »K«) und die Alliteration (die Wiederholung desselben Konsonanten) waren. Denken Sie nur an Pepsi und Coca-Cola.

Unternehmen mit internationalen Ambitionen müssen bei der Wahl eines neuen Markennamens vorsichtig vorgehen. Der britische Scheuerschwammhersteller Brillo hatte in Italien Schwierigkeiten, denn »brillo« bedeutet auf Italienisch »beschwipst«. Als der Autohersteller Chrysler in Mexiko sein Modell Nova herausbrachte, hatte er übersehen, dass »no va« auf Spanisch »geht beziehungsweise fährt nicht« bedeutet.

Im Allgemeinen sind die USA im Erzeugen internationaler Marken erfolgreicher als alle anderen Nationen. Die Unternehmensberatung Interbrand stellte 1997 fest, dass von den 20 weltweit zugkräftigsten Marken nicht weniger als 18 in den USA beheimatet waren. Ausnahmen waren Sony (auf dem sechsten Platz) und Nescafé (auf dem 14. Platz). Aber auch die erfolgreichsten Marken können ins Straucheln kommen, wenn sie nicht sensibel genug auf die Kundenbedürfnisse eingehen. Als die Marke Coca-Cola, die auf der Interbrand-Liste mit Abstand die Spitzenposition einnimmt, im Jahr 1985 versuchte, für ihr Hauptprodukt ein neues Rezept einzuführen, landete sie einen spektakulären Flop, mit der Folge, dass ihr die Kunden in Scharen davonliefen.

In den letzten Jahren wurde das Konzept des Branding von Waren und Dienstleistungen auf Personen übertragen. Sport-, Pop- und Filmstars achten genauestens darauf, welche Marken sie tragen und was diese Marken über sie aussagen. Viele zeitgenössische Romane beschreiben ihre Charaktere mehr über deren Kleidung und Accessoires als über deren physisches Erscheinungsbild oder Persönlichkeit. Die Marken werden zu Charakterkennzeichen.

Empfohlene Lektüre

Arnold, D., *Modernes Markenmanagement: Geheimnisse erfolgreicher Marken*, Wien 1992 (Original: *The Handbook of Brand Management*, London 1992)
Gilmore, F. (Hg.), *Brand Warriors – Corporate Leaders Share Their Winning Strategies*, London 1999
Kotler, P. u. Bliemel, F., *Marketing-Management: Analyse, Planung, Umsetzung und Steuerung*, 9. überarb. u. aktualis. Aufl., Stuttgart 2001 (Original: *Marketing Management: Analysis, Planning and Control*, 9. Aufl., Upper Saddle River 1996)
MacRae, C., *World Class Brands*, Reading, Mass. 1990
Vishwanath, V. u. Mark, J., »Your Brand's Best Strategy«, in: *Harvard Business Review*, Mai-Juni 1997

Der Businessplan

Hierbei handelt es sich gewissermaßen um das schriftlich verfasste Wunschdenken im Hinblick auf eine beabsichtigte Geschäftsaktivität, wobei diese Dokumentation in 99,9 Prozent der Fälle dazu dienen soll, die dringend erforderlichen finanziellen Mittel aufzutreiben. Ein Businessplan beschränkt sich dabei nicht nur auf qualitative Fantasievorstellungen nach dem Motto: »Wir streben eine innovative Marktführerschaft im Spitzenfeld der Internettechnologie an.« Es gehören auch quantitative Aussagen dazu wie: »Wir rechnen im ersten Jahr mit einem Verlust von 1,64 Millionen US-Dollar und im zweiten Jahr mit einem Gewinn von 325 000 US-Dollar.« Eine Geschäftsidee hat nur eine Chance, wenn sie von Anfang an mit konkreten Zahlen zum erwarteten Cashflow untermauert wird – wobei diese Zahlen natürlich selten etwas mit der späteren Realität zu tun haben.

Worum geht es also? Im Allgemeinen werden mit einem Businessplan zwei Dinge bezweckt:

- Es sollen Mittel beschafft werden. Jeder Investor und/oder Risikokapitalgeber möchte einen Businessplan sehen, anhand dessen er die wahrscheinlichen Risiken und Chancen des Projekts abschätzen kann. Für den Unternehmer in spe auf der Suche nach der dringend benötigten Finanzierung mag die Präsentation des Businessplans etwas von der Probedarbietung eines Schauspielers haben. Manche sind notorisch schlecht, aber auch eine gute Darstellung bietet noch keine Garantie für ein Rollenangebot. Mit einer schlechten Darbietung haben Sie jedoch kaum eine Chance, jemals im Rampenlicht zu stehen.
- Die Aufmerksamkeit der Förderer des Projekts soll auf wichtige betriebliche Fragestellungen gelenkt werden. Wie groß ist beispielsweise der zu erwartende Markt? Wer wird vermutlich

als wichtigster Wettbewerber auftreten? In gewissem Sinn sind diese Prognosen zugleich Festlegungen. Der Erfolg der Unternehmung wird sich danach bemessen, ob sich diese Vorgaben erfüllen lassen. Ob es sich dabei um die optimale Leistung der Organisation oder lediglich um ein akzeptables Ergebnis handelt, bleibt dahingestellt.

Nicht nur neue, sondern auch bestehende Unternehmungen, die etwas Neues ausprobieren, benötigen einen Businessplan. Beispielsweise erfordern Fusionen und Übernahmen einen detaillierten Plan im Hinblick auf die Zukunft der zusammengeführten Einheit; wer in einen neuen Markt vordringen will, braucht einen Businessplan; Gleiches gilt für die Liquidierung oder Rettung eines altersschwachen Unternehmens.

William Sahlman, Professor für Betriebswirtschaftslehre, vertrat in einem viel beachteten Artikel in der *Harvard Business Review* die These, Businesspläne verschwendeten »zu viel Tinte auf Zahlen und zu wenig auf diejenigen Informationen, die für intelligente Investoren die größte Aussagekraft haben«. Wirklich wichtig seien, so Sahlman, vier Faktoren, an denen sich das Schicksal jedes neuen Unternehmens entscheide:

- die Mitarbeiter,
- die Chancen,
- das Umfeld,
- Risiken und Nutzen.

Ein guter Geschäftsplan zeichnet sich nach Sahlman dadurch aus, dass er die richtigen Fragen zu diesen vier Aspekten stellt. Eine solche Aufstellung sei nicht einfach, denn »die meisten Jungunternehmer sind heillose Optimisten«. In jedem Fall sei »der Markt ebenso wankelmütig wie unberechenbar. Wer hätte gedacht, dass sich Steckdosen-Raumluftdeodorizer verkaufen würden?«

Historischer Abriss

Über weite Strecken des 20. Jahrhunderts galt ein Businessplan zumeist als unverzichtbar für jede neue Geschäftsaktivität. Microsoft hatte einst einen solchen Plan, ebenso wie Cisco Systems und Dell Computer. Gegen Ende des vergangenen Jahrhunderts jedoch ist der Sinn des traditionellen Businessplans angesichts der durch Informationstechnologie, Telekommunikation und Internet bewirkten rasanten Veränderungen der Märkte immer fraglicher geworden. Viele Unternehmen halten die Techniken der Szenarioplanung (siehe Seite 287) in einem derartigen Umfeld für zweckdienlicher, andere greifen auf computergestützte Geschäftsprozessmodellierung (siehe Seite 106) zurück, um die rasch veränderliche Parametervielfalt ihres Umfelds angemessen berücksichtigen zu können.

Empfohlene Lektüre

Cooper, G., *The Business Plan Workbook*, Englewood Cliffs 1989
Cross, W. u. Richey, A.M., *The Prentice-Hall Encyclopaedia of Model Business Plans*, Paramus 1998
Kahrs, K. u. Kahrs, P. (Hg.), *Business Plans Handbook – A Compilation of Actual Business Plans Developed by Small Businesses throughout North America*, 2. Aufl., Detroit 1998
O'Hara, P., *The Total Business Plan: How to Write, Rewrite, and Revise*, 2. Aufl., New York 1995
Sahlman, W.A., »How to Write a Great Business Plan«, in: *Harvard Business Review*, Juli–August 1997

Die C-Kurve

In der Volkswirtschaftslehre kennt man die J-Kurve: die Beziehung zwischen Wechselkursen und Zahlungsbilanz nach dem Motto:»Es muss erst bergab gehen, bevor es bergauf gehen kann.« Die unmittelbare Wirkung einer Währungsabwertung ist eine Verschlechterung der Zahlungsbilanz (der untere Bogen des J), bevor eine Besserung eintritt (der längere Ausläufer des Buchstabens).

Auch im Management gibt es das Phänomen, wonach eine Verbesserung nicht ohne vorherige Verschlechterung eintreten kann. In diesem Fall sprechen wir von der C-Kurve und meinen die Beziehung zwischen Unternehmensgröße und Unternehmenssanierung. Danach gilt allgemein, dass Unternehmen mit geringer Rentabilität in eine Sackgasse geraten an einem Punkt, an dem sie zunächst schrumpfen und sich restrukturieren müssen, bevor sie weiter wachsen können. Die Entscheidung darüber, welchen Kurs diese Sanierung nehmen und vor allem wie umfangreich sie ausfallen und wie viel Zeit sie in Anspruch nehmen soll, führt in den Unternehmen häufig zu internen strategischen Spannungen.

Das Konzept der C-Kurve wurde in den neunziger Jahren von der Boston Consulting Group (BCG) entwickelt. In einer Studie über gelungene und gescheiterte Unternehmenssanierungen (Maßnahmen zur Steigerung der Rentabilität) stellte BCG fest, dass die erfolgreichen Fälle einige Merkmale gemein hatten:

• Sie hoben die Rentabilität weit über die Mindestrendite an (die Rate, bei der die Investoren eine bessere Rendite als bei einer Anlage in Regierungsobligationen erzielen).
• Sie mussten sich häufig einer einschneidenden Restrukturierung unterziehen – Reduzierung ihrer Investitionsbasis um bis

zu 25 Prozent und Verdopplung oder Verdreifachung der entsprechenden Kapitalrendite.

- Die Restrukturierung dauerte häufig zwei oder drei Jahre, bevor wieder an Wachstum zu denken war.

Der Verlauf der C-Kurve ergibt sich, wenn wir die Kapitalrendite des Unternehmens gegenüber dem eingesetzten Kapital abtragen: Die Kurve beginnt auf einem niedrigen Niveau (das ist die Definition eines Unternehmens mit geringer Rentabilität). Anfangs sinkt das eingesetzte Kapital, ohne dass sich die Rendite verbessert. Die Kurve verläuft also mehr oder weniger horizontal in Rückwärtsrichtung, wie der Anfang eines C. Sobald die Restrukturierung Erfolge zeitigt, beginnt sich die Rendite zu verbessern. (Wenn die Restrukturierung nicht erfolgreich ist, bekommt das Unternehmen ernste Schwierigkeiten.) An diesem Punkt bewegt sich der Graph scharf nach oben, entlang dem linken Bogen des C. Wenn diese Entwicklung hinreichend lange anhält, kann das Unternehmen anschließend wieder investieren und sich in Richtung Wachstum bewegen. Das eingesetzte Kapital vergrößert sich, und der Graph knickt, dem oberen Ausläufer des C folgend, nach rechts ab.

BCG stellte fest, dass Unternehmen, die mit ihrer Sanierung scheiterten, häufig zu früh die Weichen in Richtung Wachstum gestellt hatten. Ihre Cs waren kurz und flach, und sie neigten sich gegen Ende wieder stark abwärts. Auf diese Weise kehrten sie beinahe zu dem Punkt zurück, von dem sie gestartet waren – das heißt, ihre Entwicklung ähnelte einem O und war letztlich Zeitverschwendung. Bei Unternehmen mit einer erfolgreichen Sanierung sah die entsprechende Kurve hingegen wie ein hohes und wohlgeformtes C aus.

Historischer Abriss

Die Theorie entwickelte sich vor dem Hintergrund der Rezession und der Downsizing-Welle der frühen neunziger Jahre und dem anschließenden Boom des US-Aktienmarkts in der zweiten Hälfte des Jahrzehnts. Europa folgte mit leichter zeitlicher Verschiebung. Hier kam die Rezession später, und der Aufschwung war bis zum Ende des Jahrhunderts erst ansatzweise zu erkennen.

Wie ausgeprägt dieser Unterschied war, zeigte eine BCG-Studie zur Wertschöpfung in ausgewählten europäischen und US-amerikanischen Unternehmen in den fünf Jahren von Anfang 1994 bis Ende 1998. Beim durchschnittlichen jährlichen Wachstum des Shareholder Return in diesem Zeitraum waren die USA um Längen voraus. Von den zehn bestplatzierten Unternehmen waren sechs und von den 20 bestplatzierten 16 in den Vereinigten Staaten beheimatet. Die dort gezeigte Leistung zeichnete sich nicht nur quantitativ, sondern auch qualitativ aus. Über diesen Zeitraum erzeugten die US-amerikanischen Unternehmen weit mehr Shareholder Value mittels Wachstum als die europäischen Unternehmen. Die Europäer versuchten eine Wertschöpfung vorrangig über Restrukturierungsmaßnahmen zu erreichen.

Aus der Studie ließ sich unter anderem folgern, dass Wachstum ein weit mächtigeres Wertschöpfungsinstrument ist als Restrukturierung: Neue Investitionen erzielten weit höhere Gewinne als der Versuch, aus früheren Investitionen noch das letzte bisschen an Gewinn herauszupressen. Das galt zumindest für den Zeitraum der Studie.

Eine andere Folgerung lautete, dass Europas Zeit noch bevorstehe. Die europäischen Unternehmen, die in den späten Neunzigern emsig damit beschäftigt waren, sich zu restrukturieren, können danach auf eine ganz neue Wachstumsphase in den frühen Jahren des 21. Jahrhunderts hoffen.

Championing

Championing bedeutet, etwas zu unterstützen und zu verfechten, es zu verteidigen. Wir können die Freiheit verteidigen. Ladybird Johnson, die Frau des amerikanischen Präsidenten nach John F. Kennedy, setzte sich zum Beispiel für Wildblumen ein. Championing bekam eine Bedeutung im Management, als gegen Ende des 20. Jahrhunderts viele Unternehmen zu der Überzeugung gelangten, dass neue Projekte Champions benötigten, um erfolgreich zu sein. Darunter versteht man Einzelpersonen innerhalb der Organisation, die sie im Anfangsstadium hegen und pflegen. Ohne eine solche Person würde das neue Projekt aus Mangel an Aufmerksamkeit welken und eingehen. Dazu Edward Schon vom Massachusetts Institute of Technology (MIT):

»Die neue Idee findet entweder einen Champion oder stirbt ... Gewöhnliches Engagement für eine neue Idee erzeugt nicht genügend Energie, um die Gleichgültigkeit und den Widerstand zu überwinden, mit denen für gewöhnlich jeder größeren technologischen Entwicklung begegnet wird ... Die Champions neuer Erfindungen zeichnen sich durch Beharrlichkeit und heldenhaften Mut aus.«

Championing wird häufig auch in Bezug auf Mitarbeiter praktiziert: Ideenreiche, junge und talentierte Leute in einer Organisation sind in der Regel auf einen Champion angewiesen, jemanden mit einer höheren Position im Unternehmen, der sie unterstützt und sich für sie stark macht. So mancher Unternehmenschef verdankt seinen Aufstieg in die Unternehmensspitze nicht zuletzt der Tatsache, dass er bei seiner Karriere stets von Leuten in hohen Positionen protegiert wurde.

In ihrem Buch *Auf der Suche nach Spitzenleistungen* heben

Tom Peters und Robert Waterman hervor, dass erfolgreiche und innovative Unternehmen, »entschlossene Champions« benötigten. Den Erfinder der Post-it-Haftnotizen des US-Unternehmens 3M zitieren sie mit der Aussage: »Wir erwarten von jedem unserer Champions eine Portion Unvernunft.« Mit Champions arbeitet und lebt es sich häufig nicht einfach. James Brian Quinn drückt es folgendermaßen aus:

»Der Champion ist aufsässig, ungeduldig, egoistisch und vom Standpunkt der Organisation aus vielleicht etwas irrational. Folglich wird er nicht eingestellt. Wenn er eingestellt wird, wird er nicht befördert oder belohnt. Man nimmt ihn nicht ernst, empfindet ihn als störend oder destruktiv.«

Peters und Waterman zufolge müssen die Unternehmen spezielle Mechanismen ins Leben rufen, um diese störenden Einzelfiguren zu unterstützen und zu fördern, wenn sie von deren unverbesserlicher Beharrlichkeit in Bezug auf die Verwirklichung neuer (nicht notwendigerweise eigener) Ideen profitieren wollen.

Historischer Abriss

Championing spielt besonders im Innovationsprozess eine Rolle (siehe Seite 128), wenn es darum geht, eine Erfindung bis zur Marktreife zu bringen. Die Geschichte ist voller Innovationen, die sich niemals erfolgreich auf dem Markt behauptet hätten, wenn nicht ein (häufig exzentrischer) Einzelmensch eisern dafür gekämpft hätte.

Ein bekanntes Beispiel ist Spence Silver, ein Mitarbeiter von 3M, der sich ganz außerordentlich für einen Klebstoff einsetzte, der noch nicht einmal besonders gut klebte. »Ich war einfach überzeugt, dass sich aus ihm etwas machen ließ«, wird Silver zitiert. Viele Jahre lang konnte er jedoch niemanden im Unternehmen überzeugen. Gleichwohl ließ er nicht davon ab, für sein Steckenpferd zu kämpfen. Mit Silvers Worten:

»Manchmal ist der Fanatiker gefragt, um das Interesse wach zu halten, das andernfalls versiegt. Das Muster scheint immer dasselbe zu sein. In fetten Zeiten tauchen diese Gruppen auf und treiben allerhand interessante Forschung. Und dann kommen die mageren Jahre gerade in dem Augenblick, wenn du deinen ersten Prototyp entwickelt hast. Jetzt hilft nichts. Du musst damit rausrücken und es den anderen verkaufen. Nun, die anderen in der Abteilung sind so beschäftigt, dass sie nichts damit zu tun haben wollen. Sie haben keine Zeit für neue Ideen, bei denen noch kein Endprodukt zu erkennen ist.«

Spence Silvers Beharrlichkeit im Hinblick auf seinen »Klebstoff, der nicht klebt« führte schließlich zur Erfindung der Post-it Haftnotizen. Der Rest ist, wie es so schön heißt, Legende.

Empfohlene Lektüre

Peters, T. u. Waterman, R., *Auf der Suche nach Spitzenleistungen. Was man von den bestgeführten US-Unternehmen lernen kann*, 6. Aufl., München 1997 (Original: *In Search of Excellence*, New York 1982)
Nayak, P. R. u. Ketteringham, J. M., *Senkrechtstarter: große Produktideen und ihre Durchsetzung*, Düsseldorf 1989 (Original: *Breakthroughs!*, überarb. Aufl., San Diego 1994)

Change Management

Unternehmen sind ständig hin- und hergerissen zwischen dem Wunsch, die eigene Struktur und Strategie ein für allemal festzulegen, und der Einsicht, dass ihre Welt ständig im Fluss ist. Über weite Strecken des 20. Jahrhunderts richtete sich das Interesse vor allem auf das statische Element dieser Dichotomie. Erst in letzter Zeit konzentriert man sich vermehrt auf den dynamischen Aspekt und versucht, die Veränderungen in den Griff zu bekommen, die jeglichen Businessplan unweigerlich obsolet machen, noch bevor die Tinte trocken ist.

Diese Veränderungen können vielfältige Formen annehmen: Beispielsweise kann der Marktanteil sinken, weil ein neuer Wettbewerber den Preis unterbietet, oder es taucht eine neue Technologie (wie etwa das Mobiltelefon) auf und verändert so manchen Markt. Change Management ist die Kunst, mit diesen Entwicklungen umzugehen.

Traditionell hat ein Geschäftsprojekt einen Anfang, eine Laufzeit und ein Ende. Die früher einmal sehr populäre Idee des Management by Objectives (siehe Seite 179) verlangt beispielsweise von den Managern, dass sie vor Beginn der Reise bereits genau wissen, wohin sie geht. Sobald wir jedoch Veränderungen berücksichtigen, müssen wir diese Reise in eine Reihe kleiner Einzelschritte zerlegen. Jeder von ihnen hat einen Anfang, einen Verlauf und ein Ende, und er führt nicht zu irgendeinem großen unveränderlichen Ziel, sondern lediglich zum nächsten geeigneten Schritt. In einer solchen Welt müssen die Manager lernen, mit Unsicherheiten zu leben und die Reise auch dann anzutreten, wenn sie nicht wissen, wohin sie führen wird.

Auch früher schon, als sie das Ziel zu kennen glaubten, stellten Manager nur allzu häufig auf halbem Weg fest, dass das Projekt verändert werden musste. Die vermeintliche Unfähigkeit, einmal angepeilte Ziele auch wirklich zu erreichen, führte zu vielen Frustrationen im Management.

Der Wirtschaftsprofessor Henry Mintzberg berichtet im Rahmen einer klassischen Analyse des Dilemmas, dass ein Student ihn fragte, ob er mit den Struktur- und Machtelementen, die er in seinen Büchern beschrieb und die zusammengesetzt den Bauplan verschiedener Organisationen ergaben, »Puzzle oder Lego zu spielen beabsichtigte«. Mintzberg dazu weiter:

»Er fragte mich also, ob ich davon ausging, dass diese Organisationselemente nur in festgelegter Weise kombiniert werden konnten – um bekannte (statische) Muster zu bilden – oder ob sie zur kreativen Erzeugung neuer (dynamischer) Muster gedacht waren. Meine Antwort lautete wahrheitsgemäß, dass ich vorgegebene Puzzles im Sinn gehabt hatte, selbst wenn ich mitunter vorschlug, die Teile anders als üblich zusammenzusetzen. Anschließend begann ich jedoch sofort über die Möglichkeit des Legospielens nachzudenken. Ein Bauplan ist eine schöne Sache, wenn man einen hat. Das ist leider keineswegs immer und überall der Fall.«

In einer veränderungsreichen Welt ist Lego die bessere Wahl.

Historischer Abriss

Die Harvard-Professorin Rosabeth Moss Kanter ist vermutlich am besten bekannt für ihre Arbeiten zum Thema Change Management. Ihr Buch *The Change Masters* wurde in Anspielung auf den ein Jahr zuvor erschienenen populären Titel von Tom Peters und Robert Waterman als das »In Search of Excellence des denkenden Managers« bezeichnet. Charles Handy, ein weiterer Businessautor, der sich ausführlich mit dieser Thematik beschäftigte, nannte »diskontinuierliche Veränderung« als die einzige Konstante der heutigen Arbeitswelt.

Das Interesse für Veränderungen führte zu zahlreichen Analogien zwischen der Geschäftswelt und der Biologie: In der Biologie hängt das Überleben seit jeher von der Fähigkeit ab, sich an

Veränderungen (des Klimas und des biologischen Umfelds) anzupassen.

Diese Fixierung auf das Studium von Veränderungen und auf die Suche nach passenden Analogien erntet auch Widerspruch. Robert Eccles und Nitin Nohria erklären in ihrem Buch *Beyond the Hype – Rediscovering the Essence of Management*: »Die vorrangige Sorge der Manager ... sollte es sein, ihre Mitarbeiter zum Handeln zu mobilisieren, und nicht, darüber zu streiten, wie die Welt wirklich ist.« Ihrer Meinung nach wird mehr über das Wesen der Veränderung diskutiert als über die Frage, wie sich Unternehmen und deren Mitarbeiter führen lassen.

Empfohlene Lektüre

Carr, D. K., Hurd, K. J. u. Trahant, W. J., *Managing the Change Process*, New York 1996

Drucker, P., *Management in turbulenter Zeit*, Düsseldorf 1997 (Original: *Managing in a Time of Great Change*, Oxford 1995)

Eisenhardt, K. u. Brown, S., »Time Pacing: Competing in Markets that Won't Stand Still«, in: *Harvard Business Review*, März–April 1998

Eisenhardt, K. u. Brown, S., *Competing on the Edge: Strategy as Structured Chaos*, Boston 1998

Kanter, R. M., *The Change Masters: Corporate Entrepreneurs at Work*, New York 1983

Mintzberg, H., *Mintzberg über Management. Führung und Organisation, Mythos und Realität*, Wiesbaden 1991 (Original: *Mintzberg on Management*, New York 1989)

Sadler, P., *Managing Change*, London 1995

The Journal of Organisational Change Management – www.mcb.co.uk/jocm.htm

Cherry Picking

Die Vorstellung des Cherry Picking lässt sich auf zahlreiche Geschäftssituationen anwenden. Wir sprechen beispielsweise von Cherry Picking, wenn Kunden Produkte ignorieren, die vom Hersteller im Paket angeboten werden (um etwa die niedrigen Margen einzelner Produkte durch die hohen Margen anderer Angebote zu kompensieren). Diese Kunden ziehen es vor, sich ihre Produkte selbst zusammenzustellen und von jeder Kategorie jeweils das Beste (die Rosinen) auszuwählen.

Ein gutes Beispiel sind Musikanlagen. Die Hersteller bieten Kombinationen aus Verstärker, Kassettendeck, CD-Spieler, Lautsprechern und Radioeinheit an. Viele Musikliebhaber stellen sich jedoch ihre Anlage lieber selbst zusammen und kaufen die einzelnen Teile von verschiedenen Anbietern. Die Hersteller versuchen, die Verbraucher davon abzuhalten, indem sie die Komplettanlage zu einem günstigeren Preis anbieten. Wer es jedoch darauf anlegt, findet in der Regel immer Komponenten zu Preisen, die es ihm erlauben, seine Anlage noch billiger zu erwerben.

Cherry Picking bezeichnet darüber hinaus auch das Verhalten von Wettbewerbsneulingen in alten Branchen, deren Unternehmen sich ihre Kunden gezielt aussuchen. Indem sie sich primär an lukrative Kunden wenden (und die übrigen ignorieren), erreichen sie mitunter schnell einen beträchtlichen Marktanteil. Manchmal ist dieses Vorgehen schon allein deshalb erfolgreich, weil traditionelle Firmen der Branche nicht wissen, wer ihre lukrativen Kunden sind.

Dienstleistungsbranchen sind hier besonders verwundbar. Dort ist es schwieriger, die Rentabilität der einzelnen Kunden und Kundensegmente zu bestimmen. Die Unternehmen sind sich deshalb selten darüber im Klaren, wen sie behalten und wen sie loswerden wollen. Erfolgreiche »Rosinenpicker« lassen den alteingesessenen Unternehmen der Branche dann oft nur die am wenigsten lukrativen Kunden übrig. Gleichzeitig treiben sie die Preise für die weniger interessanten Kunden in die Höhe: In Großbritannien beispielsweise führte Cherry Picking auf dem Autoversicherungsmarkt in den neunziger Jahren zu einem empfindlichen Anstieg der Tarife für junge Fahrer.

Historischer Abriss

Einige junge Fluggesellschaften versuchten sich im Cherry Picking, als die Deregulierung des Luftraums über Europa und den Vereinigten Staaten ihnen den Zutritt zu diesem Markt ermöglichte. Innerhalb bestimmter Grenzen konnten sie sich aussuchen, welche Routen sie bedienen wollten. Sie unterlagen nicht denselben Einschränkungen wie die nationalen Fluggesellschaften, die diverse verkehrs- und/oder regionalpolitische Vorgaben ihrer Regierungen zu erfüllen hatten. Virgin beispielsweise konzentrierte sich auf die einträgliche Strecke London–New York.

Im Bank- und Versicherungsgewerbe gelang es Neulingen mittels Cherry Picking gegen Ende des 20. Jahrhunderts, das Geschäft der alteingesessenen Firmen innerhalb weniger Jahre zu unterminieren. Unternehmen wie der britische Telesales-Versicherer Direct Line erreichten rasch einen hohen Marktanteil, indem sie sich auf ein enges (und lohnendes) Marktsegment beschränkten und auf die kostspieligen traditionellen Vertriebskanäle verzichteten.

Der Erfolg der Rosinenpicker bestätigt eine Gesetzmäßigkeit, die als »Survivorship Bias« bekannt ist: die Tendenz, die Vergangenheit nach den Langzeit-Überlebenden zu beurteilen und dabei zu übersehen, dass einige bereits von der Bildfläche verschwunden und andere in der Zwischenzeit neu hinzugekommen sind. Im Jahr 1999 waren gerade die Langzeit-Überlebenden (diejenigen, deren Leistungsparameter über einen Zeitraum von, sagen wir, zehn Jahren verglichen werden konnten) so wenig repräsentativ für die jeweilige Branche wie zu keinem anderen Zeitpunkt des 20. Jahrhunderts.

Empfohlene Lektüre

Goetzmann, W. u. Jorian, P., »History as Written by the Winners«, in: *Forbes*, 16. Juni 1997

Clustering

Die Idee des Clustering wurde aus der Volkswirtschaftslehre auf den Bereich Management und Betriebswirtschaft übertragen. Es geht um das Phänomen (und dessen Erklärung), dass sich Unternehmen derselben Branche häufig in enger Nachbarschaft finden. Clustering lässt sich insbesondere im Bankgewerbe beobachten. Die Bankzentren in Städten wie London oder New York gedeihen seit Jahrhunderten. Hier sind einige hundert Banken ansässig, die untereinander bequem zu Fuß zu erreichen sind.

Wirtschaftswissenschaftler erklären sich Clustering als eine mögliche Methode, mit der kleine Firmen in den Genuss von Größenvorteilen (siehe Seite 119) kommen können, die ansonsten den großen Unternehmen vorbehalten sind. Ihre Nachbarschaft ermöglicht es ihnen, von verschiedenen Dingen zu profitieren – beispielsweise einem gemeinsamen Erfahrungsschatz, geschulten Mitarbeitern, einem vereinfachten Zugang zu Zulieferern sowie formellen und informellen Informationskanälen in Form von Handelsmagazinen oder alltäglichen Gesprächskontakten.

Moderne Hightech-Cluster bilden sich häufig um angesehene Universitäten herum, von deren Forschungen sie profitieren können. Silicon Valley befindet sich nahe der Stanford University, und ähnliche Hightech-Cluster schmücken die Harvard University in Boston an der Ostküste der USA und die Cambridge University in Großbritannien.

Ein Platz auf der grünen Wiese in einer wirtschaftsschwachen Region mit reichlichen Regierungsbeihilfen mag dem Unternehmen zwar unmittelbaren Nutzen bringen. Langfristig jedoch könnte es, so seltsam es klingt, für das junge Unternehmen vorteilhafter sein, sich auf ein teures Eckchen Land in unmittelbarer Nähe zu diversen Wettbewerbern zu quetschen.

Historischer Abriss

Einer der berühmtesten Cluster überhaupt ist die Filmindustrie in Hollywood. Als das große Studiosystem in den dreißiger Jahren zu zerfallen begann, traten zahllose kleine Spezialunternehmen und Freelancer an seine Stelle. Der Hollywood-Cluster gewährt jeder dieser kleinen Einheiten die Vorteile eines großen Filmstudios alten Stils, jedoch ohne die Nachteile einer inflexiblen Lohnhierarchie und eines dominanten Gewerkschaftseinflusses.

In manchen Fällen blieben die Zulieferdienste um industrielle Zentren herum erhalten und verselbständigten sich zu neuen florierenden Wirtschaftszweigen, während die ursprünglichen Abnehmerindustrien bereits nicht mehr existierten. Die Serviceunternehmen rund um das britische Birmingham beispielsweise, die dort zu einer Zeit der starken Automobilindustrie entstanden waren, gehören inzwischen zu den wichtigen Entwicklungsträgern in der Formel 1 und anderen Spezialbereichen der Motorbranche.

Dass Clustering als Phänomen noch immer aktuell ist, zeigen Beispiele wie das kalifornische Silicon Valley. Trotz hoher Grundstückspreise und der Gefahr von Erdbeben siedeln sich dort nach wie vor neue IT- und Internetfirmen an. Und ihre wertvollsten Informationen erhalten sie zumeist nicht auf elektronischem Weg, sondern aus persönlichen Kontakten.

Michael Porter, Professor an der Harvard Business School, dessen Ideen zum Thema Wettbewerb zwischen Unternehmen in den achtziger und neunziger Jahren große Beachtung fanden (siehe Wettbewerbsvorteil, Seite 336), hat sich unter anderem mit diesem scheinbar paradoxen Comeback der Branchencluster beschäftigt. Er erklärte kürzlich, dass der Standort in einer Zeit des globalen Wettbewerbs, des schnellen Transports und der Highspeed-Kommunikation theoretisch nicht länger eine Quelle für Wettbewerbsvorteile sein dürfte. Die wachsende Globalisierung der Wirtschaft sollte sich mittlerweile von der Geographie befreit haben. Dennoch gibt es heute noch genauso viele lokale Ballungszentren, bestehend aus Unternehmen mit verwandten Betätigungsfeldern, wie eh und je.

Porter nennt (abgesehen von der IT-Branche in Silicon Valley) mehrere Beispiele, darunter die Winzer in Nordkalifornien und die Blumenzüchter in den Niederlanden. Für jemanden, der heute in das Blumengeschäft einsteigt, wären die Niederlande wohl nicht die erste Wahl, wenn die Branche dort nicht bereits zu Hause wäre. Dieser Umstand stellt für jeden Neuling einen gewaltigen Wettbewerbsvorteil dar, denn er kann beispielsweise von den großen niederländischen Blumenauktionen, den Blumenzüchterverbänden und den modernen Forschungszentren profitieren.

Empfohlene Lektüre

Porter, M., »Clusters and the New Economics of Competition«, in: *Harvard Business Review*, November–Dezember 1998

Critical Path Method (CPM)

Die Critical Path Method (CPM) ist eine wunderbar einfache Methode zur Analyse komplizierter Aufgaben, insbesondere im Geschäftsbereich. Dabei wird die Aufgabe zunächst in eine unzusammenhängende Folge von Einzel- oder Teilaufgaben zerlegt. Anschließend werden die Wechselbeziehungen zwischen diesen Teilaufgaben bestimmt. Ein Autohersteller beispielsweise kann erst dann die Sitze in ein neues Auto einbauen, wenn es bereits lackiert ist. Der Motor hingegen kann eingebaut werden, auch wenn die Reifen noch nicht fertig sind. Ein Restaurant kann die Buchführung erledigen, während gleichzeitig die Teller gewaschen werden.

Diese wichtige Unterscheidung zwischen Teilaufgaben, die parallel, und solchen, die nur nacheinander ausgeführt werden können, erlaubt es dem Anwender der Methode, die für die Erledigung der Gesamtaufgabe erforderliche Zeit zu berechnen. Sie ergibt sich aus der Summe der Zeiten, die er benötigt, um all jene Teilaufgaben zu erledigen, die nur nacheinander ausgeführt werden können. Sobald diese Informationen zur Verfügung stehen, lassen sich die für die Ausführung der Teilaufgaben erforderlichen Ressourcen bestimmen. Ferner ist es möglich, Prioritäten zu setzen und festzulegen, welche Teilaufgaben zuerst ausgeführt werden sollten, um so die Gesamtabfolge der zu erledigenden Teilaufgaben zu optimieren.

Für die Critical Path Method wird häufig ein Gantt-Diagramm verwendet, ein graphisches Instrument, das im frühen 20. Jahrhundert von Henry Gantt erfunden wurde, einem amerikanischen Berater, der eng mit Frederick Taylor zusammenarbeitete (siehe Scientific Management, Seite 257). In einem Gantt-Diagramm erscheinen die verschiedenen Teilaufgaben als eine Folge horizontaler Balken. Auf der horizontalen Achse des Diagramms wird die benötigte Zeit abgetragen. Die Länge eines jeden Balkens repräsentiert folglich die für diese spezielle Teilaufgabe benötigte Zeit. Überlappende Balken repräsentieren Teilaufgaben, die parallel ausgeführt werden können.

Historischer Abriss

Die Critical Path Method wurde ursprünglich für die Baubranche entwickelt, wo der Bauleiter wissen musste, wann er den Klempner, den Stuckateur und den Glaser bestellen musste. Er konnte auf diese Weise stets erkennen, wie schnell die Fenster eingesetzt werden konnten, nachdem mit dem Hochziehen der Wände begonnen worden war.

CPM kommt mittlerweile auch in weit komplizierteren Bereichen zur Anwendung. Die Methode kann beispielsweise dazu dienen, einen Fahrplan für die Markteinführung eines neuen Produkts oder für die Erweiterung der Produktionskapazität eines Unternehmens zu erstellen. In der verbreiteten Vorstellung von Unternehmen als einer Wertschöpfungskette (siehe Seite 333) lässt sich mit ihrer Hilfe bestimmen, wie die einzelnen Glieder der Kette angeordnet werden müssen, um eine maximale Wertschöpfung zu erzielen.

Cross Selling

Die Idee des Cross Selling wurde in den achtziger und neunziger Jahren mit der Zunahme des Direktverkaufs über Telefon populär. *The Economist* beschrieb sie als »die synergetische Vorstellung, dass die Käufer der Dienstleistung eines Unternehmens auch weitere seiner Angebote kaufen würden«.

Cross Selling bedeutet, einen Kunden, der bereits eine Sache gekauft hat oder zu kaufen bereit ist, vom Erwerb eines weiteren Produkts oder einer weiteren Dienstleistung zu überzeugen. Es ist eng verwandt mit der Idee des Upselling, bei dem der Kunde überredet werden soll, das Produkt, das er erwerben möchte, in einer höherwertigen Version mit zusätzlichen Merkmalen oder Dienstleistungen (und zusätzlichem Profit für den Anbieter) zu kaufen.

In seinem Buch *Telephone Tips that Sell* präsentiert Art Sobczak verschiedene Regeln für Cross Selling und Upselling (siehe auch www.microsoft.com/usa/advantage/profits6.htm):

1. **Immer der Reihe nach:** Versuchen Sie sich nicht in Upselling und Cross Selling, bevor Sie nicht die erste Bestellung unter Dach und Fach haben. Der voreilige Versuch, mehr zu verkaufen, kann den ursprünglichen Deal gefährden.
2. **Die 25-Prozent-Regel:** Der Wert der Extras sollte höchstens 25 Prozent des ursprünglichen Geschäfts betragen.
3. **Gewinn muss sein:** Die Extras sollten genug Gewinn abwerfen, um zumindest die Kosten für die zusätzliche Zeit abzudecken, die Sie einsetzen müssen, um sie zu verkaufen. Frederick Reichheld, ein Marketingexperte bei der Managementberatung Bain & Co., sagt, dass die meisten Bemühungen im Bereich Cross Selling deshalb scheiterten, weil die Unternehmen nur an die nächste Jahresbilanz dächten. Sie

könnten der Versuchung nicht widerstehen, lediglich die Produkte mit den höchsten Margen verkaufen zu wollen.

4. **Verscherbeln Sie keine Ladenhüter:** Widerstehen Sie dem Drang, sich mittels Cross Selling überzähliger Bestände zu entledigen.

5. **Verkaufen Sie nicht irgendetwas:** Beschränken Sie sich bei den Zusatzangeboten auf Dinge, die zum ursprünglichen Einkauf einen klaren Bezug haben. Wenn ein Kunde aus einem Katalog ein Jackett kauft, macht es Sinn, wenn Sie versuchen, ihm auch noch Hemd und Krawatte zu verkaufen; ein Gartenschlauch wäre eher abwegig. Im Finanzdienstleistungsbereich scheitert Cross Selling häufig daran, dass die Banken versuchen, die falschen Dinge zur falschen Zeit zu verkaufen.

6. **Schaffen Sie Vertrauen:** Je vertrauter den Kunden Ihre Zusatzangebote sind, desto eher sind sie geneigt, sie zu kaufen. Cross Selling eignet sich nicht dafür, völlig neue Produkte einzuführen. Ein ungeschicktes Marketing bei dieser Gelegenheit kann die Kunden in Scharen vertreiben.

7. **Planen, planen und nochmals planen:** Bestimmen Sie im Voraus, zu welchen Produkten Ihre Extras passen.

8. **Schulen Sie Ihre Leute:** Stellen Sie sicher, dass Ihre Verkäufer die angebotenen Produkte und Dienstleistungen wirklich kennen und verstehen.

9. **Machen Sie ausführliche Probeläufe:** Testen Sie Cross Selling zuerst mit Ihren besten Verkäufern. Diese besitzen die nötige Motivation und Initiative, um Unebenheiten zu glätten.

10. **E=MC²:** Cross Selling setzt die Motivation der Verkäufer sowie geeignete Belohnungs- und Kontrollsysteme voraus (Cross-selling effort [E] = motivation [M] × compensation [C] × control [C]).

Historischer Abriss

Der Ansatz des Cross Selling bekam einen negativen Beigeschmack, als Cendant, ein Unternehmen, das von der Wall Street als »die Wachstumsaktie des Universums« gehandelt worden war, im Jahr 1998 mit einem lauten Knall einbrach. Ein Betrugsfall von »historischen Ausmaßen« versetzte dem Unternehmen, zu dem zahlreiche Franchiseunternehmen wie der Autovermieter Avis und die Hotelkette Ramada gehören und das sich auf Cross Selling spezialisiert hat, einen herben Schlag.

Carlson Companies, eine große Marketing- und Reiseveranstaltergruppe, gehört zu den erfolgreicheren Cross-Selling-Unternehmen. Wenn der Marketingzweig des Unternehmens für einen Kunden (sagen wir, anlässlich eines Jubiläums) eine Event-Veranstaltung ausrichtet, nimmt der zur Gruppe gehörende Reiseveranstalter Carlson Wagonlit die nötigen Buchungen für die eingeladenen Gäste vor, viele von ihnen übernachten dann in Carlsons Radisson Hotels. Andere Kunden verreisen auf einem von Carlsons luxuriösen Kreuzfahrtschiffen oder essen in einem TGI Friday Restaurant.

Ein solch integriertes Cross Selling ist selten, kann aber äußerst gewinnbringend sein.

Empfohlene Lektüre

Ritter, D. S., *Cross Selling Financial Services*, New York 1988
Ritter, D. S., *The Cross Selling Toolkit*, Chicago 1994

Customer Relationship Management (CRM)

Customer Relationship Management ist Bestandteil einer systematischen Neuausrichtung der Unternehmensstrukturen und -strategien im späten 20. Jahrhundert. Laut Dale Renner, Managing Partner für Customer Relationship Management bei Accenture, beinhaltet dieser Ansatz, dass »die wertvollsten Kunden identifiziert, angeworben und gehalten werden, um ein gewinnträchtiges Wachstum zu sichern«.

Beim Customer Relationship Management werden die Strukturen und Systeme des Unternehmens so gestaltet, dass den Kunden (Gewinn bringend) das geboten wird, was sie tatsächlich wollen – anstatt Produkte herzustellen, von denen das Unternehmen annimmt, die Kunden könnten sie möglicherweise gebrauchen. Das erfordert insbesondere eine Restrukturierung der Informationssysteme des Unternehmens und eine Reorganisation seines Mitarbeiterstamms. Eine zentrale Bedeutung hat dabei eine als Data Warehousing bezeichnete Technik, mittels der isolierte Kundendaten aus den verschiedenen Teilen der Organisation zusammengeführt und gemeinsam in einem großen »IT-Lagerhaus« gespeichert werden. Data Warehousing ermöglicht es beispielsweise jedem Beschäftigten, durch die Eingabe eines Kundennamens vom Zentralcomputer detaillierte Auskünfte über alle vergangenen Transaktionen zwischen dem Unternehmen und diesem Kunden zu erhalten.

Dies ist das genaue Gegenteil des produktorientierten Ansatzes, mit dem die meisten Unternehmen groß geworden sind und demzufolge die Geschäftsbereiche und -einheiten nach Produkten und Produktgruppen strukturiert waren. Damals war es nichts Ungewöhnliches, wenn die einzelnen Gruppen jeweils ihre eigene Buchhaltung, ihre eigene IT-Einheit und ihr eigenes Marketingteam hatten. Diese vertikalen »Bastionen« innerhalb der Organisation konkurrierten häufig ebenso sehr untereinander wie mit den Rivalen auf dem Markt. Ihre Loyalität zu ihrer Gruppe machte sie nicht selten blind für die übergeordneten Interessen des Gesamtunternehmens.

Beim Customer Relationship Management werden Strukturen und Systeme geschaffen, die quer zu den vertikalen Linien des traditionellen Unternehmens verlaufen und auf die einzelnen Kunden ausgerichtet sind. Innerhalb der vertikalen Gliederung konnte es dagegen passieren, dass ein Kunde von einem Unternehmen in kurzem Abstand mehrfach im Zusammenhang mit unterschiedlichen Produkten angesprochen wurde. Die eine Abteilung des Unternehmens wusste zu keiner Zeit, was die andere tat.

Historischer Abriss

Der Satz »der Kunde ist König« wurde geprägt, längst bevor er Wirklichkeit wurde. Erst seit Ende des 20. Jahrhunderts, als der technologische Fortschritt und eine allgemeine Deregulierung der Märkte dem Kunden zu neuer Macht verhalfen, klingt er nicht mehr wie eine hohle Phrase.

Zwei Dinge brachten den Unternehmen die Notwendigkeit einer stärkeren Kundenorientierung zu Bewusstsein: Erstens kam es infolge der vorhandenen Scheuklappen innerhalb des alten vertikalen Systems zu einigen folgenschweren Fehlern. Ziel und Messlatte solcher traditioneller Strukturen war beispielsweise der Marktanteil. Als jedoch IBM eine beherrschende Stellung auf dem Markt für Großrechner innehatte, erkannte es erst im letzten Augenblick, dass 100 Prozent eines rasch schwindenden Marktes binnen kurzem 100 Prozent von nichts sein würden.

Das Unternehmen begriff, dass es sich nicht länger auf den Großrechnermarkt, sondern vielmehr auf das konzentrieren sollte, was seine Kunden wirklich wollten. Und was diese Kunden interessierte, waren nicht die Großrechner an sich, sondern deren Kapazität, große Datenmengen elektronisch zu verarbeiten. Die Wirtschaftstheoretiker prägten für dieses veränderte Marktkonzept den Begriff »Marketspace«. Die Spielzeit der Kinder ist ein Marketspace. Eine Puppe ist ein Produkt, ein Spielgegenstand.

Der zweite Aspekt, der die Aufmerksamkeit der Unternehmen stärker auf ihre Kunden lenkte, war die wachsende Erkenntnis, dass eine langfristige gesunde Unternehmensstrategie nicht darin bestehen konnte, sich lediglich auf die Summe der vielen engen Margen aus dem Verkauf einzelner Produkte zu beschränken. Unternehmen, die ein solches Vorgehen praktizierten, waren stets anfällig gegenüber anderen, die bereit waren, ihre Margen noch mehr zu reduzieren, nur um rasch ihren Marktanteil zu vergrößern (siehe Cherry Picking, Seite 45), oder gegenüber Neulingen, die aufgrund von Deregulierungen oder veränderten Vertriebskanälen auf einer anderen Kostenbasis operieren konnten.

Der Motorradhersteller Harley-Davidson gehört zu jenen Unternehmen, die einen CRM-Prozess durchlaufen und sich von ihrer alten vertikalen Organisationsstruktur befreit haben. An deren Stelle ist eine Struktur getreten, bestehend aus drei Einflusskreisen, die sich im Zentrum überschneiden. Diese Kreise (Nachfrageerzeugung, Herstellung und Support) dienen dazu, die Zusammenarbeit zu betonen und beim Kunden den Eindruck zu vermeiden, die rechte Hand wisse nicht, was die linke tut.

Solche horizontalen Restrukturierungen rufen bei den Beschäftigten unweigerlich Angst um den Arbeitsplatz hervor. Aber Xerox, ein viel größeres Unternehmen als Harley-Davidson, durchlief einen ähnlichen Restrukturierungsprozess, ohne einen einzigen Beschäftigten zu entlassen. Vielmehr definierte es deren Tätigkeiten neu.

Immer mehr Unternehmen begreifen ihre Kunden als Kunden auf Lebenszeit und nicht nur als Einmalkäufer eines Produkts. Es ist allgemein bekannt, dass es weit billiger ist, einen bestehenden Kunden zu halten, als einen neuen zu akquirieren. Die Unternehmen fragen sich also: Warum sollten wir nicht versuchen, dieselben Kunden ihr Leben lang zu bedienen und deren sich mit der Zeit verändernden Marketspace auszufüllen? In diesem Zusammenhang wird es für die Unternehmen wichtig, dass sie den Lifetime Value ihrer Kunden messen und sich über eine Quersubventionierung deren verschiedener Lebensperioden Gedanken machen. Banken beispielsweise verzichten in der Regel darauf, an Studenten zu verdienen, weil sie hoffen, dass aus ihnen später umso wertvollere Kunden werden.

Empfohlene Lektüre

Accenture (Hg.), *Managing Customer Relationships – Lessons from the Leaders*, The Economist Intelligence Unit, London 1998
Peppers, D. u. Rogers, M., *The One-to-One Manager*, New York 1999
Vandermerwe, S., *The Eleventh Commandment – Transforming to »Own« Customers*, New York 1996

Dezentralisierung

Dezentralisierung bedeutet, dass das Zentrum einer Organisation Macht an ihre übrigen Teile abgibt. Im Fall eines Unternehmens bedeutet dies, dass die Unternehmenszentrale Autorität nach außen an die einzelnen Betriebsleiter überträgt. Die Experten sind sich keineswegs einig, welche Struktur für eine weit verzweigte Organisation am effizientesten ist, insbesondere, wenn es sich um ein in zahlreichen Ländern vertretenes, multinationales Unternehmen handelt: Sollte die Entscheidungsfindung auf das Zentrum beschränkt oder auf die ganze Organisation verteilt sein?

Dezentralisierung und ihr Gegenstück, die Zentralisierung, waren abwechselnd in Mode. In seinem Buch *Small is Beautiful* (siehe Seite 263) schreibt E. F. Schumacher:

»In großen Organisationen gibt es üblicherweise einen ständigen Wechsel zwischen Phasen der Zentralisierung und Phasen der Dezentralisierung – wie die Ausschläge eines Pendels. Wenn wir auf ein solches Gegensatzpaar stoßen und für beide Seiten überzeugende Argumente haben, dann lohnt es sich, das Problem genauer zu studieren und nicht nur nach einem Kompromiss zu suchen. Was wir wirklich brauchen, ist nicht ein Entweder-oder, sondern ein Sowohl-als-auch, und zwar zur gleichen Zeit. Dieses uns so vertraute Problem zieht sich durch das gesamte wirkliche Leben.«

Andere berühmte Managementautoren waren weniger zweideutig. In seinem Klassiker *Strategy and Structure* behauptet Alfred Chandler, dass Strategie in den Verantwortungsbereich der Zentrale falle, der Tagesbetrieb aber dezentralisierten Einheiten überlassen bleiben solle.

Tom Peters, der zusammen mit Robert Waterman *Auf der Suche nach Spitzenleistungen* geschrieben hat, erzählt, wie Waterman und er Mitte der Neunziger jeder einzeln gebeten wurde, die wichtigsten Herausforderungen für Unternehmen aufzulisten:

»Die Listen boten wenig Gemeinsamkeiten – außer dem ersten Punkt. Wir beide setzten ... Dezentralisierung oben auf unsere Liste ... nachdem wir (zusammengerechnet) 50 Jahre lang beobachtet hatten, wie Organisationen reüssierten und scheiterten, waren wir von einem überzeugt: Die Zügel zu lockern, tausend Blumen blühen und hundert Ansichten miteinander wettstreiten zu lassen, ist die beste Methode, um in gefährlich wirbelnden Zeiten stark und kräftig zu bleiben.«

Historischer Abriss

Befürworter einer Dezentralisierung gibt es seit Jahrhunderten. Im 18. Jahrhundert war die East India Company eine in hohem Maß dezentrale Organisation, wenn auch nur deshalb, weil es keine Alternative gab. Ihre Vertreter unterhielten Fabriken in den entferntesten Gegenden der Welt. Es gab weder Telegrafendienste noch Telefon oder Telex. Sie mussten vor Ort ihre eigenen Entscheidungen treffen.

Nicht nur bei der East India Company bestimmte der technologische Entwicklungsstand den Grad der Zentralisierung. Während fast des gesamten 19. Jahrhunderts bestimmten dezentrale Strukturen das Bild. Die Morgans, Vater und Sohn, leiteten ihre Banken in völliger Unabhängigkeit voneinander in London und New York, und die verschiedenen Zweige der Rothschild-Familie führten unabhängig voneinander Geldinstitute in einer Reihe europäischer Länder. Brieftauben stellten die schnellste Verbindung dar, die man sich vorstellen konnte.

Mit der Erfindung von Telefon und Telex kam schließlich die Unternehmenszentrale zu ihrem Recht, und so war das 20. Jahrhundert weitgehend von zentralisierten Strukturen geprägt. Dass diese Entwicklung möglich wurde, ist in der Hauptsache Alexander Graham Bell zu verdanken.

Es gab natürlich Ausnahmen. Das US-amerikanische Chemie-unternehmen DuPont ging Mitte der zwanziger Jahre, als seine Führungsspitze dem diversifizierten Unternehmen eine multidivisionale Struktur verpasste, entschlossen den Weg der Dezentralisierung. Ebenso wurde General Motors unter Alfred Sloan in Geschäftsbereiche zerlegt, die gleichsam als eigenständige Unternehmen geführt wurden. Sloan erklärte, das Unternehmen habe »eine koordinierte Geschäftspolitik und eine dezentralisierte Verwaltung«. Mit diesem Prinzip gelang es ihm, etwas von dem Vorsprung wettzumachen, den Ford mit der Einführung der Massenproduktion und des Fließbands ein Jahrzehnt zuvor errungen hatte.

Mit dem Wachstum und der schnellen Entwicklung der Informationstechnologie in den Neunzigern änderte sich das Bild. Das Internet und andere elektronische Informationssysteme machten die Informationsverbreitung ortsunabhängig und billig. Die Macht verlagerte sich wieder in die Außenbereiche der Organisationen. In einem Artikel für die *Harvard Business Review* behaupteten C. K. Prahalad und Kenneth Lieberthal 1998, dass sich diese Machtverlagerung insbesondere bei multinationalen Unternehmen bemerkbar machen werde. Die alte imperialistische Grundannahme, dass alle Innovation vom Zentrum ausgehe, habe nicht länger Gültigkeit. Innovation müsse in Zukunft lokal gefördert werden, und lokal rekrutierte Mitarbeiter müssten die Chance haben, in die Unternehmensspitze aufzusteigen.

Empfohlene Lektüre

Chandler, A., *Strategy and Structure*, New York 1966
Prahalad, C. K. u. Lieberthal, K., »The End of Corporate Imperialism«, in: *Harvard Business Review*, Juli–August 1998
Sloan, A. P., *Meine Jahre mit General Motors*, München 1965
(Original: *My Years with General Motors*, New York 1954)

Differenzierung

Das Konzept der Differenzierung stammt aus der Wirtschaftswissenschaft und wurde von den Marketingabteilungen übernommen. Im Kern geht es um die Möglichkeit, ein Produkt über die Betonung realer oder vermeintlicher Unterschiede von ähnlichen Produkten abzuheben, damit es sich zu einem höheren Preis und mit mehr Gewinn verkaufen lässt. Diese Differenzierung beruht entweder auf tatsächlichen Unterschieden (beispielsweise löslichem Aspirin gegenüber dem nichtlöslichen Wirkstoff) oder auf imaginären Unterschieden (wenn etwa die Werbung suggeriert, dass ein Parfüm uns für das andere Geschlecht attraktiver macht als ein anderes).

Der Wert der Differenzierung ist umso größer, je mehr die Produkte einander gleichen. Mit der Zeit unterscheiden sich beispielsweise die verschiedenen Waschmaschinen oder Fluglinien immer weniger, eine Differenzierung wird von Mal zu Mal schwieriger und gleichzeitig immer wichtiger. Wenn aber ein erkennbares Profil einmal geschaffen ist, kann es über Jahre hinweg bestätigt werden. Porsche beispielsweise gibt seinen Wagen das Image eines schnellen Autos für forsche Exzentriker, und zwar mindestens schon seit dem Jahr 1955, als der Schauspieler James Dean in einem solchen Auto ums Leben kam.

In der Konsumgüterbranche ist es üblich, dass eine vergleichsweise kleine Zahl von Unternehmen eine große Palette differenzierter Produkte herstellt. So wird beispielsweise das auf den ersten Blick große Spektrum an Seifen und Waschmitteln in den Vereinigten Staaten fast ausnahmslos von zwei Unternehmen, Unilever und Procter & Gamble, hergestellt. Dabei bieten solche Branchen nur geringe Investitionsrenditen. In Branchen mit mehr Möglichkeiten zur Differenzierung sind auch größere Renditen möglich.

Dienstleistungsbranchen haben andere Möglichkeiten der Differenzierung als reine Hersteller. Fluggesellschaften können auf ihre Angebote (»unsere Flotte ist neuer als die von Blabla«) und ihre Mannschaft verweisen (»unsere Stewardessen sind hübscher und aufmerksamer«). Mit Produkten geht das nicht (»unsere Hühner wurden von Leuten mit saubereren Händen gerupft«). Eine weitere Möglichkeit, Produkte zu differenzieren, ist die Erzeugung eines Markenimages. Das funktioniert besonders gut in der Modebranche, wo man schwer argumentieren kann, dass »unsere Kleidungsstücke länger halten« oder »wir den besseren Geschmack haben«. Auch in der Tabakindustrie, wo eine Zigarette der anderen gleicht, ist ein Markenimage als Differenzierungsfaktor wichtig.

Vermarktungsexperten behaupten, fast jedes Produkt lasse sich irgendwie differenzieren. Der Marketing-Guru Philip Kotler führt ein Beispiel aus der Baustoffbranche an: Obwohl Ziegelsteine gewissermaßen ein Standardrohstoff sind, schaffte es ein Unternehmen, sich über eine veränderte Anliefermethode von den Wettbewerbern seiner Branche abzuheben. Anstatt die Steine einfach auf den Boden zu schütten (mit dem entsprechenden Anteil Bruch), stapelte es sie auf Paletten und hob sie mit kleinen Kränen von der Ladefläche seiner Lastwagen sanft auf den Boden. Diese Methode war so erfolgreich, dass sie bald zum Branchenstandard avancierte. Natürlich musste sich das Unternehmen daraufhin etwas Neues einfallen lassen, um sich von seiner Konkurrenz zu unterscheiden.

Historischer Abriss

In seinem bahnbrechenden Buch über die Wettbewerbsfähigkeit von Unternehmen (siehe Wettbewerbsvorteil, Seite 336) behauptete Michael Porter, dass ein Unternehmen nur zwei Möglichkeiten habe, sich gegenüber der Konkurrenz zu profilieren: über den Preis oder über die Unterscheidbarkeit seiner Produkte von denen der Rivalen.

Das lenkte die Aufmerksamkeit auf die Eignung der Produktdifferenzierung als Marketingstrategie mit dem Ziel, den Kunden die Unterschiede zwischen dem eigenen Produkt und den Produkten der übrigen Hersteller zu Bewusstsein zu bringen. (Siehe auch Unique Selling Proposition, Seite 302.) Aufgabe der Werbung ist es demnach, dem Kunden deutlich zu machen, dass er bei dem betreffenden Produkt mehr Wert für sein Geld bekommt.

Empfohlene Lektüre

Beath, J. u. Katsoulacos, Y., *The Economic Theory of Product Differentiation*, Cambridge 1991

Kotler, P. u. Armstrong, G., *Grundlagen des Marketings*, 2. Aufl., München 1999 (Original: *Principles of Marketing*, 8. Aufl., Englewood Cliffs 1999)

Ries, A. u. Trout, J., *Positioning: Die neue Wettbewerbsstrategie*, Hamburg 1986 (Original: *Positioning: The Battle for your Mind*, New York 1981)

Ries, A. u. Trout, J., *Marketing generalstabsmäßig*, Hamburg 1986 (Original: *Marketing Warfare*, New York 1986)

Smith, W. R., »Product Differentiation and Market Segmentation as Alternative Marketing Strategies«, in: *Journal of Marketing*, Juli 1956

Trout, J., *Die große Macht des kleinen Unterschieds. Siegen im Zeitalter des Killerwettbewerbs*, Wien 2001 (Original: *Differentiate or Die*, New York 2000)

Diversifikation

Von Zeit zu Zeit kommen den Unternehmen Zweifel, ob es ratsam ist, alle kommerziellen Eier in einen Korb zu legen. Sie lassen sich von der Portfolio-Philosophie der Geldanleger inspirieren, wonach ein breit gefächertes Aktiendepot das Risiko mindern hilft. Sie setzen sich folglich dasselbe Ziel – die Reduzierung des Geschäftsrisikos durch ein Engagement in verschiedenen Bereichen. Zu diesem Zweck kaufen sie entweder bestehende Unternehmen auf, oder sie starten ganz neue Aktivitäten, wobei die erste Variante die häufigere ist. Unternehmen, die diese Diversifikationsstrategie verfolgen, haben einen Namen: Sie heißen Mischkonzerne oder Konglomerate.

Mischkonzerne nehmen den Anlegern die Aufgabe der Risikostreuung teilweise ab und geben sie an die Unternehmensmanager weiter. Die Anleger können entscheiden, ob sie ein diversifiziertes Aktienportfolio oder Aktien eines diversifizierten Geschäftsportfolios kaufen wollen.

Während Mischkonzerne mal mehr und mal weniger in Mode sind, sprechen doch auch ein paar zeitlose Gründe für eine Diversifikation. So verspricht sie beispielsweise Synergien (siehe Seite 284) und eine Streuung von Overheadkosten. Die Unternehmen können Kosten sparen, indem sie eine breitere Produktpalette über die gleiche Infrastruktur vertreiben. Kaufhäuser verkaufen mit Gewinn so verschiedene Dinge wie Polstermöbel und Unterwäsche. Dieselbe Logik lässt sich auf die Hersteller von Polstermöbeln und Unterwäsche anwenden.

Diversifikation hat sich für manches Unternehmen als höchst erfolgreiche Strategie erwiesen. Constantinos Markides, Professor an der London Business School, behauptet, dass die Chancen und die Risiken dabei beträchtlich sein könnten. Er verweist auf Erfolgsstorys wie die von General Electric, Disney und 3M, aber ebenso auf bekannte Fehlschläge, wie beispielsweise den missglückten Einstieg von Quaker Oats in das Fruchtsaftgeschäft über ein Unternehmen namens Snapple und Blue Circle, einen britischen Zementhersteller, der zwecks Diversifikation begann, Rasenmäher herzustellen – aus keinem tieferen Grund, als dass »Gärten in der Regel in der Nähe von Häusern zu finden sind«, wie ein ehemaliger Manager des Unternehmens sich ausdrückte.

Historischer Abriss

Die Idee der Diversifikation bekam in den späten Fünfzigern großen Auftrieb durch ein Buch mit dem Titel *Portfolio Selection*. Darin wurde Investoren (Einzelpersonen und Unternehmen) nahe gelegt, ihr Risiko durch eine breite Streuung ihrer Investitionen abzufedern. Um 1952 hatte ein Unternehmen namens Royal Little den Weg gewiesen, indem es Unternehmen in unzusammenhängenden Branchen aufkaufte und darüber stetig wuchs.

Diversifikation stand besonders in den Sechzigern und frühen Siebzigern hoch im Kurs. Zwischen 1960 und 1980 stieg der Anteil der Mischkonzerne unter den *Fortune 500*, den führenden US-amerikanischen Unternehmen, von 50 auf 80 Prozent. Den Prototyp bildete ITT. Unter dem Engländer Harold Geneen, der über viele Jahre an der Spitze des US-Unternehmens stand, besaß ITT gleichzeitig Bäckereien, Telefongesellschaften, Hotels und einen Holz- und Zellulosehandel. In den frühen Siebzigern hatte es über 400 Tochtergesellschaften in über 70 Ländern.

Diversifikation kam jedoch in den Achtzigern und Neunzigern aus der Mode, als die Unternehmen sich wieder auf die Tugend besannen, »bei den eigenen Leisten zu bleiben«. Viele Unternehmen stießen jetzt die Geschäftsbereiche wieder ab, die sie nur wenige Jahre zuvor gekauft hatten, als sie mit allen Mitteln versuchten, zum Mischkonzern zu avancieren. Exxon beispielsweise zog sich hastig aus der Elektronikbranche zurück, und BP stieg aus dem Kohlegeschäft aus. Der US-Sender CBS trennte sich Schätzungen zufolge von mehr als 80 Prozent seines Geschäftsportfolios, und P&O verkaufte eine Vielzahl von Geschäftsbereichen, um sich wieder auf den Seetransport und insbesondere auf den Fährbetrieb zu konzentrieren.

Nach Ansicht von Professor Markides vergeben Unternehmen entscheidende Chancen, wenn sie auf Diversifikation als strategische Option verzichten. Ein Beispiel für einen erfolgreichen Mischkonzern bietet zum Ende des 20. Jahrhunderts das kanadische Unternehmen Bombardier. Es wurde 1942 als Hersteller von Schneefahrzeugen gegründet und wuchs im letzten Viertel des Jahrhunderts zu einem diversifizierten Hersteller heran, dessen Produkte von öffentlichen Verkehrssystemen bis zu Sportbooten reichen. Am Ende der Neunziger beschäftigte es in seinen Fabrikationsanlagen in insgesamt neun Ländern rund 40 000 Mitarbeiter. Im Jahr 1997 erläuterte der damalige Chief Executive des Unternehmens, Laurent Beaudoin, dessen Strategie wie folgt:

»Bombardier hat niemals übereilt diversifiziert. Der erste Schritt, der Einstieg in den Schienenfahrzeugmarkt, erfolgte 1974; der zweite Schritt, der Kauf von Canadair, wurde zwölf Jahre später unternommen. Nach jedem begonnenen Vorstoß in eine neue Branche tätigten wir eine Reihe von Akquisitionen im Umfeld, um unsere Position zu stärken. Zudem weisen alle Bereiche, in denen wir tätig sind, gewisse grundsätzliche Ähnlichkeiten hinsichtlich zentraler Fertigungsprozesse, Beschaffung, Konstruktionsdesign und Produktentwicklung auf.«

Empfohlene Lektüre

Geneen, H. (mit Moscow, A.), *Manager müssen managen: Gedanken und Bekenntnisse eines Erfolgreichen*, München 1990 (Original: *Managing*, New York 1984)
Markides, C., »To Diversify or Not to Diversify«, in: *Harvard Business Review*, November–Dezember 1997
Markowitz, H. M., *Portfolio Selection*, New York 1959
Salter, M. S. u. Porter, M., »Note on Diversification as Strategy«, in: *Harvard Business Review*, November–Dezember 1986
Utton, M. A., *Diversification and Competition*, Cambridge 1979

Double Loop Learning

Die Idee des Double Loop Learning ist nicht einfach zu verstehen, spielt aber inzwischen eine zentrale Rolle in der Diskussion um die Frage, wie Organisationen lernen (siehe Lernende Organisation, Seite 174). Sie wurde erstmals in den siebziger Jahren von Chris Argyris, Harvard-Professor für Organisationsverhalten, entwickelt. Argyris stellte das Double Loop Learning dem Single Loop Learning gegenüber und beschrieb den Unterschied bei verschiedenen Anlässen immer wieder anders.

In einem Zeitschriftenartikel schrieb er:

»Wenn ein Thermostat die Wärmezufuhr erhöht oder drosselt, dann tut er das in Übereinstimmung mit dem Regelwerk, das ihm gegeben wurde, um die Temperatur auf, sagen wir, 20 Grad zu halten. Das ist Single Loop Learning, denn das zugrunde liegende Programm wird nicht infrage gestellt.«

Von Double Loop Learning könnten wir sprechen, wenn der Thermostat nicht nur die Temperatur regelt, sondern auch noch fragt, warum er überhaupt auf 20 Grad regeln soll.

Argyris fährt fort:

»Bei den Lernprozessen in den Unternehmen handelt es sich zum überwiegenden Teil um Single Loop Learning, denn sie dienen dazu, Fehler zu erkennen und zu korrigieren, sodass die Arbeit erledigt werden kann und das Geschehen im Rahmen der einmal festgelegten Regeln bleibt.«

Beim Double Loop Learning (im Deutschen häufig »Veränderungslernen«) stellen die Manager die Regeln und Ziele, nach denen sie ihre Entscheidungen treffen, ständig infrage.

Single Loop Learning ist gefährlich, weil es stereotype Denkmuster zementiert:»Die zugrunde gelegte Theorie bestätigt sich selbst.« Argyris beschreibt dies am Beispiel eines Managers, der seine Mitarbeiter für passiv und führungsbedürftig hält. Danach testet ein solcher Manager seine Überzeugungen, indem er seinen Leuten Aufgaben gibt, die seine Theorie bestätigen. Um diese »einfache Schleife« zu verlassen, muss sich der Manager auf ein »Open Loop Learning« einlassen, bei dem er bewusst versucht, die geltende Theorie zu entkräften. Er muss sich die Frage stellen, wie sich wohl zeigen lässt, dass seine Mitarbeiter nicht führungsbedürftig sind.

Die Schwierigkeit beim Double Loop Learning ist, dass die meisten Menschen sich der eigenen Denkprozesse und der impliziten Regeln, die ihren Entscheidungen zugrunde liegen, nicht bewusst sind. Argyris nennt dafür zwei Gründe:

»Erstens haben sie ein großes Rechtfertigungsgeschick – ihre Tätigkeit ist ihnen zur zweiten Natur geworden, und sie werden sich ihrer nicht einmal bewusst, während sie sie verrichten. Sie achten nicht auf die eigenen antrainierten Verhaltensweisen, es sei denn, sie machen einen Fehler. Und wenn sie zweitens einen Fehler machen, ziehen es andere Leute – und besonders die ihnen unterstellten Mitarbeiter – häufig vor, den Fehler herunterzuspielen oder behutsam zu korrigieren, sodass die Führungskraft unter Umständen gar nicht bemerkt, dass sie einen Fehler gemacht hat.«

Historischer Abriss

Zu den Unternehmen, die teuer dafür bezahlten, dass sie es versäumten, die Grundannahmen hinter einer bestimmten Managementtheorie zu hinterfragen, gehörte das japanische Elektronikunternehmen Sony. Als es den Walkman auf den Markt brachte, bestand seine höchst erfolgreiche Strategie darin, die Entscheidung über die bevorzugte Entwicklungsrichtung aus einem breiten Angebotsspektrum heraus dem Markt zu überlassen. Anschließend nutzte es seine Fähigkeiten, um rasch neue Produkte herauszubringen, welche die bekundete Nachfrage befriedigten. Als Sony jedoch versuchte, dieselbe Strategie (viele Varianten zu einem einzigen Thema) im Videobereich zu wiederholen, funktionierte dies nicht. Das Unternehmen verlor viele Milliarden US-Dollar, um etwas zu lernen, was es aus der Reflexion des ersten Durchlaufs hätte lernen können (wenn es sich dem Double Loop Learning verschrieben hätte).

Empfohlene Lektüre

Argyris, C. u. Schön, D., *Theory in Practice: Increasing Professional Effectiveness*, San Francisco 1974
Argyris, C., *Increasing Leadership Effectiveness*, New York 1976
Argyris, C., »Double Loop Learning in Organizations«, in: *Harvard Business Review*, Januar–Februar 1977

Downsizing

Downsizing, sagen seine Befürworter, ziele nicht in erster Linie auf Stellenabbau. Es handele sich vielmehr um einen Prozess der Anpassung eines Unternehmens an die veränderten Marktbedingungen. Downsizing sei nicht bloß eine Maßnahme für Unternehmen, die in eine Rezession geraten. Es bedeute zwar eine »Bestandsreduzierung«, was sich jedoch nicht notgedrungen und ausschließlich auf die Belegschaftsgröße beziehen müsse.

Um dem Konzept den Beigeschmack des rücksichtslosen Mitarbeiterkahlschlags zu nehmen, wurden weitere Namen – wie beispielsweise Rightsizing und Restructuring – erfunden. Louis Gerstner, der Chef von IBM, sagte im ersten Jahresbericht des Computerunternehmens nach seiner Ernennung zum Chief Executive: »Kurz nach meinem Antritt machte ich es mir zur vorrangigen Aufgabe, das Unternehmen so schnell wie möglich einem Rightsizing zu unterziehen.«

Downsizing im Sinn von Personalabbau war besonders in den achtziger und neunziger Jahren an der Tagesordnung. Allein in den Vereinigten Staaten verloren in dem Jahrzehnt nach 1987 3,5 Millionen Beschäftigte durch Downsizing ihren Arbeitsplatz. Diese Verluste resultierten vor allem aus dem Abbau der mittleren Managementebene – einem Schritt, der infolge des zunehmenden Wettbewerbs und des verstärkten Einsatzes der Informationstechnologie, die den Bedarf an menschlichen Funktionsträgern reduzierte, unvermeidlich war.

Einige sahen darin die Rückkehr zu längst vergangenen Organisationsstrukturen. In einem Artikel in der *Harvard Business Review* führte Peter Drucker 1988 die britische Zivilverwaltung in Indien als eines der besten Beispiele für eine große und erfolgreiche informationsbasierte Organisation an. Demzufolge hatte die indische Zivilverwaltung niemals mehr als 1000 Mitglieder, von denen die meisten unter 30 Jahre alt waren. Jeder politische Sekretär (ein höherer Rang) hatte mindestens 100 Leute, die ihm direkt unterstellt waren – »ein Vielfaches dessen, was nach der Doktrin von der Leitungsspanne (siehe Seite 171) zulässig wäre«. Das System funktionierte laut Drucker »unter anderem deshalb, weil es so eingerichtet war, dass jeder die Informationen erhielt, die er für die Verrichtung seiner Arbeit benötigte«.

Historischer Abriss

Gegen Ende der neunziger Jahre gab es eine Gegenbewegung zum Downsizing. Die Unternehmen begannen sich zu fragen, ob sie nicht möglicherweise zu weit gegangen waren. Mittlerweile hatten sie gelernt, dass Downsizing auch mit beträchtlichen Risiken verbunden war. Zum einen wirkte es auf die Organisationen demoralisierend. Wer die Möglichkeit dazu hatte, wechselte den Job, woraufhin der Arbeitgeber regelmäßig gezwungen war, in einem mitunter als »Bulimieverhalten« beschriebenen Prozess neue Leute anzuheuern. Die kurzfristigen Vorteile des Downsizing für die Jahresbilanz konnten durch den langfristigen Schaden im Hinblick auf die Loyalität, die Motivation und (möglicherweise) die Produktivität der verbleibenden Mitarbeiter mehr als zunichte gemacht werden.

Im Jahr 1995 befragte die American Management Association (AMA) 1000 Unternehmen nach den Auswirkungen von Downsizing-Maßnahmen. Nur 48 Prozent derer, die seit 1990 Stellen abgebaut hatten, erklärten, dass ihre Gewinne anschließend gestiegen seien. Die AMA-Umfrage ergab ferner, dass sich das Downsizing in den meisten dieser Unternehmen nicht positiv auf die Produktqualität ausgewirkt hatte.

In einem Spezialbericht zu den Strukturveränderungen am Arbeitsplatz warnte die Zeitschrift *Business Week* im Oktober 1994, dass Downsizing häufig lediglich dazu führe, dass weniger Mitarbeiter härter arbeiten müssten. Es trage hingegen wenig zu einer Veränderung der Arbeitsweise in den Unternehmen bei. Ein mittlerer Manager in einem Hightech-Unternehmen berichtete von seinen Erfahrungen:

»In diesem Jahr muss ich in meinem Bereich ein 25-prozentiges Downsizing durchführen. Am Arbeitsumfang ändert sich nichts. Das nimmt einen emotional sehr mit. Ich stelle fest, dass ich nicht gern zur Arbeit gehe, weil ich die Leute antreiben muss, mehr zu tun, und ich sehe es an ihren Augen, dass sie am Ende ihrer Kräfte sind. Aber sie wagen es nicht, sich zu beschweren, denn sie wollen nicht zu den nächsten 25 Prozent gehören.«

Ein anderer offensichtlicher Nachteil des Downsizing ist der Verlust der Innovationsfähigkeit. Laut Deborah Dougherty von der McGill University und Edward Bowman von der Wharton School an der University of Pennsylvania verlieren Unternehmen durch das Downsizing die Fähigkeit zur Durchführung der entscheidenden letzten Prozessphase bei der Markteinführung eines neuen Produkts. Ein Downsizing reißt Löcher in das informelle Beziehungsnetz, das innovativen Mitarbeitern dazu dient, für neue Produktentwicklungen die nötige Unterstützung zu mobilisieren. Innovative Initiativen werden vom übrigen Unternehmen isoliert.

Als Alternative zum Downsizing bietet sich für das fürsorgliche Unternehmen die Ressourcenumschichtung an: Wenn Arbeitsplätze überflüssig werden, dann folgt daraus nicht zwangsläufig, dass Mitarbeiter gehen müssen. 3M beispielsweise versucht regelmäßig, für überzählige Mitarbeiter vergleichbare Tätigkeiten in anderen Abteilungen zu finden. Auf diese Weise wurden dort in den neunziger Jahren 3500 Mitarbeiter mit neuen Aufgaben betraut. Das Unternehmen ist dazu nur in der Lage, weil es ständig neue Produkte erzeugt und neue Abteilungen einrichtet, in denen es diese Leute unterbringen kann.

Empfohlene Lektüre

Allen, J. G., *Surviving Corporate Downsizing*, New York 1988
Drucker, P., »The Coming of the New Organization«, in: *Harvard Business Review*, Bd. 66, Nr. 1, 1988
Hamill, J., »Employment Effects of Changing Multinational

Strategies in Europe«, in: *European Management Journal*, Bd. 10, Nr. 3

www.csaf.org/downsize.htm – Making Sense of Corporate Downsizing

www.armyec.com/knowbase/docs/doc97/3207.htm – Workforce Reduction: Downsizing Strategies Used in Selected Organizations

E-Commerce

Der Begriff E-Commerce umfasst alle Arten von Geschäftstransaktionen über elektronische Datenverbindungen wie beispielsweise das französische Minitel-System, Videotextsysteme und den telefonischen Direktverkauf. Aber im engeren Sinn versteht man darunter den Handel über das Internet, und wegen des Internets steht E-Commerce auch ganz oben auf der Agenda der Unternehmen für die ersten Jahre des 21. Jahrhunderts.

E-Commerce ist lediglich eine Abkürzung für »elektronischer Handel«, steht jedoch für eine revolutionäre Idee: Der elektronische Handel unterscheidet sich qualitativ vom gewöhnlichen, altbewährten Handel, sodass sich über die Art und Weise, wie mittels E-Commerce Geschäfte gemacht werden, gewissermaßen ein Paradigmenwechsel vollzieht. Eine Geschäftsabwicklung über das Internet ist nicht nur viel schneller und billiger als andere Methoden, sie setzt auch herkömmliche Regeln hinsichtlich Zeit, Raum und Preisgestaltung außer Kraft. Entfernungen spielen oftmals keine Rolle mehr: Ein 10 000 Kilometer entfernter Kunde lässt sich genauso gut erreichen wie einer, der um die Ecke wohnt.

Wirtschaftliche Gesetzmäßigkeiten, die über Jahrhunderte in Kraft waren, verlieren auf einmal ihre Gültigkeit. Größenvorteile etwa werden irrelevant. Eine Zeitung wie das *Wall Street Journal* beispielsweise verkauft ihre Onlineausgabe zu einem Bruchteil des Preises ihrer Papierausgabe. Die Vertriebskosten pro Exemplar aber bleiben die gleichen, ob nun fünf oder fünftausend Onlineausgaben verkauft werden. Das kommt einer Revolution gleich für Unternehmen, deren Strukturen und Strategien auf einem bestimmten Zusammenhang zwischen Kosten und Umsatzvolumen basierten.

Historischer Abriss

In den neunziger Jahren war eine rapide Zunahme des E-Commerce zu verzeichnen. Das US-amerikanische Marktforschungsunternehmen Forrester Research, dessen Zahlen zu dem Thema am häufigsten zitiert werden, beziffert den Umfang des elektronischen Business-to-Business-Handels für das Jahr 1998 mit 43 Milliarden US-Dollar. Das Unternehmen schätzt, dass sich diese Ziffer während der nächsten fünf Jahre jährlich verdoppeln und bis zum Jahr 2003 1,3 Billionen US-Dollar erreichen wird. Forrester schätzt ferner, dass der elektronische Business-to-Customer-Handel etwas langsamer wachsen und von acht Milliarden im Jahr 1998 auf 108 Milliarden US-Dollar im Jahr 2003 ansteigen wird. Solche Messungen und Schätzungen sind jedoch ein schwieriges Geschäft.

Unternehmen wie Dell Computer erzielten enorme Kosteneinsparungen, indem sie frühzeitig auf das Internet setzten, um Produkte und Dienstleistungen direkt an die Kunden zu verkaufen und Zulieferteile zu beschaffen. Finanzdienstleistungsangebote über das Internet schossen wie Pilze aus dem Boden. Beim US-amerikanischen Brokerhaus Charles Schwab beispielsweise wurde nach nur drei Jahren bereits über die Hälfte des Wertpapierhandels online getätigt.

Für die Banken stellt E-Commerce sowohl eine Chance als auch eine Gefahr dar. Schätzungen zufolge kostet eine telefonisch abgewickelte Banktransaktion die Hälfte dessen, was derselbe Vorgang am Schalter kostet. Eine Banktransaktion über das Internet kostet jedoch nur ein Prozent dessen, was sie am Schalter in der Filiale kosten würde. Das gibt etablierten Banken die Möglichkeit, ihre Kostenstruktur auf den Kopf zu stellen, sofern sie ihre Kunden überreden können, ihre Bankgeschäfte online zu erledigen, anstatt sich in den Filialen in die Schlange zu stellen.

Gleichzeitig bekommen unbekannte Unternehmen die Möglichkeit, schnell und kostengünstig neue Serviceleistungen anzubieten und mit den alteingesessenen Banken zu konkurrieren. Dies gelingt ihnen nicht nur dank niedrigerer Preise und einer größeren Angebotsvielfalt, der Kunde kann zudem in Echtzeit Preisvergleiche anstellen (über elektronische Marktplätze wie

Annuity.net) und augenblicklich zum billigsten Anbieter wechseln (über elektronische Transfersysteme wie OneSource).

Die großen Aktienmärkte reagierten anfangs enthusiastisch auf den E-Commerce. America Online, ein früher Internet-Serviceprovider, wurde binnen kurzem höher bewertet als General Motors, kaufte in der Folge das Internet-Pionierunternehmen Netscape und fusionierte mit TimeWarner. Einige Beobachter der E-Commerce-Szene sind jedoch skeptisch, ob solche Unternehmen jemals nennenswerte Gewinne erwirtschaften werden. Zu den Grundmerkmalen des E-Commerce gehört, dass der Kunde die Kontrolle hat. Der Kunde kann das Netz im Handumdrehen nach den billigsten Angeboten durchsuchen. E-Commerce, sagen diese Beobachter, sei ein Geschäft mit bestenfalls niedrigen, ungünstigstenfalls keinen Margen.

Empfohlene Lektüre

Baldock, R., *Destination Z*, New York 1998
»Business and the Internet«, eine Umfrage in: *The Economist*, 26. Juni 1999

Empowerment

Hinter dem Begriff Empowerment steht die Idee, dass eine Organisation dann am produktivsten ist, wenn all ihre Beschäftigten befugt sind, selbständig Entscheidungen zu treffen, Zuständigkeiten also auf alle Ebenen der Organisation übertragen werden. Das ist eine wunderschöne Idee, die zu belegen scheint, was alle feinsinnigen und fortschrittlichen Leute wissen sollten. Dieser Ansatz ist vor allem mit dem Namen Rosabeth Moss Kanter verknüpft, Professorin der Harvard Business School sowie ehemalige Herausgeberin der *Harvard Business Review*, und stand im Mittelpunkt ihres viel beachteten Buches *When Giants Learn to Dance*.

Kanter vertrat die These, dass große Unternehmen ihre Beschäftigten aus lähmenden Hierarchien befreien müssen, wenn sie die flexible und rasch veränderliche Zukunft »tanzend« meistern wollen. Zu viele Beschäftigte verließen sich immer noch auf die »Krücke« der Hierarchie. Diese »machtlosen« Leute, sagte Kanter, »leben in einer anderen Welt ... sie machen am Ende von der letzten Waffe all derer Gebrauch, denen es an Produktivität fehlt – Tyrannei«. Sie befand, dass Frauen ganz besonderen Bedarf an Empowerment hätten, weil sie traditionell in niedrigen Positionen mit geringem Status beschäftigt seien.

Die Idee reicht zurück bis zu Douglas McGregors Theorien X und Y (siehe Seite 296). Durch die Informationstechnologie erhält McGregors Konzept eine neue Komponente: Sie gibt den gemäß der Theorie Y aus eigenem Antrieb tätigen Mitarbeitern das nötige Rohmaterial (Wissen oder Macht) an die Hand, um verantwortungsvoll zu handeln und selbständig Entscheidungen zu treffen.

Historischer Abriss

Zehn Jahre nach Kanters Buch veröffentlichte ein anderer Professor der Harvard Business School, Chris Argyris, in der *Harvard Business Review* einen Artikel unter dem Titel »Empowerment: The Emperor's New Clothes«. Darin äußerte er sich etwa folgendermaßen: »hübsche Idee, beschämende Resultate«. Jeder rede von Empowerment, sagt Argyris, doch funktioniere es nicht. Führungskräfte würden es hintertreiben, möge Kanter auch noch so sehr behaupten, dass »ein Unternehmensführer seine eigene Macht nicht schmälert, wenn er andere mit Befugnissen ausstattet«. Die Beschäftigten seien häufig nicht darauf vorbereitet oder nicht bereit, die damit verbundene neue Verantwortung zu übernehmen.

Um herauszufinden, warum Empowerment in der Praxis nicht funktioniert, setzte Argyris es in Bezug zum Engagement des einzelnen Beschäftigten für seine Tätigkeit. Er diagnostizierte zwei Arten von Engagement:

- Äußerliches Engagement oder Vertragserfüllung: Das ist die Art von Engagement, die von Beschäftigten in einer Struktur von Befehl und Gehorsam gezeigt wird, wenn sie wenig Einfluss auf ihr eigenes Schicksal haben und wenig Möglichkeiten erkennen, etwas zu ändern.
- Inneres Engagement kommt zum Tragen, wenn der Beschäftigte sich aus eigenem Antrieb für ein bestimmtes Projekt oder eine Person engagiert. Laut Argyris besteht ein enger Zusammenhang zwischen innerem Engagement und Empowerment.

Viele Unternehmensprogramme zur Förderung von Empowerment kranken daran, dass sie mehr äußerliches als inneres Engagement erzeugen. Argyris führt das unter anderem auf die Widersprüchlichkeit der Programme zurück, die Botschaften aussenden wie: »Mach deine eigenen Dinge – so, wie wir es dir sagen.« Die Folge ist, dass die Beschäftigten wenig Verantwortung für das Programm empfinden und das Zuständigkeitsgefühl in der gesamten Organisation abnimmt.

Argyris weist darauf hin, dass Empowerment nur in beschränktem Umfang möglich sei. Es sollte niemals Selbstzweck, sondern lediglich ein mögliches Mittel zur Erreichung von Leistungsverbesserungen sein. In diesem Sinn sollten die Organisationen die nötigen Arbeitsbedingungen schaffen, um in ihren Beschäftigten ein echtes inneres Engagement zu wecken.

Empfohlene Lektüre

Argyris, C., »Empowerment: The Emperor's New Clothes«, in: *Harvard Business Review*, Mai-Juni 1998
Kanter, R. M., »Power Failures in Management Circuits«, in: *Harvard Business Review*, Juli-August 1979
Kanter, R. M., *When Giants Learn to Dance*, London 1989
Malone, T. W., »Is ›Empowerment‹ Just a Fad?«, in: *Sloan Management Review*, Winter 1997

Entbündelung (Unbundling)

Die Aufteilung von Unternehmen und anderen Vermögensbeständen war längst allgemeine Praxis, als der Supreme Court der Vereinigten Staaten im Jahr 1911 die Entbündelung von John D. Rockefellers Standard Oil Company verfügte. Das Gericht befand, dass das Unternehmen »mit seinem Geschick für kommerzielle Entwicklung und Organisation ... alsbald die Tendenz zeigte, andere auszuschließen«.

Das Ausmaß der Branchenkonzentration, zu der es ohne eine Aufteilung von Standard Oil gekommen wäre, lässt sich aus der Tatsache abschätzen, dass 60 Jahre später ein Teil des ehemaligen Unternehmens (Standard Oil of New Jersey, heute Exxon) zum drittgrößten Unternehmen der Welt avancierte. Zur gleichen Zeit stand Standard Oil of California an elfter und Standard Oil of Indiana an 15. Stelle der weltweit größten Unternehmen.

Historisch gesehen lassen sich die Gründe für die Entbündelung von Unternehmen in zwei Kategorien aufteilen:

- Die Regierung hatte ein Interesse daran, Monopole aufzubrechen und eine übermäßige Branchenkonzentration zu vermeiden, wie etwa im Fall von Rockefellers Ölfirmen (oder im Fall von AT&T und Ma Bell in den achtziger Jahren).
- Es gab gute ökonomische Gründe, größeren Wert durch eine Art von umgekehrter Synergie (siehe Seite 284) zu schaffen, bei der drei weniger zwei mehr als eins ergibt. Dieser größere Wert entsteht entweder durch Kapitalgewinne aus dem Verkauf der zuvor gebündelten Vermögenswerte (ein häufig als »Unternehmensausschlachtung« bezeichnetes Vorgehen) oder durch eine Verbesserung der erzielten Margen in den entbündelten Geschäftsbereichen.

Historischer Abriss

Entbündelung stand mal mehr und mal weniger hoch im Kurs. Sie folgt in der Regel einer intensiven Periode der Fusionen und Übernahmen. In den Sechzigern und frühen Siebzigern gab es eine Zeit, als Firmenausschlachter, so genannte »Asset Strippers«, gnadenlos nach börsennotierten Unternehmen suchten, deren Anlagevermögen über ihrem Marktwert lag. Die Informationen über börsennotierte Unternehmen flossen damals weit spärlicher als heute, und sie waren nur einem sehr viel kleineren Kreis von Leuten zugänglich. Folglich war es noch möglich, auf echte Fundgruben zu stoßen.

Viele dieser Ausschlachter lebten von den Überresten jener Mischkonzerne, die den versprochenen Wert nicht zu erzeugen vermocht hatten. Leute wie Jim Slater und James Goldsmith in Großbritannien waren anerkannte Experten. James Goldsmith erklärte, dass die Mischkonzerne der sechziger Jahre »in puncto Wachstum, Rentabilität, Kapitalrendite, Schaffung von Arbeitsplätzen und Innovation enttäuschten«. Sie hätten zerlegt werden müssen. Jim Slaters Firma (Slater Walker) war ein Synonym für Unternehmensausschlachtung, bis sie schließlich bankrott ging und zum Gegenstand einer Untersuchung des Handelsministeriums wurde.

In einer Welle der euphorischen Rückbesinnung auf ihre Kernkompetenzen (jener Dinge, von denen die Firmen meinten, sie besonders gut zu beherrschen, siehe Seite 148) begannen Unternehmen in den frühen neunziger Jahren erneut, sich zu entbündeln. Diesmal ging es ihnen nicht in erster Linie um ein Ausschlachten – das heißt, durch das Kaufen und Verkaufen entbündelter Teile eine schnelle Mark zu verdienen. Sie wollten mit den Teilen, die sie behielten, bessere Margen erzielen. Wieder waren auch die großen Mischkonzerne betroffen. Unternehmen wie Hanson und BRT gehörten zu den havarierten Konglomeraten, die jetzt entbündelt wurden. Nachdem Hansons Wert zu Beginn der Neunziger noch 13,4 Milliarden US-Dollar betragen hatte, sank er bis 1997 auf »nur« 4,9 Milliarden. (Siehe auch Diversifikation, Seite 65.)

Empfohlene Lektüre

Hagel, J. u. Singer, M., »Unbundling the Corporation«, in: *Harvard Business Review*, März–April 1999

Enterprise Resource Planning (ERP)

Enterprise Resource Planning bedeutet die Einrichtung umfassender elektronischer Informationssysteme, die es den verschiedenen, in der Vergangenheit weitgehend isolierten Teilen einer Organisation erlauben, auf einen gemeinsamen Informationspool zuzugreifen und miteinander zu kommunizieren. Die zu diesem Zweck entwickelte Software dient als eine Art zentrales Nervensystem für das Unternehmen. Sie sammelt Informationen über den Zustand und die Aktivitäten der verschiedenen Teile der Organisation und übermittelt sie an andere Stellen, die davon profitieren können. Die Informationen werden von den Benutzern in Echtzeit aktualisiert und sind jederzeit allen zugänglich, die an das System angeschlossen sind.

ERP-Systeme funktionieren wie das zentrale Nervensystem, das tendenziell die Fähigkeit aufweist, die Summe der Fähigkeiten der einzelnen Teile zu übersteigen (ein Phänomen, das wir als Bewusstsein bezeichnen). Sie bilden gewissermaßen das Bewusstsein des Unternehmens. ERP-Systeme verknüpfen insbesondere Informationen über Finanzen, personelle Ressourcen, Produktion und Vertrieb. Sie umfassen Lagerverwaltungssysteme, Kundendatenbanken, Auftragsverfolgungssysteme, Kreditorenbuchhaltung und vieles andere mehr. Sie bieten je nach Bedarf auch Schnittstellen für Zulieferer und Kunden.

Die Einrichtung von ERP-Systemen erweist sich mitunter als äußerst komplex, und die Unternehmen beginnen für gewöhnlich mit einem Pilotprojekt, bevor sie ein System im gesamten Unternehmensverbund implementieren.

Historischer Abriss

Die Geschichte der Unternehmensplanungssysteme ist die Geschichte von SAP, einem deutschen Softwareunternehmen, das in den neunziger Jahren eine unangefochtene Vormachtstellung auf dem ERP-Markt errang. SAP (Systemanalyse und Programmentwicklung) wurde 1972 von drei Ingenieuren in Mannheim gegründet. Ihr Ziel war die Entwicklung von Software zur Verknüpfung von Daten aus unterschiedlichen Funktionen, damit die Unternehmen ihre verschiedenen Prozesse besser integrieren und den Geschäftsbetrieb reibungsloser gestalten konnten. Die SAP-Software war modular konzipiert, sodass sich die Systeme rasch erweitern und an veränderte Bedingungen anpassen ließen. Das Unternehmen bewies ein derart gutes Gespür für die IT-Erfordernisse der Wirtschaft, dass sein Marktanteil bei ERP-Systemen gegen Ende der Neunziger größer war als der seiner fünf engsten Rivalen zusammengenommen. Schätzungen zufolge liefen SAP-Systeme in mindestens der Hälfte der 500 weltweit größten Unternehmen.

Dieses außergewöhnliche Wachstum (eine jährliche Umsatzsteigerung von über 40 Prozent) wurde von einer Vermarktungsstrategie gestützt, die Managementberater dazu ermunterte, in ihren Kundenunternehmen Systeme von SAP zu implementieren. Viele Beraterfirmen gründeten zu diesem Zweck spezielle SAP-Abteilungen. Ohne diese Unterstützung bei der Implementierung wäre das Wachstum der SAP-Umsätze bald an eine empfindliche Grenze gestoßen.

Der Gesamtmarkt für ERP-Systeme wuchs ebenfalls, denn die Unternehmen erkannten immer deutlicher, wie vorteilhaft es war, Daten aus geographisch und funktionell isolierten Teilbereichen in einem Informationssystem zu integrieren. ERP-Systeme erlaubten es ihnen, einen Überblick über ihre gesamte Organisation zu bekommen, wie sie ihn nie zuvor gehabt hatten. Es war, als sähen sie zum ersten Mal eine vom Weltraum aus aufgenommene Farbfotografie der Erde.

Anfangs waren solche Systeme besonders bei großen multinationalen Unternehmen verbreitet, wo eine Reihe von Bedingungen besonders für ihren Einsatz sprach:

- Diese Unternehmen besaßen eine hoch entwickelte IT-Infrastruktur, innerhalb derer die Systeme eingesetzt werden konnten.
- Sie waren an einer Standardisierung ihrer vielfältigen Geschäftsprozesse interessiert.
- Sie verfügten über die erforderlichen Fachkräfte, um das System zu betreuen, sobald es einmal installiert war.

Als der Markt der großen Unternehmen gesättigt war, begannen die Anbieter von ERP-Systemen, nach Möglichkeiten zu suchen, wie sie ihre Produkte für kleinere Organisationen attraktiv machen konnten.

Empfohlene Lektüre

Shtub, A., *Enterprise Resource Planning: The Dynamics of Operations Management*, Boston 2000
Welti, N., *Successful SAP Implementation: Practical Management of ERP Projects*, Harlow 1999

Entrepreneurship

Der französische Nationalökonom Jean-Baptiste Say, der um 1800 den Begriff des »Entrepreneur« prägte, sagte: »Der Entrepreneur versteht es, bestehende Ressourcen in einen produktiveren und effizienteren Kontext zu setzen und auf diese Weise zu nutzen.« Laut Oxford English Dictionary ist ein Entrepreneur »jemand, der eine Geschäftsaktivität verfolgt, insbesondere als der Vermittler zwischen Kapital und Arbeit«.

Mit Entrepreneurship wird die besondere Mischung von Fähigkeiten bezeichnet, die ein Entrepreneur benötigt. Dazu gehören eine besondere Risikobereitschaft und der Wunsch, Reichtum zu erzeugen. Entrepreneurs sind Menschen, die es verstehen, schwierige Geschäftssituationen zu meistern; sie verfolgen hartnäckig ihren Businessplan, wenn sich andere längst in die Sicherheit einer Vollzeitanstellung flüchten. Dazu treibt sie entweder eine große Vision (siehe Seite 320) oder aber die Sehnsucht, zu den reichsten Menschen der Welt zu gehören. Sie haben entweder einen unverbesserlichen Dickkopf, oder sie sind entschlossen, ein für allemal zu beweisen, dass sie nicht die nutzlosen Taugenichtse sind, als die ihre Eltern sie stets hingestellt haben.

Viele konservative Regierungen haben versucht, ein für Unternehmer freundliches Umfeld zu schaffen, um deren kapitalistischen und Wohlstand schaffenden Eifer zu fördern. Sozialistische Regierungen hingegen beurteilen Entrepreneurs in der Regel als Opportunisten, die auch noch ihre Großmutter verkaufen würden, wenn sie börsentauglich wäre. Sie betrachten sie als Menschen, die man besser kontrolliert. Einige Wirtschaftstheoretiker stützen diese Sichtweise. Abraham Zaleznik, Professor an der Harvard Business School, sagte einst: »Wenn wir den Entrepreneur verstehen wollen, sollten wir, denke ich, auf den jugendlichen Straftäter schauen.«

Historischer Abriss

Bis vor kurzem überwog die Einschätzung, man werde als Entrepreneur geboren, nicht dazu gemacht. Die erforderlichen Fähigkeiten, so dachte man, würden entweder am elterlichen Esstisch gelernt oder gewissermaßen mit der Muttermilch aufgesogen. *The Economist* schrieb: »Entrepreneurs – nicht die einzigen, aber die erfolgreichsten Innovationsträger (siehe Innovation, Seite 128) – grübeln selten über das Wie nach.«

Das Hauptproblem für den Entrepreneur schienen stets die Finanzen zu sein. Das herkömmliche Bild zeichnete einen von Ideen übersprudelnden Entrepreneur, der verzweifelt gegen die verschlossenen Türen der Banken trommelt. In jüngster Zeit jedoch ist mit den Risikokapitalgebern eine ganze Branche entstanden, um den finanziellen Bedarf der Entrepreneurs zu befriedigen und an den Früchten ihres Erfolgs teilzuhaben – mit anderen Worten sich Anteile an ihren Unternehmungen zu sichern.

Für die meisten Entrepreneurs besteht das heiß ersehnte Ziel in der Regel in einer Börsennotierung, die es ihnen erlaubt, über ein öffentliches Zeichnungsangebot Aktien zu verkaufen. Um auch kleineren Pionierunternehmen diesen Weg zu ermöglichen, wurde in den entwickelten Wirtschaftssystemen eine Reihe kleinerer Börsen eingerichtet. Die Kosten für eine Notierung an einem der traditionellen Börsenplätze (wie beispielsweise New York oder London) sind für die meisten Pionierunternehmen unerschwinglich. Entrepreneurs bevorzugen jedoch in der Regel kleine Firmen, weil sie nur dort die Kontrolle über das Geschehen behalten können. Solche Organisationen haben allerdings häufig große interne Schwierigkeiten, sich zu großen etablierten Unternehmen zu entwickeln.

Einige Managementautoren versuchen, die Entrepreneurship-Idee auch auf große Organisationen zu übertragen, und legen Vollzeitangestellten (mit Monatsgehalt und Rentenanspruch) nahe, wie Entrepreneurs zu denken. Diese Idee wurde »Intrapreneurship« (siehe Seite 132) getauft.

Empfohlene Lektüre

Drucker, P., *Innovations-Management für Wirtschaft und Politik,* Düsseldorf 1985 (Original: *Innovation and Entrepreneurship – Practice and Principles,* London 1985)

Jennings, R., Cox, C. u. Cooper, C., *Business Elites: The Psychology of Entrepreneurs and Intrapreneurs,* London 1994

Venture Capital – An International Journal of Entrepreneurial Finance, www.tandf.co.uk/journals/routledge/13691066.html

Die Erfahrungskurve

Die Idee der Erfahrungskurve wurde Mitte der sechziger Jahre von der Boston Consulting Group (BCG) entwickelt. Bei ihrer Arbeit mit einem führenden Halbleiterhersteller fiel den Beratern auf, dass die Herstellungskosten des Unternehmens mit jeder Verdopplung des Produktionsvolumens prozentual um ein Viertel sanken. Für diesen Zusammenhang führten sie den Begriff Erfahrungskurve ein: Je mehr Erfahrung ein Unternehmen mit der Herstellung eines bestimmten Produkts hat, desto geringer sind die Kosten. Bruce Henderson, der Gründer von BCG, formulierte es so:

»Die Kosten verringern sich typischerweise mit jeder Verdopplung der angesammelten Erfahrung um real 20 bis 30 Prozent. Um die Inflation bereinigt, sollten sich die Kosten also in jedem Fall verringern. Sie tun dies umso schneller, je stärker das Produktionsvolumen wächst.«

Es gibt kein ökonomisches Grundgesetz, aus dem sich die Existenz der Erfahrungskurve ableiten ließe, wenngleich es sich gezeigt hat, dass die Erfahrungskurve auf sämtliche Branchen anwendbar ist. Ihre Gültigkeit wurde also induktiv und nicht deduktiv bewiesen.

Für sich genommen ist die Erfahrungskurve nichts weltbewegend Neues. Auch wenn BCG zuerst explizit auf sie hinwies, so kannte man doch bereits seit dem Zweiten Weltkrieg eine ähnliche Gesetzmäßigkeit in Bezug auf die Arbeitskosten. Je erfahrener die Arbeitskräfte waren, desto weniger Arbeitskräfte wurden für ein bestimmtes Produktionsvolumen benötigt. In der Flugzeugherstellung beispielsweise verringerte sich der Arbeitskräftebedarf um zehn bis 15 Prozent bei jeder Verdopplung der Erfahrung der eingesetzten Arbeitskräfte.

Die strategischen Implikationen der Erfahrungskurve waren da schon einschneidender: Denn wenn die Kosten mit zunehmender Erfahrung (in vorhersehbarem Umfang) sanken und wenn die Erfahrung eng mit dem Marktanteil zusammenhing (was nahe zu liegen schien), dann musste der Wettbewerber mit dem größten Marktanteil einen großen Kostenvorteil vor seinen Rivalen haben. Quod erat demonstrandum: Die Marktführerschaft ist ein wertvolles Gut, auf das kein Unternehmen ungestraft verzichten kann.

Dies war die Logik, die der Idee der Portfolio-Matrix (siehe Seite 232) zugrunde lag. Sie rechtfertigte es, finanzielle Ressourcen denjenigen Geschäftsbereichen (aus dem Portfolio des Unternehmens) zuzuweisen, die in ihrem speziellen Sektor Marktführer waren (oder zu werden versprachen). Dazu war es natürlich notwendig, jene Geschäftsbereiche auszuhungern, die dies nicht erreichten.

Historischer Abriss

Mit der Zeit erkannte das Management, dass die Erfahrungskurve aufgrund ihrer Ungenauigkeit bei der Erstellung konkreter Geschäftspläne keine große Hilfe war. Sobald erst einmal die strategischen Implikationen des allgemeinen Prinzips berücksichtigt waren, schien es wenig Sinn zu machen, die Idee weiterzuverfolgen.

Noch dazu ergaben sich für verschiedene Produkte unterschiedliche Anstiegskurven und unterschiedliche Einsparungsquellen. Zudem wiesen nicht alle Branchen denselben Abwärtsgradienten auf wie die Halbleiterbranche. Eine Studie der Rand Corporation zeigte, dass »eine Verdoppelung der Zahl der [von einem Architekten/Ingenieur] gebauten Atomreaktoren eine Ersparnis von fünf Prozent sowohl bei der Bauzeit, als auch bei den Kapitalkosten ergab«.

Diese Unterschiede erklären sich zum Teil daraus, dass die verschiedenen Produkte unterschiedliche Möglichkeiten bieten, Erfahrungen zu sammeln. Große Produkte (wie etwa Atomreaktoren) können sachbedingt nur in geringeren Stückzahlen produziert werden als kleine Produkte (wie etwa Halbleiter). Es ist nicht leicht für ein Unternehmen, das Herstellungsvolumen eines Produkts zu verdoppeln, dessen Fertigungszeit mehr als fünf Jahre beträgt, wenn zudem der Umfang des Gesamtmarkts nie mehr als einige hundert Einheiten betragen wird.

Der Theorie nach sollte es Marktneulingen aufgrund der Erfahrungskurve schwer fallen, Unternehmen mit einem signifikanten Marktanteil herauszufordern. In der Praxis steigen ständig neue Unternehmen in alte Märkte ein und werden zum Teil in kürzester Zeit zu wichtigen Akteuren. Das gelingt ihnen, indem sie die vermeintliche Unausweichlichkeit der Kurve und ihres Verlaufs auf andere Weise umgehen. Erfahrung lässt sich beispielsweise nicht nur aus erster Hand gewinnen – indem man selbst produziert und ausprobiert –, sondern auch aus zweiter Hand, indem man darüber liest und von Leuten lernt, die ihrerseits die nötige Erfahrung mitbringen. Außerdem können die Unternehmen die Erfahrungskurve durch Innovationen und Erfindungen überspringen. Sämtliche Erfahrung der Welt bei der Herstellung von Schwarzweißfernsehern ist wertlos, wenn alle Menschen Farbfernseher kaufen wollen.

Empfohlene Lektüre

De Bono, E., *Die vier richtigen und die fünf falschen Denkmethoden*, Hamburg 1972 (Original: *Practical Thinking*, Penguin, 1971)
Ghemawat, P., »Building Strategy on the Experience Curve«, in: *Harvard Business Review*, März–April 1985
Henderson, B. D., *Das Konzept der Strategie*, München 1984 (Original: *The Logic of Business Strategy*, Cambridge, Mass. 1984)
v. Oetinger, B., *Das Boston Consulting Group Strategiebuch*, München 2000
Sallenare, J. P., »The Uses and Abuses of Experience Curves«, in: *Long Range Planning*, Bd. 18, Nr. 1, 1985
Stern, C. W. u. Stalk, G. (Hg.), *Perspectives on Strategy from BCG*, New York 1998

Familienunternehmen

Aus vielen kleinen Familienbetrieben sind große Unternehmen geworden. Sie haben ihre eigene Zeitschrift, *Family Business*, ihren eigenen Kreis spezialisierter Berater und ihre eigenen akademischen Einrichtungen – wie etwa das Loyola Family Business Center. Das Institute for Family Enterprise am Bryant College in Rhode Island definiert ein Familienunternehmen als ...

»... ein Geschäftsunternehmen, das seit seiner Entstehung in der Hand einer einzigen Familie ist. Es kann, muss aber nicht, eingetragen sein, solange Familienmitglieder beim Betrieb und bei der Zukunftsplanung des Unternehmens maßgeblich beteiligt sind.«

Obwohl das Familienunternehmen nicht im eigentlichen Sinn als Managementidee beschrieben werden kann, verkörpert es dennoch eine Reihe spezieller Eigenschaften, um die herum sich eine eigene Theorie über das Verhalten von Unternehmen entwickelt hat. Zu den charakteristischen Merkmalen eines Familienunternehmens, sagte der britische Nationalökonom Alfred Marshall, gehöre, dass »der Chef seine Augen überall hat«. Daraus folgt fast zwangsläufig, dass in erfolgreichen Familienunternehmen Konflikte zwischen dem Kontrollanspruch des Chefs und dem Wachstumsdrang des Unternehmens vorprogrammiert sind.

Zu den charakteristischen Eigenschaften von Familienunternehmen gehören ferner:

Ihr Alter
Entgegen der allgemeinen Vorstellung ist die durchschnittliche Lebensspanne von Familienunternehmen geringer als die ande-

rer Unternehmen. Obwohl man sagt, dass jeweils eine Generation nötig sei, um ein Geschäft aufzubauen, es zum Erfolg zu führen und es wieder zu verlieren, schaffen es die wenigsten Familienunternehmen bis in die dritte Generation. Der Eindruck, sie existierten länger, entsteht dadurch, dass einige von ihnen extrem lange überlebt haben. Das japanische Hoshi Hotel beispielsweise besteht seit dem Jahr 717 n. Chr. als Familienunternehmen. Europas ältestes bestehendes Familienunternehmen ist die 1295 gegründete venezianische Glasmanufaktur Barovier & Toso, und die Familie Beretta stellt seit 1526 Feuerwaffen her.

Die Vereinigten Staaten, das Land mit den meisten Familienunternehmen, können keine derartige Langlebigkeit aufweisen. Das Institute for Family Enterprise nennt hier als ältestes Familienunternehmen eine Farm namens Tuttle Market Gardens, die seit 1636 besteht. Der Kandidat des *Wall Street Journal* für »das älteste Familiengeschäft« in den Vereinigten Staaten ist ein Unternehmen namens Zildjian Cymbal. Für das Institute for Family Enterprise qualifizierte es sich jedoch nicht, weil es die meiste Zeit seines Bestehens in einem anderen Land ansässig war. Es wurde 1623 in Istanbul gegründet und erst 1929 nach Norwell in Massachusetts verlegt.

Eine andere Einstellung zum Wachstum

Viele Ökonomen glauben, dass Familienunternehmen ab einer bestimmten Größe nur noch beschränkt wachsen könnten. Solange sie sehr klein seien, zeigten sie ein starkes Wachstumspotenzial, ab einem bestimmten Stadium jedoch setze eine Art Sklerose ein. Etablierte Familienunternehmen scheuten beispielsweise häufig vor Fusionen und Übernahmen zurück, weil sie befürchteten, die Kontrolle an andere zu verlieren oder womöglich den Namen der Familie vom Firmenportal verschwinden zu sehen.

Es ist kein Zufall, dass im 20. Jahrhundert parallel zur massiven Gewichtsverlagerung vom ehemals vorherrschenden Familienunternehmen zur öffentlichen Kapitalgesellschaft die Entwicklung von einer Unternehmenskultur, in der Wachstum nur eines von vielen langfristigen Zielen darstellte, zu einem Unternehmensverständnis führte, nach dem dieses Ziel klare Priorität hat.

Eine Umfrage unter US-amerikanischen Familienunternehmen im Jahr 1995 ergab, dass Firmen mit großen Umsatzzuwächsen mit höherer Wahrscheinlichkeit folgende Kriterien erfüllten:

- internationaler Vertrieb,
- Strategieplan,
- mehr als drei Vorstandstreffen im Jahr.

Nachfolgeprobleme

Die häufigsten Probleme lassen sich in zwei Kategorien zusammenfassen: Die erste betrifft die Mitglieder der Familie selbst. Wer soll aufgebaut werden, um später einmal das Ruder des Unternehmens zu übernehmen? Nach zwei, drei Generationen gibt es unter Umständen zahlreiche Vettern und Cousinen, die, solange sie nicht für die Nachfolge vorgesehen sind, ausgezahlt werden möchten. Das kann alle möglichen Probleme aufwerfen, die einer öffentlichen Kapitalgesellschaft fremd sind. Es gibt zahlreiche Konfliktlösungsexperten, die sich auf diesen Bereich spezialisiert haben und in der Regel eine juristische oder betriebswirtschaftliche Qualifikation mitbringen.

Die zweite Problemkategorie betrifft die Schwierigkeit, gute Mitarbeiter, die nicht zur Familie gehören, im Unternehmen zu halten, obwohl ihnen die obersten Positionen von vornherein versperrt sind.

Historischer Abriss

Die Wirtschaftshistorikerin Etna M. Kelley merkte einmal an, dass »aus unerklärlichen Gründen Beerdigungsunternehmen und Saatgutfirmen – die Symbolträger von Tod und Leben – am längsten zu überdauern scheinen«. Beide Branchen waren unter den am längsten existierenden Unternehmen stets überproportional vertreten. Viele Familienunternehmen haben jedoch nichts mit dem kleinen Bestatter an der Straßenecke gemein. Vor der Jahrhundertwende kontrollierte der Fadenhersteller J&P Coats weltweit die Textilbranche, wenngleich dessen Leitung in der

Hand weniger Mitglieder der Coats-Familie lag. Als die Ford Motor Company zum Ende des Ersten Weltkriegs die US-amerikanische Automobilbranche dominierte, gehörte sie nur zwei Männern: Henry Ford und seinem Sohn Edsel.

Im Lauf der Jahre hat die Zahl großer Unternehmen, die als Familienunternehmen bezeichnet werden können, in allen wichtigen Volkswirtschaften stark abgenommen. In Großbritannien fand dieser Rückgang vor allem in der zweiten Hälfte des 20. Jahrhunderts statt. Im Jahr 1930 waren in 70 Prozent der 200 größten britischen Unternehmen noch Mitglieder der Gründungsfamilie an der Leitung beteiligt. Bis zum Ende des Zweiten Weltkriegs fiel diese Zahl auf 60 Prozent. In den siebziger Jahren war die Zahl der wirklich großen britischen Unternehmen, die damals noch als Familienunternehmen bezeichnet werden konnten, auf einige wenige geschrumpft, wie beispielsweise McAlpine (Baubranche), Ferranti (Eletronik) und die Vestey-Gruppe (Fleisch und Nahrungsmittel).

Wenngleich in einigen großen Unternehmen heute noch Familienbeziehungen bestehen, so etwa bei den Einzelhandelsketten Wal-Mart und Sainsbury's oder den Autoherstellern Ford und Fiat, so werden diese Unternehmen doch in keiner Hinsicht mehr wie Familienunternehmen geführt. (Siehe auch Nachfolgeplanung, Seite 208.)

Empfohlene Lektüre

Donnelly, R. G., »The Family Business«, in: *Harvard Business Review*, Juli-August 1964

Gesick, K. u. a., *Generation to Generation: Life Cycles of the Family Business*, Boston 1997

Levinson, H., »Conflicts that Plague the Family Business«, in: *Harvard Business Review*, Januar–Februar 1971

Miller, W. D., »Siblings and Succession in the Family Business«, in: *Harvard Business Review*, Januar–Februar 1998

Neubauer, F. u. Lank, A., *The Family Business*, Basingstoke 1998

Family Business Review, Family Firm Institute, Brookline, MA, USA – www.ffi.org/resource/fbr.html

Franchising

Franchising ist eine Möglichkeit, mittels der Unternehmen ihren Umsatz erhöhen können, ohne ihr Anlagenvermögen zu vergrößern. Eines der bekanntesten Franchiseunternehmen ist die Restaurantkette McDonald's. Ungefähr 80 Prozent der McDonald's-Restaurants weltweit werden von Franchisenehmern betrieben. Franchising gibt es jedoch in fast jedem Wirtschaftsbereich, von Big Apple Bagels bis zu DreamMaker Bath & Kitchen. Zum Franchising gehören zwei Seiten: der Franchisegeber und der Franchisenehmer. Der Franchisegeber hat die Rechte an einem Warenzeichen oder einer Marke, und der Franchisenehmer erhält gegen eine Gebühr (häufig ein einmaliger Kaufpreis zuzüglich einer regelmäßigen Umsatzbeteiligung) die Erlaubnis, diese Marke zu verwenden. Der Franchisegeber hilft dem Franchisenehmer bei der Einrichtung des Betriebs (Finanzierung, Wahl des Ortes und so weiter) und behält auch danach die Kontrolle über diverse Aspekte der Geschäftsführung; das betrifft beispielsweise Produktlieferungen, koordinierte Marketingpläne und/oder eine zentralisierte Mitarbeiterschulung.

Der Franchisenehmer profitiert von einem erprobten Business Plan und einem beträchtlichen Erfahrungsschatz. Zu den weiteren Vorteilen des Franchising für den Franchisenehmer gehören die Kostenersparnis aufgrund der geballten Einkaufsmacht der Großorganisation und die Werbewirksamkeit eines zentral gestalteten Marketings.

Viele Franchisenehmer unterzeichnen einen Franchisevertrag, weil sie darin ein geringeres Risiko sehen, als eigenständig ein Geschäft aufzubauen. Eine Garantie gibt es jedoch nicht, mag das Franchiseunternehmen auch noch so bekannt und etabliert sein. Manche Franchisegeber machen ihren Franchisenehmern das Leben schwer, indem sie neue Konzessionen für Standorte in direkter Nachbarschaft zu bestehenden Betrieben vergeben. Heute enthalten viele Verträge eine Klausel, die verhindern soll, dass sich andere Franchisenehmer in zu geringem Abstand einrichten. Nicht immer ging es beim Franchising mit rechten Dingen zu, und in mehreren US-Staaten existieren heute Gesetze, die den Konzessionsverkauf steuern. Sie ähneln denen, die das Wertpapiergeschäft regeln, und fordern vom Franchisegeber häufig eine Offenlegung seiner laufenden Finanzen und anderer Einzelheiten gegenüber den staatlichen Behörden.

McDonald's, der Altmeister im Franchisegeschäft, sagt, dass sein System deshalb so erfolgreich sei, weil es »auf der Prämisse basiert, dass das Unternehmen nur über die Nahrungsmittelverkäufe seiner Franchisenehmer Geld verdienen sollte, wodurch die potenziellen Interessenkonflikte vermieden werden, die für viele Franchiseunternehmen kennzeichnend sind [bei denen die Gebühren nicht eng an die Umsätze gekoppelt sind]. Alle unsere Franchisenehmer sind unabhängige Vollzeit-Franchisenehmer und keine Mischkonzerne oder passive Investoren.« McDonald's betont ferner, dass »der Schwerpunkt unserer Geschäftstätigkeit im Franchisegeschäft liegt«.

Historischer Abriss

Franchising wurde gegen Ende des 20. Jahrhunderts im Zuge einer allgemeinen Begeisterung für dezentrale Organisationsstrukturen populär. Einzelne Elemente dieser Idee sind jedoch schon seit Jahrhunderten im Umlauf. In einem Artikel im *McKinsey Quarterly* (Nr. 1, 1998) heißt es:

»Die North West Company des 18. Jahrhunderts kannte dezentrale Entscheidungsprozesse, eine Konzessionsstruktur und wirksame Anreizsysteme, wodurch sie in der Lage war, die eingesessene Hudson's Bay Company trotz deren erheblicher struktureller Vorteile zu übernehmen.«

In den achtziger Jahren erlangte Benetton große Bekanntheit mit seinem Franchisingsystem, das es dem Unternehmen erlaubte, sich auf einige wenige Kernkompetenzen (siehe Seite 148) zu konzentrieren. Es konzessionierte den Vertrieb seiner Kleidungsstücke und lagerte deren Fertigung an kleine Werkstätten in Norditalien aus (siehe Outsourcing, Seite 223). Der Franchisingmarkt wuchs rasch. Im Jahr 1999 stellte die International Franchise Association folgende Schätzung an:

»Mehr als 540 000 Franchisebetriebe schmücken die Landkarte der USA und machen einen Umsatz von über 800 Milliarden US-Dollar. An jedem Werktag öffnet alle 6,5 Minuten irgendwo in den USA ein Franchisebetrieb die Pforten – Franchising ist wirklich die Erfolgsstory der Neunziger.«

Franchising ist besonders im Fastfood-Sektor verbreitet – dazu gehören nicht nur Hamburger-Restaurants, sondern auch Kaffeebars, Kentucky Fried Chicken (heute KFC) und edlere Gastronomieketten. Der Autovermieter Avis ist ebenso ein Franchiseunternehmen wie verschiedene Hotelketten von Marriott bis Oriental.

Franchisekonzessionen können beiden Seiten großen Reichtum bescheren, sie können aber auch für beide Seiten im Desaster enden. In Großbritannien gründete der in Edinburgh lebende Franzose Pierre Levicky im Jahr 1987 die auf Franchising basierende Restaurantkette Pierre Victoire. 1996 gab es in Großbritannien über 100 Pierre-Victoire-Restaurants, und Levicky plante, sein Unternehmen mit einer Bewertung von 14 Millionen britischen Pfund an die Londoner Börse zu bringen. Eine Reihe von Problemen (nicht zuletzt die fehlende Kontrolle über die Franchisequalität) führte dazu, dass im Jahr 1998 der Konkursverwalter in das Unternehmen gerufen wurde. Einige Franchisenehmer übernahmen das Unternehmen, während andere den Namen ihrer Restaurants aufgeben mussten. Levicky wurde schließlich Chefkoch in einem seiner ehemaligen Franchiserestaurants.

Empfohlene Lektüre

Bradach, J. L., *Franchise Organizations*, Boston 1998
Konigsberg, A., *International Franchising*, Ardsley-on-Hudson 1997
Shook, C. u. Shook, R. L., *Franchising: The Business Strategy that Changed the World*, Englewood Cliffs 1993

Führung

Führung ist »eines der am meisten beobachteten und am wenigsten verstandenen Phänomene der Erde«, schrieb James McGregor Burns, der bekannte amerikanische Historiker und Mitbegründer der gleichnamigen Academy of Leadership an der University of Maryland. In der Managementliteratur gibt es drei Ansätze zu diesem Thema:

- die Eigenschaften und Verhaltensweisen von Führern,
- die Eigenschaften und Verhaltensweisen jener, die geführt werden,
- die Struktur der Organisation, in der Führung praktiziert wird.

Am meisten wurde über den ersten dieser drei Aspekte geschrieben, denn es geht seit jeher eine unmittelbare Faszination aus von Führungspersönlichkeiten, ihrem Charakter und der großen, sie umgebenden Frage: Kann jemand zum Führer gemacht werden, oder wird er als Führer geboren?

Was aber sind die Qualitäten eines Führers? Feldmarschall Montgomery dachte, dass ein Führer »einen ansteckenden Optimismus haben und entschlossen sein muss, allen Schwierigkeiten zu trotzen. Er muss auch dann Zuversicht ausstrahlen, wenn er selbst hinsichtlich des Ausgangs nicht sicher ist.« Henri Fayol, ein früher französischer Managementautor, sagte, die Aufgabe einer Führungskraft sei es, »sich einen Plan auszudenken und dessen Erfolg zu gewährleisten«. »Für einen intelligenten Menschen«, fügte er hinzu, »gibt es kein befriedigenderes Erlebnis.«

David Ogilvy, Gründer der Werbeagentur Ogilvy & Mather und selbst eine Führungspersönlichkeit, äußerte folgende Gedanken:

»Große Führer strahlen fast immer Selbstvertrauen aus. Sie sind niemals kleinlich. Sie drücken sich niemals vor der Verantwortung. Sie sind Stehaufmännchen ... Sie plagt nicht die Sehnsucht, von allen geliebt zu werden ... Die großen Führer, die ich kennen gelernt habe, waren erstaunlich komplizierte Menschen.«

Diese Vorstellung vom Führer als einer komplizierten Persönlichkeit findet ihre Bestätigung in der Wesensart einiger unbestreitbar großer Führer, von Napoleon bis zu Winston Churchill, sowie in dem Umstand, dass bis zu 60 Prozent der Präsidenten der Vereinigten Staaten und der Premierminister Großbritanniens ihre Väter verloren, bevor sie 14 Jahre alt waren.

Die Führungsleistung von Leuten wie Alfred P. Sloan, dem legendären Chef von General Motors, war mehr durch die Strukturen und Systeme gekennzeichnet, die sie in ihren Organisationen schufen (im Fall Sloans die Umsetzung der Theorie der »Dezentralisierung und koordinierten Kontrolle«), als durch deren Persönlichkeit. Dass es Henry Ford II nach dem Zweiten Weltkrieg gelang, das Familienunternehmen erfolgreich wieder zu beleben, ist der von ihm initiierten Umstrukturierung der Organisation zu verdanken. Als Mensch selbst war er ein weltreisender Playboy, der David Ogilvys Standards eines großen Führers wohl kaum erfüllte. Dasselbe ließe sich von vielen anderen Leitern großer Unternehmen auf der ganzen Welt sagen.

Der vorrangige Managementdenker zum Thema Führung im ausgehenden 20. Jahrhundert war Warren Bennis, Professor an der University of Southern California. Er behauptete, dass erfolgreiche Führungspersönlichkeiten einem mehr oder weniger universellen Managementprinzip folgten, das »für Orchesterdirigenten, Armeegeneräle, Fußballtrainer und Schulinspektoren ebenso Gültigkeit besitzt wie für Unternehmensleiter«. Er fand heraus, dass die große Mehrheit der erfolgreichen Führungskräfte männliche Weiße waren, die ihr ganzes Leben mit ein und derselben Frau verheiratet gewesen sind. Wenn sie an die Spitze einer Organisation gekommen waren, »achteten sie auf das, was um sie herum vorging, stellten fest, welcher Teil des Geschehens für die Zukunft der Organisation von Bedeutung war, schlugen eine neue Richtung ein und lenkten jedermanns Aufmerksamkeit auf dieses Ziel«.

In *Führungskräfte* zählt Bennis die vier Schlüsselkompetenzen auf, die eine erfolgreiche Führungspersönlichkeit entwickeln muss:

- eine Vision bilden, die den Mitarbeitern als Brücke in die Zukunft dient,
- diese Vision durch Kommunikation mit Bedeutung füllen,
- Vertrauen schaffen – »der Schmierstoff, der die Organisation funktionieren lässt« –,
- nach Selbsterkenntnis und Selbstachtung streben. In diesem Zusammenhang heißt es bei Bennis: »Ich denke, viele Führungskräfte, mit denen ich gesprochen habe, bringen ihre weibliche Seite zum Ausdruck. Viele männliche Führungskräfte sind gewissermaßen bisexuell in ihrer Fähigkeit, offen und nachdenklich zu sein ... Geschlecht ist kein dominierender Faktor.«

Das schwierigste Problem für eine Führungskraft, sagt Bennis, sei »früher Erfolg, denn dann mangelt es an Möglichkeiten, aus Widrigkeiten und Problemen zu lernen«.

Historischer Abriss

Bruce Henderson, Gründer der Boston Consulting Group, gibt eine Definition für den Unterschied zwischen Führung und Management. Demnach handelt »Management davon, was eine Organisation tun sollte. Führung handelt davon, wie die Organisation motiviert werden kann, das zu tun, was sie tun sollte.« Warren Bennis liegt nicht weit davon entfernt, wenn er sagt: »Managers do things right. Leaders do the right thing.«
Abraham Zaleznik behauptete in einem viel beachteten Artikel in der *Harvard Business Review*, dass »aufgrund der grundsätzlichen Unterschiede zwischen Führungskräften und Managern die Bedingungen, die für den einen vorteilhaft sind, für den anderen hinderlich sein können«. Mit anderen Worten, eine lange

Karriere als Manager ist nicht immer die beste Vorbereitung auf eine Führungsaufgabe. Die meisten Führungskräfte kommen jedoch aus dieser Richtung. Das Wesen der Führung hat die Menschen seit Urzeiten beschäftigt. In *Il Principe*, dem vielleicht berühmtesten Buch zu diesem Thema, das 1513 in Florenz entstand, führte Niccolò Machiavelli aus, was ein Fürst tun muss, um inmitten der allgegenwärtigen menschlichen Feindseligkeit zu überleben und zu gedeihen. Das Lorenzo de' Medici gewidmete Buch erteilt dem Leser anhand historischer Beispiele von Alexander dem Großen bis zu den deutschen Stadtstaaten eine Reihe ewig gültiger Lektionen in Sachen Führung. So mancher Firmenchef hat eine Ausgabe auf seinem Nachttisch liegen.

Die Ideen Machiavellis wurden in den Achtzigern von Alistair McAlpine auf humorvolle Weise auf die Geschäftswelt übertragen. Aus Machiavellis Kommentar, dass »einige Fürsten ihren Untertanen die Waffen nehmen, um sie besser in der Hand zu haben, andere für Uneinigkeit zwischen ihren Städten sorgen und wieder andere Animositäten gegen sich selbst schüren«, entwickelte McAlpine drei Arten von Managementstruktur:

- In der ersten haben die Linienmanager nichts zu entscheiden. Die Entscheidungsbefugnis liegt vielmehr fest in den Händen einer kleinen Clique in der Unternehmenszentrale.
- In der zweiten werden die einzelnen Zweigbetriebe in Form der so genannten »produktiven Spannung« gegeneinander ausgespielt.
- In der letzten wird das obere Management in einem fortgesetzten Angstzustand gehalten. Der Chef »betreibt eine ständige verbale Verunsicherung und traktiert sie mit Drohungen, sodass sie nie wissen, ob sie anderntags noch auf ihrem Posten sein werden«.

(Siehe auch Vision, Seite 330.)

Empfohlene Lektüre

Bennis, W., *Führen lernen. Führungskräfte werden gemacht, nicht geboren*, München 1996 (Original: *On Becoming a Leader*, London 1989)

Bennis, W. u. Nanus, B., *Führungskräfte. Die vier Schlüsselstrategien erfolgreichen Führens*, 5. Aufl., Frankfurt 1992 (Original: *Leaders: The Strategies for Taking Charge*, New York 1985)

Bennis, W. u. Biederman, P., *Geniale Teams. Das Geheimnis kreativer Zusammenarbeit*, Frankfurt 1998 (Original: *Organizing Genius*, New York 1997)

Burns, J. M., *Leadership*, New York 1978

Kotter, J. P., *Erfolgsfaktor Führung*, Frankfurt 1994 (Original: *The Leadership Factor*, New York 1982)

Goleman, D., »What Makes a Leader?«, in: *Harvard Business Review*, November–Dezember 1998

Green, P., *Alexander der Große: Mensch oder Mythos?*, 2. Aufl., Würzburg 1977 (Original: *Alexander the Great*, London 1970)

Jay, A., *Management und Machiavelli. Von der Kunst, oben zu bleiben*, Düsseldorf 1993 (Original: *Management and Machiavelli*, Harmondsworth 1970)

Machiavelli, N., *Der Fürst*, Nachdr., Frankfurt 2000 (Original: *Il Principe*, Florenz 1532)

McAlpine, A., *The New Machiavelli*, Viking 1997

Mintzberg, H., »Covert Leadership: Notes on Managing Professionals«, in: *Harvard Business Review*, November–Dezember 1998

Tichy, N. u. Devanna, M., *Der Transformational Leader – Das Profil der neuen Führungskraft*, Stuttgart 1995 (Original: *The Transformational Leader*, New York 1986)

Zaleznik, A., *Das menschliche Dilemma der Führung*, 2. Aufl., Wiesbaden 1976 (Original: *Human Dilemmas of Leadership*, New York 1966)

Zaleznik, A., »Managers and Leaders: Are They Different?«, in: *Harvard Business Review*, Mai–Juni 1977

Zaleznik, A., »Real Work«, in: *Harvard Business Review*, Januar–Februar 1989

Geschäftsprozessmodellierung

Die Verwendung von Computermodellen zur Simulation von Geschäftsaktivitäten und zur Unterstützung von Entscheidungsfindungsprozessen ist so alt wie IBM selbst. Die Geschäftsprozessmodellierung war zentraler Bestandteil des Operations Research, das in den fünfziger und sechziger Jahren hoch im Kurs stand. Als der PC begann, den Großrechner abzulösen, hat sie sich jedoch als selbständiger Ansatz weiterentwickelt.

Während Operations Research (siehe Seite 220) traditionell von Spezialisten in einem isolierten forschungsähnlichen Umfeld durchgeführt wurde, basiert die Geschäftsprozessmodellierung heutzutage auf einem breiten Softwareangebot, das es auch technisch unbewanderten Managern erlaubt, viele verschiedene Alternativen auf dem (elektronischen) Papier durchzuspielen, bevor sie eine Entscheidung treffen. Ein Einzelhändler könnte beispielsweise ein Modell entwickeln, das es ihm ermöglicht, Standorte für neue Filialen auszuwählen. Er würde Daten bezüglich Einzugsgebiet, lokalem Straßennetz, Parkmöglichkeiten, Demographie und lokaler Wettbewerbssituation eingeben. Das Modell würde ihm dann die optimale Lage liefern.

Die Berater von KPMG behaupten, wichtige Geschäftsentscheidungen zu treffen, ohne vorher ihre Konsequenzen in einer sicheren Umgebung auszutesten, sei wie eine Flugausbildung, bei der der angehende Pilot sofort in eine Boeing 747 gesetzt werde, ohne zuvor monatelang im Simulator geübt zu haben.

Die Geschäftsprozessmodellierung erleichtert es auch, Entscheidungsfindungsprozesse über die ganze Organisation zu verteilen und damit gewissermaßen zu demokratisieren. In *Business-Reengineering* schreibt Michael Hammer:

»Wenn die Daten nicht nur gut erreichbar sind, sondern auch handliche Analyse- und Modellierungswerkzeuge zur Verfügung stehen, erhalten die Beschäftigten der untersten Ebene – eine entsprechende Schulung vorausgesetzt – auf einmal die Möglichkeit, viele Entscheidungen selbst zu treffen. Die Entscheidungsfindung wird dadurch beschleunigt, und viele Probleme lassen sich an Ort und Stelle lösen.«

Zu den eifrigsten Anwendern ausgefeilter Geschäftsprozessmodelle gehören die großen Fluggesellschaften. Sie müssen mit einer Vielzahl verschiedener Tarifstrukturen jonglieren und mit komplizierten Dingen wie Standby-Tickets hantieren. Durch eine Modellierung solcher Situationen können sie jedes Jahr Millionen von US-Dollar einsparen.

Andere Verwendungsarten der Geschäftsprozessmodellierung sind:

- **Finanzplanung mittels Kalkulationsblättern:** Dadurch lassen sich Auswirkungen der Geschäftsentscheidungen auf die Bilanzen und die Gewinn-und-Verlust-Rechnung quantifizieren.
- **Prognose:** Analyse zurückliegender Daten zwecks Vorhersage zukünftiger Trends (siehe auch Szenariotechnik, Seite 287).
- **Versinnbildlichen von Prozessen:** Visualisierung der zur Erledigung bestimmter Aufgaben benötigten Ressourcen und Einzelschritte.
- **Data Mining:** Analyse großer Datenmengen, um Korrelationen zwischen Variablen zu entdecken, die sich auf deterministischem Weg nicht ermitteln lassen.
- **Monte-Carlo-Simulation:** Zufallsdaten dienen dazu, die Auswirkungen veränderlicher oder ungenauer Rahmenbedingungen auf den Ausgang des Projekts zu simulieren.

Historischer Abriss

Die Idee, Computermodelle zur Unterstützung von Entscheidungsfindungsprozessen einzusetzen, erhielt großen Auftrieb durch ein im Jahr 1990 erschienenes, viel beachtetes Buch. In *Die fünfte Disziplin* erklärt Peter Senge, dass die Fähigkeit, die Struktur und das Verhalten von Unternehmen mittels Modellen experimentell zu variieren, in Zukunft eine entscheidende Rolle spielen werde. Er bezeichnet die Computersimulation als »ein kreatives Werkzeug«. Als »fünfte Disziplin« weist Senge das Systemdenken aus, das er folgendermaßen erklärt:

»Das System eines Regensturms können wir nur verstehen, wenn wir das Gesamtmuster betrachten und uns nicht auf irgendeinen Ausschnitt beschränken... Geschäftstätigkeiten und andere Unternehmungen des Menschen stellen ebenfalls Systeme dar ... Systemdenken ist ein Rahmenkonzept, ein Schatz von Erfahrungswerten und Instrumenten, die in den letzten 50 Jahre entwickelt wurden, um die großen Muster klarer herauszuarbeiten, sodass wir erkennen, wie wir sie wirksam verändern können.«

Die Modellierung spielt dabei eine wesentliche Rolle. Sie ermöglicht es den Unternehmen, diejenigen Denkprozesse zu durchlaufen, die nötig sind, um den Kern des Systemdenkens zu erfassen, das heißt:

• das vielfältige Beziehungsgeflecht zwischen den Dingen und nicht nur lineare Kausalketten zu erkennen,
• Veränderungsprozesse und nicht nur einzelne Momentaufnahmen zu sehen.

Senge propagierte zudem die Idee, mittels Modellierung so genannte »Mikrowelten« zu erzeugen. Das sind als Managementspiele verpackte vereinfachte Simulationsmodelle. Sie erlauben es Managern, mit einer Fragestellung zu »spielen«, bevor sie eine reale Entscheidung treffen. Die rasante Zunahme der Computerleistung, die Entwicklung neuer Modellierungstechniken und die Ausweitung der virtuellen Realität werden der Geschäftsprozessmodellierung im 21. Jahrhundert vermutlich ganz neue Bereiche erschließen. Die Manager haben dann die Möglichkeit, vielschichtige Marktkonstellationen mit virtuellen Kunden und Produkten durchzuspielen, bevor sie sich der

Wirklichkeit zuwenden und unwiderrufliche Entscheidungen treffen.

Empfohlene Lektüre

Checkland, P., *Systems Thinking; Systems Practice*, New York 1981

Senge, P. M., *Die fünfte Disziplin. Kunst und Praxis der lernenden Organisation*, 7. Aufl., Stuttgart 1999 (Original: *The Fifth Discipline*, New York 1990)

Die gläserne Decke

Die gläserne Decke ist eine unsichtbare, künstliche Barriere, die qualifizierte Leute (vor allem Frauen) daran hindert, in ihrer Organisation über einen bestimmten Punkt hinauszukommen. Dass diese Barriere existiert, lässt sich an dem deutlichen Unterschied ablesen, der zum Beispiel besteht zwischen dem Prozentsatz der Frauen (und Angehörigen von Minderheiten) unter den Absolventen der führenden Universitäten und Business Schools und dem Prozentsatz der Frauen (und Angehörigen von Minderheiten), die tatsächlich die höheren Leitersprossen des Unternehmensmanagements erreichen. In den späten Achtzigern waren beispielsweise unter den oberen 6700 Managern von IBM nur 500 und unter den 880 Führungskräfte von AT&T nur 26 Frauen.

Ein zweiter Punkt betrifft die Bezahlung: Es ist erwiesen, dass Frauen, die die höchste Stufe im Unternehmensmanagement erreichen, nicht dasselbe Gehalt bekommen wie Männer in derselben Position. Häufig wird in diesem Zusammenhang eine Zahl von 70 Prozent genannt. Eine Untersuchung von 1992 ergab, dass weibliche Führungskräfte in den Vereinigten Staaten durchschnittlich 187 000 US-Dollar verdienten, während ihre männlichen Kollegen im Durchschnitt 289 000 US-Dollar bekamen. Aus US-amerikanischen Zensusdaten geht hervor, dass das Verhältnis der Bezahlung von Frauen gegenüber Männern in Managementjobs von einem Minimum von 50 Prozent im Bankgewerbe bis zu einem Maximum von 85 Prozent im Bereich der sozialen Institutionen reicht.

Als Erklärung für die gläserne Decke wird eine Reihe von Gründen genannt:

Der Zeitfaktor

Es gibt eine Theorie, die besagt, dass die Scharen der weiblichen Graduierten noch nicht die Zeit gehabt hätten, die Karriereleiter zu erklettern und die Spitze der Unternehmenshierarchie zu erreichen. Wer sich für einen Posten im oberen Management qualifizieren will, benötigt in der Regel einen akademischen Abschluss und 25 Jahre durchgehende Berufserfahrung. Im Jahr 1970, als die Spitzenmanager von heute ihren Abschluss machten, waren in den Rechts- und Wirtschaftsfächern weniger als fünf Prozent der Absolventen Frauen. Heute erreichen die Frauen in den Vereinigten Staaten in den juristischen Fächern 43 Prozent und in den Wirtschaftsfächern 35 Prozent.

Demnach kann erwartet werden, dass die Zahl der weiblichen Führungskräfte ähnlich wie in den letzten Jahren weiter steigen wird. Im Jahr 1972 beispielsweise waren in den Vereinigten Staaten nur 17,6 Prozent der Managerposten von Frauen besetzt, bis 1983 war diese Zahl auf 32,4 Prozent gestiegen. An der Spitze der Rangleiter in den Unternehmen war jedoch kein vergleichbarer Fortschritt zu erkennen.

Mutterschaft

Manchmal wird die Ursache für die gläserne Decke in dem Umstand gesehen, dass Frauen Kinder kriegen: Die Frauen können ihre Karriere nicht weiterverfolgen, weil sie zu Hause bleiben und sich ihren Kindern widmen müssen. Selbst wenn sie die Arbeit sogleich wieder aufnehmen, geraten sie gegenüber ihren männlichen Kollegen ins Hintertreffen. Solange sie Kleinkinder zu versorgen haben, können sie bestimmte Aufgaben nicht erfüllen, die häufig Voraussetzung sind, um bis an die Spitze zu kommen. Dazu gehören beispielsweise längere Auslandsreisen, lange Abende zur »Unterhaltung« von Kunden oder kurzfristige Terminplanänderungen. Nur wenige Unternehmen machen den Versuch, diese Nachteile zu eliminieren, sodass Frauen in der Regel nur Funktionen übernehmen können (wie beispielsweise innerhalb der Personalabteilung oder Öffentlichkeitsarbeit), die keine derartigen Anforderungen an sie stellen. Sie sind somit in ihrer Tätigkeit auf enge Spezialbereiche beschränkt und können sich nicht die breite Erfahrung aneignen, die für höhere Posten erforderlich ist.

Männliche Stereotypen

Andere behaupten, die gläserne Decke habe in erster Linie mit den stereotypen Vorstellungen der Männer in Bezug auf Frauen zu tun. In vielen Unternehmen sind diese Klischees institutionalisiert. Die Beförderungsstandards beispielsweise werden von weißen männlichen Akademikern festgelegt, und Frauen, die weiterkommen wollen, werden nach diesen Standards beurteilt. Wir alle denken, der geeignete Nachfolger für unseren Posten sollte genau so sein wie wir. Denn schließlich waren wir doch eine ideale Besetzung, oder etwa nicht? Die Nachfolgeplanung (siehe Seite 208) der meisten führenden Manager gehorcht diesem Prinzip. In ihrem 1977 erschienenen Buch *Men and Women of the Corporation* argumentierte Rosabeth Moss Kanter, dass sich Frauen in Managerposten besonders exponieren, weil sie so häufig als Vorzeigefrauen in ihrem Arbeitsumfeld herhalten müssen. Das führt dazu, dass sie (und ihre Fehler) sehr viel sichtbarer sind und die Unterschiede zwischen ihnen und der dominanten männlichen Kultur übertrieben herausgestellt werden.

Historischer Abriss

Die Formulierung »gläserne Decke« wurde offenbar zuerst von A. M. Morrison und anderen in einem 1987 erschienenen Buch mit dem Titel *Breaking the Glass Ceiling – Can Women Reach the Top of America's Largest Corporations?* gebraucht. Einige Zeit später erschien ein Buch von Marilyn Davidson und Gary Cooper mit dem Titel *Shattering the Glass Ceiling*.

Im Jahr 1991 richtete die US-Regierung die so genannte Glass Ceiling Commission ein. Dieses 21-köpfige Gremium wurde vom Präsidenten ernannt und unterstand dem Arbeitsminister. Im Rahmen des Civil Right Act hatte die Kommission die Aufgabe, »gläserne Barrieren« zu identifizieren und auf Methoden und Regeln hinzuwirken, die die Aufstiegsmöglichkeiten von Frauen in verantwortliche Positionen in der Privatwirtschaft förderten. Die Kommission konzentrierte sich auf Barrieren und Chancen in drei Bereichen:

- die Besetzung leitender und entscheidungsrelevanter Funktionen,
- weiterbildende Maßnahmen,
- Gehalts- und Belohnungssysteme.

Die Glass Ceiling Commission wurde nach »Erfüllung ihres Auftrags« im Jahr 1996 aufgelöst.

Empfohlene Lektüre

Davidson, M. u. Cooper, G., *Shattering the Glass Ceiling*, London 1992
Kanter, R. M., *Men and Women of the Corporation*, New York 1977
Morrison, A. M. u. Von Glinow, M. A., »Women and Minorities in Management«, in: *American Psychologist*, 1990
Morrison, A. M., White, R. P., Van Velsor, E., *Breaking the Glass Ceiling – Can Women Reach the Top of America's Largest Corporations?*, durchges. Aufl., Reading, Mass. 1994
Tavris, C. *The Mismeasure of Women*, New York 1992
»Women and Work«, *The Economist*, 18. Juli 1998
www.ilr.cornell.edu/library/e_archive/gov_reports/GlassCeiling/default.html?page=documents – Untersuchungsbericht *(Good for Business: Making Full Use of the Nation's Human Capital)* und Empfehlungen *(A Solid Investment: Making Full Use of the Nation's Human Capital)* der Glass Ceiling Commission der US-Regierung

Globalisierung

Globalisierung bezeichnet den erfolgreichen Versuch von Unternehmen, dasselbe Produkt oder dieselbe Dienstleistung in vielen verschiedenen Märkten auf der ganzen Welt gleichzeitig zu verkaufen. Die Ausweitung der wirtschaftlichen Globalisierung während der vergangenen Jahrzehnte war so umfassend, dass heute niemand mehr überrascht ist, im ländlichen Vietnam Coca-Cola, in der Osttürkei Shell-Tankstellen oder in Nigeria Schuhe von Nike zu finden. Märkte und Geschmäcker haben sich in raschem Tempo vereinheitlicht.

Die Globalisierung vollzieht sich auf vielerlei Weise. Einige Unternehmen gehen den Weg, von einigen wenigen heimischen Fertigungsanlagen aus zu exportieren, um vor allem von den enormen Größenvorteilen (siehe Seite 119) zu profitieren, die sich damit erreichen lassen, dass man die Weltmärkte mittels einer kleinen Zahl von Fabriken beliefert. Andere Unternehmen wie McDonald's, Pizza Hut und Hertz Rent-a-Car erreichen ihre globale Präsenz durch die Einrichtung von Franchiseunternehmen in den auswärtigen Märkten. Wieder andere entscheiden sich für die Errichtung multinationaler Fertigungsanlagen mit Standorten in diversen Ländern.

Die Hauptdebatte dreht sich bei der Globalisierung nicht um das Ob, sondern um das Wie. Die Grundfrage lautet: Sollten die Unternehmen versuchen, sich eng in die Märkte, in denen sie verkaufen, zu integrieren, oder sollten sie auf Distanz bleiben und einheitliche Produkte aus zentralisierten Fertigungsanlagen anbieten?

Viele der Unternehmen mit den globalsten Produkten sind erstaunlich national. Gillette verkauft Rasierklingen in die ganze Welt, beschränkt die Fertigung jedoch auf wenige Orte und kontrolliert den Prozess von den Vereinigten Staaten aus mit straffen

Zügeln. Citibank hat Zweigstellen in allen größeren Städten der Welt, bleibt aber als Organisation überall amerikanisch und damit ein Außenseiter. American Express trägt den nationalen Bezug sogar im Namen. Viele Unternehmen haben verschiedene Strategien ausprobiert. Als Robert Goizueta Chief Executive von Coca-Cola war, sagte er:»Wir waren einst ein US-amerikanisches Unternehmen mit einem großen internationalen Geschäftsanteil. Heute sind wir ein großes internationales Unternehmen mit einem beträchtlichen US-amerikanischen Geschäftsanteil.« Einige japanische Unternehmen haben einen ähnlichen Wandel hinter sich. In ihren Anfangstagen exportierten sie von streng kontrollierten japanischen Fertigungsanlagen aus große Mengen an Elektronikprodukten und Autos in alle Welt. Allmählich änderten sie jedoch ihre Strategie: Als Japan in den achtziger Jahren auf internationalen Druck hin seinen großen Handelsüberschuss reduzierte, begannen die Unternehmen in der Errichtung von Fertigungsanlagen innerhalb der von ihnen belieferten Märkte zusätzliche Vorteile zu erkennen.

Darin wurden sie von dem einzigen international bekannten japanischen Managementexperten, Kenichi Ohmae, bestärkt. In zwei Büchern, *Die Macht der Triaden* und *Die neue Logik der Weltwirtschaft*, legt er dar, warum Unternehmen, die in den drei wichtigsten Handelszonen der Welt (Europa, Vereinigte Staaten und pazifischer Raum) nicht vollgültig präsent sind, äußerst verwundbar gegenüber Rivalen sind, die über diese Präsenz verfügen. »Das Wort ›Übersee‹ hat in Hondas Vokabular keinen Platz«, schreibt er, »weil das Unternehmen sich allen Kunden gleichermaßen nahe fühlt.« Diese japanische Sichtweise fand ihren berühmtesten Ausdruck in dem Motto, das der Gründer von Sony, Akio Morita, seinem Unternehmen mitgegeben hatte: »Global Localization«.

In den Vereinigten Staaten wurde die Idee der »Global Localization« mit weniger offenen Armen aufgenommen (auch wenn mit Unternehmen wie Coca-Cola Ausnahmen existieren). In einem in der *Harvard Business Review* erschienenen Artikel zum Thema Globalisierung prognostizierte Theodore Levitt »die Entstehung globaler Märkte für standardisierte Konsumgüter in einer bis dato unvorstellbaren Größenordnung. Unternehmen, die sich auf diese neue Realität einstellen, profitieren von enormen Größenvorteilen in Produktion, Vertrieb, Marketing und Management.« Dies sprach für den nationalen Hersteller, der seine Produkte weltweit vertreibt.

Bruce Kogut, Professor für Betriebswirtschaftslehre an der Wharton School of Business, vertrat (im Unterschied zu Ohmae) die Ansicht, dass die nationalen Merkmale der multinationalen Unternehmen ihre globale Wettbewerbsstärke nicht beeinträchtigten. Seitdem sich Güter und Menschen frei über Grenzen hinweg bewegen könnten, sagt er, seien die Unternehmen zunehmend in der Lage, ihre globale Wettbewerbsfähigkeit aufrechtzuerhalten, ohne sich allzu sehr von ihrer Zentrale zu entfernen. Nach der Theorie des Wettbewerbsvorteils (siehe Seite 336) spezialisierten sich die Unternehmen im Allgemeinen auf das, was in dem Land, in dem sie ihren Sitz haben, am besten möglich sei. Diese Spezialisierung, behauptet Kogut, könne sogar dazu führen, dass nationale Unterschiede verstärkt anstatt abgeschwächt würden.

Manche sahen gegen Ende des 20. Jahrhunderts eine neue Art von globaler Organisation entstehen, in welcher sich Gruppen von Spezialisten aus verschiedenen Ländern zusammentun, um die Endprodukte und -dienstleistungen herzustellen, die von den Kunden gewünscht werden. Diese werden nicht durch Besitzverhältnisse, sondern durch Insiderwissen zusammengehalten, auch wenn sie möglicherweise formal in einer Partnerschaft oder einem temporären Bündnis zusammengeschlossen sind.

Historischer Abriss

Europäische Firmen sind eher gewohnt, in fremden Märkten zu operieren, als US-amerikanische oder japanische Unternehmen. Der geringen Ausdehnung ihrer lokalen Märkte wegen waren Erstere immer schon gezwungen, sich frühzeitig in Richtung Ausland zu orientieren. Ein berühmtes europäisches, global operierendes Unternehmen ist die vor mehr als 130 Jahren gegründete niederländische Brauerei Heineken, die ihr Bier in über 170

Ländern verkauft. Deren Chairman, Karel Vuursteen, beschrieb im Jahr 1998 in einem Interview den Globalisierungsgrad von Heineken. Er betonte dabei, wie national das Produkt und wie global die Marke des Unternehmens seien.

Heineken hat in diesem Zusammenhang eine strikte Liste von Do's and Don'ts. Dazu Vuursteen:

»Die Don'ts sind noch wichtiger als die Do's. Unseren Mitarbeitern ist es nicht gestattet, auch nur eine Zeile des Etiketts zu ändern, die Farben der Verpackung aufzuhellen oder die Form der Flasche zu variieren. Wenn Sie eines dieser Dinge um ein Jota verändern, riskieren Sie die Erosion der Marke. Ebenso wenig halten wir davon, uns an lokale Geschmacksvorlieben anzupassen. Das Produkt muss überall identisch sein. Zur Gewährleistung der Qualität schicken unsere Brauereien alle 14 Tage Proben an professionelle Tester in den Niederlanden. Außerdem machen wir in noch so entfernten Orten wie Shanghai in den kleinsten Läden Testkäufe.«

Bezüglich Marketing und Werbung hingegen sagte Vuursteen:

»Wir glauben nicht, dass wir alle Kulturen auf dieselbe Weise ansprechen können. In den Vereinigten Staaten und Westeuropa gehört Bier als Durstlöscher zum täglichen Leben. In Australien und Neuseeland ist es ›macho‹. In vielen südostasiatischen Ländern ist es ein feines, beinahe ›feminines‹ Produkt. Deshalb lassen wir unseren lokalen Vertretern hinsichtlich Vertrieb und Werbung große Freiheit.«

Empfohlene Lektüre

Doremus, P. N. u. a., *The Myth of the Global Corporation*, Princeton 1999
Hout, T., Porter, M. u. Rudden, E., »How Global Companies Win Out«, in: *Harvard Business Review*, September–Oktober 1982
Levitt, T., »The Globalization of Markets«, in: *Harvard Business Review*, Mai–Juni 1983

Ohmae, K., *Die Macht der Triaden. Die neue Form des weltweiten Wettbewerbs*, Wiesbaden 1985 (engl.: *Triad Power – The Coming Shape of Global Competition*, New York 1985)
Ohmae, K., *Die neue Logik der Weltwirtschaft. Zukunftsstrategien der internationalen Konzerne*, Hamburg 1991 (engl.: *The Borderless World*, New York 1990)

Größenvorteile

Unter Größenvorteilen fasst man die Faktoren zusammen, die bewirken, dass die durchschnittlichen Herstellungskosten eines bestimmten Produkts mit steigendem Produktionsvolumen fallen. Es kann beispielsweise 3000 US-Dollar kosten, 100 Exemplare einer Zeitschrift herzustellen, aber nur 4000 US-Dollar, um 1000 Exemplare zu produzieren. Die Durchschnittskosten sinken in diesem Fall von 30 US-Dollar auf vier US-Dollar je Exemplar, weil in der Zeitschriftenproduktion die wesentlichen Kosten im vorderen Teil des Herstellungsprozesses anfallen.

Größenvorteile waren die Hauptantriebskraft für den Unternehmensgigantismus im 20. Jahrhundert. Sie spielten eine wesentliche Rolle bei Henry Fords revolutionärem Fließband (siehe Massenfertigung, Seite 195), und sie sind das Ziel der meisten Fusionen und Übernahmen von heute.

Es gibt zwei Arten von Größenvorteilen:

- **Intern:** Kosteneinsparungen, die sich unabhängig von Branche, Markt und geschäftlichem Umfeld erzielen lassen.
- **Extern:** Größenvorteile, die sich in Abhängigkeit von der Branchenstruktur erzielen lassen.

Interne Größenvorteile sind in einer Reihe von Bereichen möglich. Für große Unternehmen ist es beispielsweise leichter, die Overheadkosten für eine aufwändige Forschungs- und Entwicklungsabteilung zu tragen. In der Pharmaindustrie ist F&E unerlässlich. Die Kosten für die Entwicklung neuer Blockbuster sind enorm. In jüngster Zeit gab es etliche Fusionen von Pharmaunternehmen, die in der Hauptsache dem Zweck dienten, die F&E-Kosten auf größere Umsatzvolumina umlegen zu können.

Interne Größenvorteile lassen sich auch dadurch erzielen, dass man die Festkosten der Immobilien und Anlagen auf größere Umsatzmengen umlegt. Die Elektrizitätserzeugung und Stahlherstellung sind zwei Branchen, in denen ein Mindestmaß an Umsatz erforderlich ist, um die Startinvestitionen in die Anlagen zu rechtfertigen. Kleine Brötchen lassen sich hier nicht backen.

Große Unternehmen erzielen auch dadurch Größenvorteile, dass sie spezielle Fachkräfte und Maschinen effizienter nutzen können als kleine Unternehmen. Bei einem großen Unternehmen ist die Wahrscheinlichkeit, dass aufwändige Fertigungsstraßen und die darauf spezialisierten Arbeiter Leerlauf haben, geringer als bei kleinen Unternehmen.

Größenvorteile haben jedoch auch ein Gegenstück, die so genannten Größennachteile: Je größer ein Unternehmen wird, um von Größenvorteilen profitieren zu können, desto komplexer muss es werden, um diese Größenordnungen zu bewältigen. Diese Komplexität verursacht Kosten. Irgendwann können diese Kosten die durch Größenvorteile erzielten Gewinne übersteigen. Den Größenvorteilen sind mit anderen Worten Grenzen gesetzt.

Der Managementprofessor Frederick Herzberg nennt noch einen anderen Grund, warum die Unternehmen nicht blind den Größenvorteilen nachlaufen sollten:

»Zahlen betäuben unser Gefühl für das, was zu zählen ist, und verleiten uns, dem messbaren Ergebnis nachzulaufen. Leidenschaft existiert aber nur im Gefühl, in der Qualität des Erlebnisses, nicht in dem Versuch, dieses zu messen.«

T. Boone Pickens, texanischer Geologe, Ölmagnat und Unternehmensaufkäufer (»Raider«), schreibt über Größennachteile in seiner 1987 erschienenen Autobiographie:

»Große Unternehmen sind nur selten effizient. Ich weiß natürlich von Größenvorteilen und den anderen Vorzügen, die angeblich aus der Größe resultieren. Aber wenn Sie einen Blick ins Innere werfen, erkennen Sie, wie ineffizient große Unternehmen in Wirklichkeit sind. Die meisten Unternehmensbürokratien haben mehr Leute als Arbeit. Große Unternehmen verstehen es, gewaltige Fertigungsstraßen einzurichten, aber sie tun sich furchtbar schwer damit, sie zu ändern, sobald sich die Bedingungen ändern.«

Der Hauptvorteil der Größe bestand einst darin, dass ein Unternehmen Inputs umso billiger einkaufen konnte, je mehr es kaufte. Heute allerdings kann das Internet diese Größenvorteile in vielen Fällen unterminieren.

In einem Bericht mit dem Titel »Making Open Finance Pay« vom April 1999 führte Forrester Research Beispiele an, wie das Internet in einer Reihe von Branchen, vor allem in solchen mit hohem Informationsgehalt, die Preisstruktur verändert hat. Bevor es das Internet gab, kostete eine Börsenorder 100 US-Dollar. Inzwischen kostet sie nur noch 15 US-Dollar, was einer Ersparnis von 85 Prozent entspricht – mehr, als sich jemals mittels traditioneller Größenvorteile erreichen ließe.

Empfohlene Lektüre

Sloan, A. P., *Meine Jahre mit General Motors*, München 1965 (Original: *My Years with General Motors*, New York 1954)
Smith, A., *Der Wohlstand der Nationen*, 6. Aufl., München 1993 (Original: *The Wealth of Nations*, 1776)

Der Hawthorne-Effekt

Der Hawthorne-Effekt trägt seinen Namen nach dem unzweifelhaft berühmtesten Experiment der Industriegeschichte. Es markierte eine entscheidende Wende in der Konzeption von Arbeit und Produktivität. Frühere Studien, besonders das einflussreiche Werk Frederick Taylors (siehe Scientific Management, Seite 257), hatten sich auf den Einzelnen und die Möglichkeiten, seine Leistung zu verbessern, konzentriert. Hawthorne setzte den einzelnen Mitarbeiter in einen sozialen Kontext. Das Experiment wies schlüssig nach, dass die Leistung eines Arbeiters von seiner Umgebung und von den Leuten beeinflusst wird, mit denen er zusammenarbeitet. Viele Überlegungen zum Management haben dieses Prinzip seither untermauert.

Historischer Abriss

Die Experimente fanden in den späten zwanziger und frühen dreißiger Jahren in der Fabrik von Western Electric in Hawthorne, einem Vorort von Chicago, statt. Sie wurden größtenteils unter der Aufsicht von Elton Mayo durchgeführt, einem in Australien geborenen Soziologen und späteren Harvard-Professor.

Der ursprüngliche Zweck der Experimente war es, die Auswirkungen der physischen Bedingungen auf die Produktivität zu untersuchen. Als Versuchskaninchen dienten zwei Gruppen von Arbeiterinnen in der Hawthorne-Fabrik. Eines Tages wurde bei der einen Gruppe die Beleuchtung deutlich verstärkt, während sie bei der anderen Gruppe unverändert gelassen wurde. Die Forscher stellten zu ihrer Überraschung fest, dass die Produktivität der mit stärkerem Licht ausgestatteten Arbeiterinnen im Vergleich zur Kontrollgruppe deutlich anstieg. Die Arbeitsbedingungen wurden auch in anderer Weise verändert (Arbeitsstunden, Ruhepausen), und in allen Fällen führten die Veränderungen zu einer Erhöhung der Produktivität. Die Produktivität verbesserte sich sogar dann, als das Licht wieder gedämpft wurde. Als alles wieder so war wie ehedem, war die Produktivität so hoch wie nie zuvor. Die Fehlzeiten waren stark zurückgegangen.

Die Versuchsleiter schlossen daraus, dass es nicht die veränderten physischen Bedingungen waren, die die Produktivität der Arbeiterinnen beeinflussten. Entscheidend waren die sozialen Bedingungen, die Tatsache, dass sich jemand über ihre Arbeitsplätze Gedanken machte und sie die Gelegenheit bekamen, Veränderungen in ihrer Umgebung zu diskutieren, bevor sie umgesetzt wurden.

Ein wichtiges Teilresultat war die Wirkung, die die Arbeit in der Gruppe auf den Einzelnen hatte. Bei Mayo lesen wir:

»Der Wunsch, sich mit den Arbeitskollegen gut zu stellen, das Bedürfnis nach sozialer Anerkennung des Menschen, gewinnt leicht die Oberhand über die rein persönlichen Interessen und die Vernunftslogik, auf die sich so viele vermeintliche Managementprinzipien stützen.«

Später fügte er hinzu:

»Die Arbeitsgruppe als Ganzes beurteilt die Leistung des einzelnen Arbeiters im Vergleich zu dem Standard, welcher der Vorstellung der Gruppe (und nicht des Managements) von einem guten Tagewerk entspricht. Dieser Standard stimmt jedoch selten, wenn überhaupt, mit den Standards der Effizienzingenieure überein.«

Ein führendes Mitglied des Forscherteams, Fritz Roethlisberger, schrieb:

»Das Interesse der Hawthorne-Forscher richtete sich immer mehr auf die informellen Gruppen von Beschäftigten, die sich innerhalb der formalen Struktur des Unternehmens herauszubilden pflegen und meistens nicht im Organisationsdiagramm auftauchen. Sie interessierten sich für die Überzeugungen und Grundsätze, die dem Einzelnen zu dem Gefühl verhelfen, integraler Teil einer Gruppe zu sein.«

Eine andere Theorie Mayos lautete, dass ein Konflikt zwischen Managern und Arbeitern so lange unvermeidlich ist, wie sich die Arbeiter von der »Gefühlslogik« und die Manager von der »Effizienz- und Kostenlogik« leiten lassen. Nur wenn beide Seiten die Position der jeweils anderen (mittels Diskussion und Kompromiss) verstehen und akzeptieren lernen, kann ein Konflikt vermieden werden.

Empfohlene Lektüre

Gillespie, R., *Manufacturing Knowledge – A History of the Hawthorne Experiments*, Cambridge 1991
Mayo, E., *The Human Problems of an Industrial Civilization*, New York 1933
Mayo, E., *Probleme industrieller Arbeitsbedingungen*, Frankfurt 1949 (Original: *The Social Problems of an Industrial Civilization*, Boston 1945)
Roethlisberger, F. J. u. Dickson, W. J., *Management and the Worker*, Boston 1939

Hierarchieabbau

Unter Hierarchieabbau versteht man die Reduzierung der Zahl der Befehlsebenen in einer Organisation. Während große Unternehmen noch in den fünfziger Jahren häufig nicht weniger als ein Dutzend Hierarchieebenen aufwiesen, galten zum Ende des Jahrhunderts fünf Ebenen als das Maximum, mit dem auch die größte Organisation für die Aufrechterhaltung eines effektiven Betriebs auskommen sollte.

Hierarchieabbau bedeutet nicht nur, dass Positionen gestrichen und Overheadkosten abgebaut werden. Vielmehr vergrößert sich gleichzeitig die durchschnittliche Leitungsspanne (siehe Seite 171) der verbleibenden Managerebenen. Auf diese Weise ist es theoretisch möglich, die Zahl der Hierarchieebenen zu reduzieren, ohne einen einzigen Beschäftigten zu entlassen.

Ein Hierarchieabbau erfordert eine radikale Umstrukturierung der Organisation unter Berücksichtigung neuester Entwicklungen im Bereich der Informationstechnologie, der Mitarbeiterschulung und der Kundenpräferenzen. Die Pyramidenstruktur der Organisation wird dabei in eine horizontalere Form gebracht, sie wird gleichsam abgeflacht. Die Notwendigkeit einer hierarchischen Strukturierung der Organisation wird damit jedoch nicht grundsätzlich infrage gestellt.

Frank Ostroffs Buch *The Horizontal Organization* legt die Vorstellungen des späten 20. Jahrhunderts zur Organisationsstruktur dar. Ostroff schreibt:

»Auch im 21. oder irgendeinem späteren Jahrhundert wird keine effiziente Organisation ohne eine geeignete Struktur auskommen, wobei gewisse Punkte entscheidend sind: Wer steht wo? Wer tut was? Welche Positionen gibt es, und wie sind sie angeordnet? Wie verlaufen die Berichtslinien? Wer ist wofür verantwortlich? Mit anderen Worten: Wie sieht die Autoritätsverteilung aus?«

Oder noch anders ausgedrückt: Wie sind die Ebenen der Organisation angeordnet?

Für einen Hierarchieabbau in einer Organisation sprechen folgende Argumente:

- Die Organisation benötigt weniger Manager.
- Sie ist weniger bürokratisch.
- Entscheidungen lassen sich schneller treffen.
- Sie ist innovationsfähiger.
- Manager haben engeren Kontakt zu den Kunden der Organisation.
- Funktionsübergreifende Fähigkeiten werden gefördert.

Ein Hierarchieabbau ist kein leichtes Unterfangen, und nicht selten führt er in eine Sackgasse. Die Gründe liegen häufig darin, dass es nicht gelingt, die Mitarbeiter an die veränderten Belohnungssysteme und -kriterien zu gewöhnen, die mit den veränderten Stellenbeschreibungen einhergehen.

Historischer Abriss

Unternehmen wie AT&T, General Electric, Motorola und Xerox gehörten zu den ersten, die Hierarchien abbauten und horizontale Organisationen schufen, deren Grundbausteine nicht mehr Funktionen, sondern Kernprozesse waren. Paul Allaire, in der Zeit Chairman von Xerox, als das Unternehmen »in die Breite ging«, beschrieb die Situation vor der Veränderung folgendermaßen:

»Das Unternehmen war funktional strukturiert. Alle Funktionsbereiche – Vertrieb, Service, Verwaltung, Herstellung, Konstruktion, Forschung und Entwicklung – waren hierarchisch eingebunden und erwarteten letztlich meine Anweisungen. Es fehlte wenig, und ich hätte mich mit der Bestellung von Bürobedarf und der Verrichtung von täglichem Allerlei abgeben müssen. Ich war als Einziger für den ganzen Betrieb verantwortlich.«

Xerox ersetzte diese Form durch eine Struktur, die auf Work Flows und der Wertschöpfungskette basierte. Funktionale Bastionen wurden aufgelöst. Stattdessen wurden funktionsübergreifende Teams eingerichtet, die eine Arbeit verrichteten, für die Kunden von Xerox bereit waren, Geld auszugeben.

Empfohlene Lektüre

Ashkenas, R. u. a., *The Boundaryless Organization*, San Francisco 1995
Austin, N.,»Flattening the Pyramid«, in: *Incentive*, Dezember 1993
Krackhardt, D. u. Hanson, J. R.,»Informal Networks: The Company Behind the Chart«, in: *Harvard Business Review*, Juli–August 1993
Ostroff, F. u. Smith, D.,»The Horizontal Organization«, in: *McKinsey Quarterly*, Nr. 1, 1992
Ostroff, F., *The Horizontal Organization*, Oxford 1999

Innovation

Eine Innovation ist »eine kreative Idee, die verwirklicht wurde«, schreibt David Hussey in *The Innovation Challenge*. »Dabei kann es sich um etwas Elementares wie eine Verfahrensänderung im Vertriebssystem oder um so etwas Komplexes wie den Einstieg in einen ganz neuen Markt handeln.«
Jeder erkennt ein innovatives Unternehmen, wenn er es vor sich hat. In den Listen solcher Unternehmen tauchen immer wieder dieselben Namen auf – 3M, Hewlett-Packard, General Electric, Sony – Unternehmen, bei denen die ununterbrochene Innovation weit höhere Renditen erzeugt als eine gewöhnliche Geschäftsinvestition. Die progressive Innovationspolitik von 3M sieht vor, dass 30 Prozent des Umsatzes mit Produkten gemacht werden, deren Markteinführung nicht länger als vier Jahre zurückliegt. Das Unternehmen erlaubt seinen Beschäftigten, 15 Prozent ihrer Zeit mit Ideen zu verbringen, die sie für ausbaufähig halten.
Es gibt zwei grundsätzliche Sichtweisen hinsichtlich der Voraussetzungen für Innovation. Die eine wird von Leuten wie Clayton Christensen von der Harvard Business School vertreten und besagt, dass Innovation in speziellen und hoch kreativen Umgebungen gedeiht. Solche Umgebungen lassen sich laut Christensen am leichtesten in kleinen Unternehmen erzeugen.

»In bereits erfolgreichen Organisationen werden Entscheidungen häufig in einer Weise getroffen, die ein späteres Scheitern wahrscheinlich macht ... Viele große Unternehmen verfolgen eine Strategie des Abwartens, bis neue Märkte ›eine interessante Größe‹ erreicht haben. Aber eine solche Strategie geht selten auf.«

Die andere Sichtweise besagt, dass jedes Unternehmen, mag es noch so groß und behäbig sein, in profaner Weise innovativer werden kann, indem es seine Managementstrukturen, Systeme und Methoden ändert. Das ist die Denkschule nach dem Motto: »Es braucht kein Genie, um geniale Dinge zu tun.« Unternehmen, die diesem Ansatz folgen wollen, werden als Erstes beginnen, Innovation systematisch zu fördern und diverse Arten von Veränderungen nach profitablen Geschäftsmöglichkeiten auszuloten. Dann fördern sie Mitarbeiter, die sich mit Vorliebe an etwas Neuem versuchen. Peter Drucker zufolge fehlt es in der Regel nicht an Kreativität: »In jeder Organisation gibt es mehr Ideen, als sich jemals umsetzen lassen.« Die Frage ist vielmehr, wie diese Kreativität, diese Innovation gemanagt werden muss, damit sie ökonomischen Wert erzeugt.

Das National Research Council fand in einer Untersuchung heraus, dass die Hauptzutaten, die es den Vereinigten Staaten erlauben, aus Innovationen Kapital zu schlagen – was ihnen besser gelingt als den meisten Ländern –, »aus einer kontinuierlichen Erforschung des Themas Führung, einem günstigen Geschäftsumfeld, einem zunehmend flexiblen Arbeitsmarkt sowie neuen Formen der Kooperation zwischen Wissenschaft, Wirtschaft und Politik bestehen. Diese Zutaten beeinflussen und verstärken sich in zunehmendem Maß gegenseitig.«

In seinem Buch *Innovations-Management für Wirtschaft und Politik* kennzeichnet Peter Drucker sieben Ereignisfelder, in deren Zusammenhang die Unternehmen nach Möglichkeiten der Innovation Ausschau halten sollten. Die ersten vier betreffen das Innenleben des Unternehmens, die übrigen drei die Außenwelt:

1. Ein unerwarteter Erfolg, der nur selten analysiert wird, um zu sehen, wie er zustande gekommen ist.
2. Jede Inkongruenz zwischen dem, was wirklich geschieht, und dem, was erwartet worden ist.
3. Jede Schwachstelle in einem Geschäftsprozess, der für selbstverständlich gehalten wird.
4. Eine Veränderung in der Branchen- oder Marktstruktur, die für alle überraschend kommt.
5. Durch Ereignisse wie Krieg, Migration oder medizinische Ent-

wicklungen (wie etwa die Anti-Baby-Pille) verursachte demographische Veränderungen.

6. Veränderungen in Wahrnehmung und Mode infolge von ökonomischen Veränderungen.
7. Bewusstseinsveränderungen infolge neuen Wissens.

Historischer Abriss

Das Thema Innovation fasziniert die Menschen seit Jahrhunderten. Anfang des 17. Jahrhunderts schrieb Sir Francis Bacon:»Wer keine neuen Arzneien verwendet, muss mit neuen Krankheiten rechnen: denn die Zeit ist die größte Erneuerin.«

John Jewkes, der Autor von *The Sources of Invention*, schreibt zur Geschichte des Erfindertums:

»Es gibt wohl kein Thema, zu dem es mehr überlieferte und unkritische Geschichten, zufälliges Hörensagen, grobe Verallgemeinerungen, Mythen und widersprüchliche Berichte gibt, an dem jeder Interesse zu haben scheint und bei dem – vielleicht weil Wunder die natürliche Ordnung zu sein scheinen – eher Skepsis angebracht ist. Vielleicht kann sich niemand dem hypnotisierenden Einfluss dieses Themas entziehen.«

In ihren Forschungen stellten P. Ranganath Nayak und John Ketteringham fest, dass es hinsichtlich des Prozesses der Geschäftsinnovation sieben Mythen gibt:

1. Kommerzielle Durchbrüche resultieren aus Ideen, die niemand zuvor hatte.
2. Nur Erfinder erzielen Durchbrüche.
3. Sie brauchen nur eine neue Mausefalle zu erfinden, damit die Welt bei Ihnen Schlange steht.
4. Alle großen Ideen kommen von kleinen Leuten.
5. Große Erfolge bedürfen umfassender Ressourcen.
6. Kommerzieller Durchbruch setzt ein bestimmtes Umfeld voraus.
7. Große Produktideen bedienen stets eine Bedarfslücke.

Viele Kommentatoren zerlegen Innovation in zwei Teile: Erfindung und Implementierung. Die herkömmliche Idee war, dass Erfindung und Implementierung gemächlich aufeinander folgen. Der Volkswirt Alfred Marshall schrieb einmal:

»Die volle Bedeutung einer Epoche machenden Idee wird in der Generation, in der sie geboren wird, häufig nicht wahrgenommen ... eine neue Entdeckung ist selten in vollem Maß für praktische Zwecke einsatzfähig, bevor sie nicht durch viele kleinere Verbesserungen und zusätzliche Entdeckungen vervollständigt wurde.«

Dies mag zwar für das Ende des 19. Jahrhunderts gültig gewesen sein, trifft aber heute nicht mehr zu. In der Onlinegeschäftswelt geschehen die Dinge in einem solchen Tempo, dass »die kleineren Verbesserungen und zusätzlichen Entdeckungen« beinahe gleichzeitig mit der Epoche machenden Idee entstehen.

Auf eine andere große Veränderung im Innovationsgeschehen weist James Brian Quinn, Professor für Betriebswirtschaftslehre am Dartmouth College und einer der Autoren des Klassikers *The Strategy Process*, hin: »Die meisten Innovationen von heute betreffen nicht Produkte, sondern Dienstleistungen und Software«, schrieb er 1999. »Die (durch Software verursachten) Prozessveränderungen vermindern die erforderlichen Innovationszeiten, Investitionen und Risiken um 60 bis 90 Prozent.«

Die zentrale Bedeutung von Innovationen für den allgemeinen wirtschaftlichen Erfolg wird heute von Regierungen und Unternehmen weithin anerkannt. Im Haushaltsbericht der britischen Regierung (dem so genannten Red Book) heißt es:

»Innovation und F&E sind zentrale Voraussetzung für technischen Fortschritt, der wiederum ein Schlüsselfaktor langfristigen Wachstums ist. Der Innovationsprozess umfasst alle Aspekte der Unternehmensleistung, von F&E über neue Prozesse und Produkte bis hin zu einer Kultur der ständigen Verbesserung und des Trainings. Fehlende Einsicht in diesen Prozess war einer der Schwachpunkte der traditionellen Wachstumsanalyse.«

Die britische Regierung war offenbar vorbehaltlos zur »Wirtschaftsreligion des späten 20. Jahrhunderts«, wie *The Economist* sie nannte, konvertiert und hatte sich sogar den entsprechenden Wortschatz zu Eigen gemacht: »Schlüsselfaktor«, »Prozesse« und »Kultur der ständigen Verbesserung«. Der Text klingt, als habe ein Managementberater ihn dem britischen Finanzminister in die Feder diktiert. Und so war es wohl auch.

Empfohlene Lektüre

Christensen, C., *The Innovator's Dilemma*, Boston 1997

De Bono, E., *Die vier richtigen und die fünf falschen Denkmethoden*, Hamburg 1972 (Original: *Practical Thinking*, London 1971)

Drucker, P., *Innovations-Management für Wirtschaft und Politik*, Düsseldorf 1985 (Original: *Innovation and Entrepreneurship – Practice and Principles*, New York 1985)

Drucker, P., »The Discipline of Innovation«, in: *Harvard Business Review*, Mai–Juni 1985 (Wiederabdruck in: *Harvard Business Review*, November–Dezember 1998)

Hussey, D. (Hg.), *The Innovation Challenge*, New York 1997

Jewkes, J. u. a., *The Sources of Invention*, London 1961

Nayak, P. R. u. Ketteringham, J. M., *Senkrechtstarter: große Produktideen und ihre Durchsetzung*, Düsseldorf 1989 (Original: *Breakthroughs!*, überarb. Aufl., San Diego 1994)

Quinn, J. B., »Managing Innovation: Controlled Chaos«, in: *Harvard Business Review*, Mai–Juni 1985

Takeuchi, H. u. Nonaka, I., »The New Product Development Game«, in: *Harvard Business Review*, Januar–Februar 1986

Valéry, N., »Innovation in Industry«, eine Umfrage im Auftrag von *The Economist*, 20. Februar 1999

Intrapreneurship

Intrapreneurship, so lautet eine Definition, ist »die Einführung und Implementierung einer bedeutenden Innovation für ein Unternehmen durch einen oder mehrere Beschäftigte, die in dieser Organisation arbeiten«. Der Begriff beschreibt also das Aufblühen des Unternehmergeistes innerhalb einer großen Organisation. Ein »Intrapreneur« ist ein »Entrepreneur«, der als Beschäftigter in einem Unternehmen tätig ist.

Intrapreneurship bietet großen Organisationen die Hoffnung, den Unternehmergeist auch dann aufrechterhalten zu können, wenn sie längst nicht mehr von »Entrepreneurs« geführt werden. (Siehe »How Can Big Companies Keep the Entrepreneurial Spirit Alive?« von B. Harris u. a. in der *Harvard Business Review*, November–Dezember 1995.)

Kleine und große Unternehmen fördern Intrapreneurship auf unterschiedliche Weise. In kleineren Unternehmen geht es eher um die Bildung informeller Beziehungen unter den Mitarbeitern; in größeren Unternehmen wird Intrapreneurship systematisch durch formelle Abläufe gefördert. Entsprechende Anstrengungen müssen jedoch über einen langen Zeitraum durchgehalten werde. Anfang 1999 hieß es in *The Economist*: »Alle großen Innovationen müssen über einen langen Zeitraum von gelegentlich bis zu 25 Jahren angeschoben werden.«

In der Managementliteratur kursieren einige Fragen, anhand deren Beschäftigte klären können, ob sie »Intrapreneurs« sind:

1. Sind Sie von Ihrer Arbeit fasziniert?
2. Denken Sie auf dem Weg zur Arbeit oder unter der Dusche über neue Geschäftsideen nach?
3. Kommen Sie gelegentlich in Schwierigkeiten, weil Sie Dinge tun, die Ihre Befugnisse übersteigen?

4. Können Sie Ihre Ideen für sich behalten und der Versuchung widerstehen, sie allen Leuten zu erzählen, bevor Sie sie nicht getestet und einen Implementierungsplan erstellt haben?
5. Haben Sie Ausdauer bewiesen, wenn etwas, an dem Sie arbeiteten, in eine Sackgasse zu führen schien?
6. Haben Sie besonders viele Fans und besonders viele Kritiker?
7. Halten Sie es für denkbar, dass Sie den natürlichen Drang, alles selbst machen zu wollen, überwinden und die Verantwortung für Ihre Ideen mit einem Team teilen?
8. Wären Sie bereit, auf einen Teil Ihres Gehalts zu verzichten, wenn Sie dafür die Chance bekämen, Ihre Geschäftsidee auszuprobieren, vorausgesetzt, im Erfolgsfall wartet eine angemessene Belohnung auf Sie?

Jeder, der häufiger mit Ja als mit Nein antwortet, ist ein (potenzieller) Intrapreneur.

Historischer Abriss

Der Verkauf der Post-it-Haftnotizen (siehe Championing, Seite 38) durch Spence Silver, einen Mitarbeiter von 3M, ist ein klassisches und häufig zitiertes Beispiel von Intrapreneurship. 3M fördert Intrapreneurship besonders erfolgreich. Das Unternehmen hält es für das Wichtigste, eine Unternehmenskultur zu schaffen, in der Ideen sprießen können. »Sie müssen viele Frösche küssen, bevor sie einen Prinzen finden«, sagte ein Unternehmensvertreter zu *The Economist*. »Aber bedenken Sie, dass ein Prinz für viele Frösche entschädigt.«

Eine andere Möglichkeit, mit der Unternehmen versuchen, »Intrapreneurs« zu erzeugen, besteht in so genannten »Skunk Works« nach dem Muster der geheimen Forschungs- und Produktionseinrichtungen des Flugzeugherstellers Lockheed in den vierziger Jahren. Dort wurden Mitarbeiter von der Unternehmensbürokratie befreit und ermuntert, standardisierte Abläufe zu ignorieren, weil man sich von ihnen Ideen für neue Produkte erhoffte. Diese Erwartung erfüllte sich, sodass verschiedene andere große Unternehmen, darunter auch IBM, die Idee kopierten.

Big Blue nutzte sie, um sich von der lähmenden Großrechner-Mentalität zu befreien und in die Welt des PCs einzusteigen, was vielen Rivalen damals nicht gelang.

In den Neunzigern entwickelten die großen Unternehmen ein deutlich vermehrtes Interesse an der Förderung von Intrapreneurship, als sie erkennen mussten, dass die Verbreitung der Informationstechnologie insbesondere kleineren Unternehmen Vorteile brachte. Martin Sorrell, der CEO von WPP, einer großen multinationalen Gruppe von Werbeagenturen, sagte in *McKinsey Quarterly*:

»Jedes ambitionierte Unternehmen möchte seine Branche dominieren und folglich sehr groß werden. Gleichzeitig ist jeder Vorsitzende und jeder Unternehmenschef besorgt wegen der Größe und der dadurch bedingten Reaktionsträgheit, Bürokratie, Arroganz und Selbstzufriedenheit. Folglich streben alle Unternehmen nach der Macht der Größe und nach dem Unternehmergeist sowie der Motivation eines kleinen Unternehmens.«

Das Unternehmen Bell Atlantic erweiterte sein Mitarbeitertraining um ein Intrapreneurship-Programm, und die Ford Motor Company, eine der letzten Bastionen der Arbeitsanweisung, bemüht sich ebenfalls seit einiger Zeit, ihren Mitarbeitern das Gefühl zu vermitteln, sie seien Entrepreneurs. Als Jacques Nasser, ein Australier libanesischer Abstammung, der seine frühen Arbeitsjahre mit der Führung (und Gründung) einer Vielzahl kleiner Unternehmen verbrachte, gegen Ende der neunziger Jahre den dortigen Chefposten übernahm, startete er ein Trainingsprogramm. Die Beschäftigten wurden auf dreitägige Workshops geschickt und sollten sich anschließend innerhalb von 100 Tagen eine entscheidend neue Kosteneinsparung (oder Ertragsquelle) ausdenken.

Empfohlene Lektüre

Block, Z. u. MacMillan, I. C., *Corporate Venturing: Creating New Businesses within the Firm*, Boston 1993

Drucker, P., *Innovations-Management für Wirtschaft und Politik*, Düsseldorf 1985 (Original: *Innovation and Entrepreneurship – Practice and Principles*, New York 1985)

Pinchot, G., *Intrapreneuring: Mitarbeiter als Unternehmer*, Wiesbaden 1988 (Original: *Intrapreneuring*, New York 1985)

Hamel, G., »The Challenge Today: Changing the Rules of the Game«, in: *Business Strategy Review*, Sommer 1998

Just in Time (JIT)

Als Just in Time in den siebziger Jahren erstmals in Japan einge-führt wurde, markierte es einen radikal neuen Ansatz im Ferti-gungsprozess. Dadurch, dass stets nur genau die Teile geliefert wurden, die gerade gebraucht wurden, ließen sich erhebliche Einsparungen vornehmen. Das herkömmliche System erhielt analog den Namen »Just in Case«: Es wurde ein Lager unterhal-ten mit allem, was eventuell einmal gebraucht werden könnte.

Mit JIT war es nicht länger notwendig, in jeder Phase der Her-stellung Pufferlager zu unterhalten. Es war nicht nur teuer, un-genutzte Lagervorräte anzulegen, auch die Verwaltung der Lager verschlang Zeit und Mühe.

JIT hatte noch andere Vorteile. Die Belegschaft wurde viel stär-ker in die Kontrolle der eigenen Vorratshaltung einbezogen, und auf demselben Montageband konnten verschiedenerlei Modelle gleichzeitig produziert werden. Vor der Einführung von JIT konnten die Montagebänder stets nur ein Modell bewältigen. Um ein anderes Modell zu produzieren, musste das Band stillgelegt und kostenaufwändig umgerüstet werden.

Den Kern von JIT bildet Kanban, was japanisch so viel wie »Schild/Tafel« bedeutet. In diesem Fall bezieht es sich auf die Karte, mit der eine Standardmenge von Teilen nachbestellt wird, wenn der Vorrat im Herstellungsprozess aufgebraucht ist. Vor JIT wurden Lieferungen in einer Stückzahl von, sagen wir, x+y Tei-len bestellt, und das Kanban mit der Nachbestellung wurde ab-geschickt, wenn nur noch x Teile übrig waren. x war gerade die ausreichende Menge, die benötigt wurde, bis die neue Lieferung eintraf. Bei JIT werden nur noch y Teile angefordert, und das Kanban wird erst abgeschickt, wenn die entsprechende Lieferung verbraucht ist. Dadurch erübrigt es sich, permanent eine Stück-zahl von x Teilen auf Lager zu halten.

Mit den Jahren hat JIT all die Tücken einer beinahe mystischen Philosophie übernommen. In ihrem Buch *Operations Management* beschreiben Roberta Russell und Bernard Taylor seine Entwicklung:

»Wenn Sie nur das produzieren, was Sie brauchen, und nur dann, wenn Sie es brauchen, dann bleibt kein Raum für Fehler. Damit JIT funktioniert, müssen viele Voraussetzungen erfüllt sein – regelmäßige Produktion, flexible Ressourcen, höchste Qualität, keine Maschinenausfälle, zuverlässige Zulieferer, rasche Maschineneinrichtung und viel Disziplin, um diese Punkte zu garantieren. Just in Time ist sowohl eine Philosophie als auch ein integriertes Produktionsmanagementsystem, das sich über einen Zeitraum von mehr als 15 Jahren im Trial-and-Error-Verfahren allmählich herausgebildet hat. Für JIT gab es keinen vorgefertigten Plan.«

JIT war zentraler Bestandteil der Total-Quality-Bewegung (siehe Seite 299) und der flexiblen Fertigungstechniken, die den Kern der Lean Production (siehe Seite 165) bildeten. Ursprünglich war es der Name für das Fertigungssystem, das aus Toyota in kürzester Zeit eines der effizientesten Unternehmen der Welt machte.

Historischer Abriss

Der Toyota-Angestellte Taiichi Ohno soll in den frühen Siebzigern als erster die JIT-Fertigungsmethode in einem Werk des japanischen Autoherstellers angewendet haben. Zwei Faktoren spielten dabei eine Rolle:

- Japans Interesse, das Verhältnis zwischen Produktionskosten und Qualität zu verbessern. Damals waren die japanischen Unternehmen für die mäßige Qualität ihrer Produkte bekannt, und es gelang ihnen nicht, in demselben Maß von Größenvorteilen (siehe Seite 119) zu profitieren wie die US-amerikanischen Automobilhersteller.

- Die japanische Tradition der kontinuierlichen Verbesserung (unter dem Namen Kaizen, siehe Seite 142).

Manche sagen, dass die Idee nicht von Toyota ausging, sondern bereits in den fünfziger Jahren existierte, als die japanischen Schiffswerften infolge der Überkapazitäten in der Stahlindustrie in der Lage waren, bedarfsgenaue Stahllieferungen zu fordern. Einige Werften waren darin so erfolgreich, dass sie ihre Lagerhaltung von einem 30-Tage- auf einen Drei-Tage-Vorrat verringern konnten.
Das System wurde bald vielerorts innerhalb und außerhalb Japans kopiert. In den Vereinigten Staaten war man jedoch anfangs skeptisch, bis Unternehmen wie Hewlett-Packard (wo es als »Stockless Production« bezeichnet wurde) demonstrierten, dass sich das System erfolgreich in andere Kulturen übertragen ließ.
Eine Umfrage ergab, dass US-amerikanische Unternehmen, die JIT einführten, in den darauf folgenden fünf Jahren (durchschnittlich) in der Lagerbeschaffung 70-prozentige, bei den Arbeitskosten 50-prozentige und beim Lagerraumbedarf 80-prozentige Einsparungen verbuchen konnten.

Empfohlene Lektüre

Cheng, T. C. E. u. Podolsky, S., *Just-in-Time Manufacturing*, 2. Aufl., London 1996
Hirano, H., *JIT Factory Revolution*, Portland 1988
Russell, R. S. u. Taylor, B. W., *Operations Management*, 2. Aufl., Upper Saddle River 1998
Schonberger, R. J., *Produktion auf Weltniveau. Wettbewerbsvorteile durch integrierte Fertigung*, Frankfurt 1991 (Original: *World Class Manufacturing: The Lessons of Simplicity Applied*, New York 1986)
Womack, J., Jones, D. u. Roos, D., *Die zweite Revolution in der Autoindustrie – Konsequenzen aus der weltweiten Studie des Massachusetts Institute of Technology*, 8. durchges. Aufl., Frankfurt 1994 (Original: *The Machine that Changed the World*, New York 1990)

Kannibalisierung

Wenn ein Unternehmen ein neues Produkt oder eine Dienstleistung in einen Markt einführt, der kaum Wachstumsmöglichkeiten bietet, dann geschieht dies meist auf Kosten des Marktanteils existierender Produkte, ansonsten verschwindet das neue Produkt alsbald wieder von der Bildfläche. Wenn das Unternehmen, welches das neue Produkt einführt, bereits zu den Herstellern vorhandener Produkte dieser Art gehört, wird der Neueinsteiger auch dessen ältere Angebote »kannibalisieren«, das heißt seinen »Artgenossen« Marktanteile rauben. Schätzungen zufolge stammten beispielsweise zwei Drittel des Umsatzes aus Gillettes Sensor-Rasiersystem von Kunden, die andernfalls Kunden der übrigen Rasiersysteme des Unternehmens gewesen wären.

Es gibt gute Gründe, warum die Unternehmen derlei scheinbar widersinnige Dinge tun. Erstens müssen sie sich möglicherweise etwas einfallen lassen, um auch in Zukunft die Nase vorn zu haben. Im britischen Schokoriegelmarkt beispielsweise konnte Kit-Kat seinen Marktanteil durch die Einführung eines neuen Riegels (KitKat ChunKy) stabilisieren, der mit Sicherheit den Markt des Originals kannibalisierte. Er sprach alle Käufer von Schokoriegeln an, und somit auch die Käufer des herkömmlichen KitKat.

Die Unternehmen können auch beschließen, ihre eigenen Angebote durch die Entwicklung geringfügig verbesserter Produkte zu kannibalisieren. Die Idee dahinter zielt darauf, die existierenden Kunden zu überreden, eine aktualisierte Version zu kaufen. Das gilt zum Beispiel für den PC-Markt, wo Intels neuester und leistungsfähigster Prozessor die vorige Version der Intel-Prozessoren kannibalisiert – um einer Verminderung des kombinierten Marktanteils vorzubeugen.

Die Theoretiker unterscheiden manchmal zwischen planmäßiger und unplanmäßiger Kannibalisierung. Planmäßige Kannibalisierung bedeutet den kalkulierten Umsatzrückgang bei einem bestehenden Produkt infolge der Einführung eines neuen Angebots in derselben Produktreihe. Von unplanmäßiger Kannibalisierung spricht man, wenn der Umsatzrückgang bei einem bestehenden Produkt infolge der Einführung eines neueren Produkts für den Hersteller unerwartet kommt.

Historischer Abriss

Früher fiel es den Unternehmen oft schwer, ihre eigenen Produkte zu kannibalisieren. Häufig klammerten sie sich zu lange an die schwindenden Marktanteile, bevor sie sich entschließen konnten, neue Produkte auf den Markt zu bringen, die mit ihren bestehenden Angeboten konkurrierten. Kodak etwa zögerte die Einführung der 35-Millimeter-Kamera aus Furcht, ältere Produkte aus dem eigenen Haus zu kannibalisieren, jahrelang hinaus.

Das Internet stellt viele Unternehmen im Hinblick auf die Kannibalisierung vor schwierige Entscheidungen. Reiseagenturen beispielsweise bleibt häufig nichts anderes übrig, als ihre eigenen Filialen mit Onlineangeboten zu unterbieten, wenn sie mit den Fluggesellschaften und anderen Anbietern mithalten wollen, die immer mehr zum Onlinedirektverkauf an die Kunden übergehen.

Auch die Deregulierung diverser Branchen zwingt die Unternehmen unter Umständen, Produkte und Dienstleistungen zu kannibalisieren, die jahrelang in geschützten Märkten ein gedeihliches Dasein gefristet hatten. In der Flugverkehrsbranche beispielsweise sahen sich die nationalen Gesellschaften plötzlich von aggressiven Neueinsteigern attackiert. British Airways etwa reagierte darauf mit der Gründung einer eigenen Niedrigpreis-Fluglinie. Diese konkurrierte nicht nur mit den Marktneulingen, sondern auch (in kontrollierter Form) mit BA selbst.

Empfohlene Lektüre

Kerin, R. u. Peterson, R., *Strategic Marketing Problems: Cases and Comments*, 9. Aufl., Upper Saddle River 2000

Kaizen

Kaizen gehört zu einer Reihe fernöstlicher Ideen, die in den achtziger Jahren von westlichen Firmen aufgegriffen wurden, als Japan als Hort aller Weisheit galt, die es im Management zu lernen gab. Wie so viele japanische Geschäftskonzepte dieser Zeit begann diese Bezeichnung mit dem Buchstaben K – wie beispielsweise auch Keiretsu (siehe Seite 145) und Kanban (siehe Just in Time, Seite 137). Auch Marken wie Kellogg's, Kodak, Kraft und KitKat haben bewiesen, dass der Buchstabe K einem Namen eine besondere Suggestivität verleiht.

»Bezogen auf einen Arbeitsplatz«, sagt Masaaki Imai, dessen 1986 erschienenes Buch viel dazu beigetragen hat, das westliche Interesse zu wecken, »bedeutet Kaizen eine kontinuierliche Verbesserung, die Manager und Arbeiter gleichermaßen einbezieht.« Imai wurde später Chairman des Kaizen Institute, eines weltweiten Netzwerks von Beratern, deren Anliegen es war, ihren Klienten dabei zu helfen, »in allen Aspekten ihrer Unternehmen einen fortgesetzten Veränderungsprozess aufrechtzuerhalten«.

Kaizen lässt sich auch mit »Verfeinerung« übersetzen, womit der allmähliche Prozess der Veredelung eines rauen Diamanten zu einem hochwertigen Edelstein gemeint ist. In der japanischen Kultur hat diese Idee eine besondere Bedeutung: Es wird beispielsweise nicht als Plagiat angesehen, wenn man die Ideen anderer übernimmt und für sich selbst verfeinert. Dies gilt vielmehr als Ausdruck des Respekts für die Leistungen anderer.

Kaizen basiert auf drei Grundprinzipien:

- Die Human Resources sind der wichtigste Vermögenswert eines Unternehmens.
- Prozesse müssen sich langsam durch allmähliche Verbesserung und nicht durch radikalen Wandel entwickeln.

- Verbesserungen müssen auf einer quantitativen Leistungserfassung verschiedener Prozesse gründen. (Siehe auch Total Quality Management, Seite 299. TQM ist ein System, das dazu dient, Kaizen zu implementieren.)

Historischer Abriss

Kaizen hat seinen Glanz teilweise eingebüßt, seitdem sich die japanische Industriemaschine verlangsamt hat. Bücher wie *Kaisha. Das Geheimnis des japanischen Erfolgs* von James Abegglen und George Stalk, zwei in Tokio tätigen Beratern der Boston Consulting Group, haben dazu beigetragen, den Mythos verblassen zu lassen. »Die Kompetenzunterschiede in den japanischen Unternehmen sollten nicht übersehen werden«, schrieben die Autoren – ein Kommentar, der später durch die finanziellen Schwierigkeiten untermauert wurde, mit denen viele vertraute japanische Firmennamen gegen Ende der Neunziger in Verbindung gebracht wurden.

Zum Niedergang der Kaizen-Idee hat auch beigetragen, dass sich die Betonung in den neunziger Jahren verstärkt auf die Schnelligkeit von Veränderung verlagerte und für die Unternehmen die Notwendigkeit bestand, in kürzester Zeit zu »mutieren«, um von den Chancen des E-Commerce (siehe Seite 75) zu profitieren. Es war schwer, die bedächtige Regelmäßigkeit des Kaizen in ein solches Umfeld einzupassen. Dessen Prinzip der kleinen Schritte schien nicht mehr zeitgemäß zu sein.

Empfohlene Lektüre

Abegglen, J. C. u. Stalk, G., *Kaisha. Das Geheimnis des japanischen Erfolgs*, 2. Aufl., Düsseldorf 1986 (Original: *Kaisha: The Japanese Corporation*, New York 1985)
Cusumano, M. A., *Japan's Software Factories*, New York 1990
Imai, M., *Kaizen – Der Schlüssel zum Erfolg der Japaner im Wettbewerb*, München 1991 (engl.: *Kaizen: The Key to Japan's Competitive Success*, New York 1986)

Imai, M., *Gemba Kaizen – Permanente Qualitätsverbesserung, Zeitersparnis und Kostensenkung am Arbeitsplatz*, München 1997 (engl.: *Gemba Kaizen*, New York 1997)

Lewis, K. C., *Kaizen: The Right Approach to Continuous Improvements*, IFS International, Bedford 1995

www.kaizeninstitute.com – The Kaizen Institute

Keiretsu

Keiretsu ist ein japanischer Begriff, der wörtlich übersetzt Reihe/Serie bedeutet. Er dient zur Bezeichnung einer Unternehmensstruktur, in der sich mehrere Organisationen miteinander verbinden, indem sie wechselseitige Beteiligungen eingehen und geschäftlich eng zusammenarbeiten, beispielsweise als wechselseitige Zulieferer. Die Struktur, die häufig mit einem Spinnennetz verglichen wird, wurde in den Neunzigern viel bewundert und galt als eine Möglichkeit, die traditionelle Kontrahentenbeziehung zwischen Käufer und Zulieferer zu vermeiden. Wenn ein Teil Ihres Zulieferers Ihnen gehört und der Zulieferer womöglich noch Anteile an Ihrem Unternehmen hält, dann – so besagt die Theorie – gelingt es Ihnen eher, einen für beide Seiten vorteilhaften Arbeitsmodus zu finden, als wenn Sie sich distanziert gegenüberstehen.

Handelsbeamten der US-Regierung jedoch missfielen die japanischen Keiretsu, in denen sie ein Handelshemmnis sahen. Jeffrey Garten, einst als Unterstaatssekretär im US-Handelsministerium zuständig für internationale Handelsbeziehungen und später Dekan der Yale School of Management, erklärte, ein Keiretsu behindere den Handel, »weil es die starke Neigung zeigt, Geschäftsbeziehungen auf die Mitglieder der Familie zu beschränken«.

Historischer Abriss

Mitte der neunziger Jahre war das Keiretsu-Konzept en vogue. Jeffrey Dyer schrieb in der *Harvard Business Review*, dass Chrysler »ein amerikanisches Keiretsu« geschaffen habe. Die Beziehungen des Unternehmens zu seinen Zulieferern, deren Zahl von

2500 im Jahr 1989 auf 1140 im Jahr 1996 reduziert wurde, hätten sich so sehr verbessert, meinte Dyer, dass »jetzt beide Seiten bemüht waren, nach gemeinsamen Möglichkeiten zu suchen, die Kosten der Autoherstellung zu senken und gemeinsam von den Einsparungen zu profitieren«.

In Großbritannien schrieb Richard Branson, der Gründer der Virgin-Gruppe, in *The Economist*: »Der Mittelpunkt unserer Keiretsu-Marke wird von einer globalen Fluglinie und den großen Megastores in den Stadtzentren gebildet, die auf der ganzen Welt als Flaggschiffe dienen.« Im Jahr 1997 beschrieb Ken Auletta in *The New Yorker* das ausgeklügelte Keiretsu, das von sechs der weltmächtigsten Medien-, Unterhaltungs- und Softwareriesen gebildet wurde: Microsoft, Disney, Time Warner, News Corporation, TCI und General Electric (NBC). Näher am Ursprungsland des Keiretsu bildeten unterdessen die südkoreanischen *Chaebol*, Industriekonglomerate nach dem Muster der Keiretsu, das Rückgrat des dortigen Wirtschaftswunders.

Die Keiretsu in den USA unterschieden sich allerdings grundsätzlich vom japanischen Modell: In Japan wurden sie durch besondere Gesetze reguliert, und ihre Struktur erzwang förmlich eine Kooperation zwischen den Beteiligten. Außerhalb Japans wurde das Wort Keiretsu zu einem Synonym für jedes lockere Netz aus Allianzen zwischen mehr als zwei Organisationen. Außerdem schlossen sich US-Unternehmen aus etwas anderen Gründen zusammen als traditionelle japanische Gruppen wie Mitsubishi oder Sumitomo. Die Amerikaner, schrieb Auletta, »tun dies in der Hoffnung auf ein gewisses Sicherheitsnetz, da sich die Technologie so schnell ändert, dass niemand sicher sein kann, welche Technologie oder welche Geschäftsidee in Zukunft gefragt sein wird«. Seine Prognose lautete, dass Keiretsu mit der Zeit zur Norm werden würde.

Empfohlene Lektüre

Auletta, K., »American Keiretsu«, in: *The New Yorker*, Oktober 1997

Dyer, J. H., »How Chrysler Created an American Keiretsu«, in: *Harvard Business Review*, Juli–August 1996

Ferguson, C. H., »Computers and the Coming of the US Keiretsu«, in: *Harvard Business Review*, Juli–August 1990

Miyashita, K. u. Russell, D., *Keiretsu: Inside the Hidden Japanese Conglomerates*, New York 1994

Kernkompetenz

Wir sprechen von einer Kernkompetenz, wenn ein Unternehmen sich bestimmte Fähigkeiten in einzigartiger Weise zu Eigen gemacht hat, um sie wertschöpfend einzusetzen. Die Idee der Kernkompetenz wurde in der Managementliteratur erstmals von C. K. Prahalad und Gary Hamel im Jahr 1990 vorgestellt. Die beiden Wirtschaftstheoretiker schrieben:

»Die Kernkompetenzen sind so etwas wie das kollektive Wissen der Organisation, insbesondere was die Koordination diverser Herstellungstechniken und die Integration unterschiedlicher Technologiebereiche betrifft ... Kernkompetenzen setzen Kommunikation, Engagement und die Entschlossenheit voraus, Organisationsbarrieren zu überwinden ... Kernkompetenzen nutzen sich nicht ab. Im Gegensatz zu den materiellen Aktiva, die sich mit der Zeit verbrauchen, nehmen die Kompetenzen durch Gebrauch zu.«

Prahalad und Hamel schlugen drei Tests vor, um eine mögliche Kernkompetenz zu bestimmen:

- Eine Kernkompetenz bietet potenziell Zugang zu einer Vielzahl von Märkten.
- Eine Kernkompetenz sollte wesentlich zum wahrgenommenen Nutzen des Endprodukts für den Kunden beitragen.
- Eine Kernkompetenz sollte für Wettbewerber schwer zu kopieren sein. Das ist dann der Fall, wenn es sich um ein komplexes Geflecht spezifischer Technologien und Herstellungstechniken handelt.

Die beiden Akademiker stellten das Unternehmen als einen Baum dar, dessen Wurzeln aus seinen Kernkompetenzen gebildet werden. Aus diesen Wurzeln wachsen die »Kernprodukte« der Organisation, die ihrerseits verschiedene Geschäftseinheiten tragen. Aus diesen Geschäftseinheiten erwachsen schließlich die »Endprodukte«.

Prahalad und Hamel vertraten die These, dass ein Unternehmen »die Macht hat, die Evolution im Bereich der Endprodukte aktiv mitzugestalten«, solange es »bei der Herstellung seiner Kernprodukte eine weltweite Führungsposition innehat«. Viele der Beispiele, auf die sie sich bei ihrer Theorie stützten, waren japanische Unternehmen. Zum Ende des Jahrhunderts hin verblasste allerdings der Stern dieser Unternehmen zusehends.

Die Idee der Kernkompetenz eignete sich nicht nur dazu, den Fokus auf das Wesentliche zu richten, sondern half umgekehrt dabei, Dinge zu identifizieren, die nicht zum »Kernbereich« gehörten: Womit ist zu rechtfertigen, so musste sich das Management fragen, dass diese peripheren Dinge wertvolle Ressourcen verbrauchen?

Die Ideen rund um die Kernkompetenz waren vermutlich der erste nennenswerte Fortschritt im strategischen Denken, seitdem Michael Porter die Aufmerksamkeit der Unternehmensführungen mit Nachdruck vom Marktanteil auf die Wertschöpfungskette (siehe Seite 333) und die Geschäftsprozesse gelenkt hatte. Prahalad und Hamel legten ihnen nun nahe, fließendere und flexiblere Vorstellungen von Strategie zu entwickeln. Ihre Schriften sind voller Verweise auf Dinge wie »strategische Intention«, »Strategie als Herausforderung und Chance«, »Wettbewerbsraum« und »Aufbruch in neue Märkte«. Seit Porter hatte sich das strategische Denken auf Frederick Taylor und sein Scientific Management (siehe Seite 257) zurückbesonnen. Prahalad und Hamel gaben ihm nun erneut eine andere Richtung.

Historischer Abriss

Das Bestreben, die Kernkompetenzen eines Unternehmens – seine besonderen Fähigkeiten – zu identifizieren, verstärkte sich insbesondere in den Neunzigern, und damit in einer Zeit, als das Outsourcing (siehe Seite 223) zu einer weit verbreiteten Praxis wurde. Als sich die Unternehmen plötzlich in der Lage sahen, fast jeden Prozess auszulagern, war es wichtig zu wissen, worin jene zentralen Aktivitäten bestanden, die nur sie selbst ausführen konnten und deren Auslagerung an Dritte keinen Sinn machte. In manchen Fällen erfüllten nur sehr wenige Aktivitäten dieses Kriterium, und folglich stand es diesen Unternehmen frei, sich vollends zu virtuellen Organisationen (siehe Seite 326) zu entwickeln.

Die Idee übertrug sich von der Kernkompetenz auf alle möglichen Bereiche – von Kernprozessen bis zu Kernfähigkeiten –, die im Wesentlichen das ausmachten, was das jeweilige Unternehmen war und tat. Managementberatern zufolge war die Rückbesinnung der Unternehmen auf ihren Kern integraler Bestandteil eines Prozesses der Selbstwahrnehmung: Nur ein sich seiner selbst bewusstes Unternehmen, das seine eigenen Stärken und Schwächen kannte, durfte hoffen, in einem durch schnellen Wandel und ungewisse Voraussagen gekennzeichneten Umfeld neue Wertschöpfungsmöglichkeiten zu erkennen.

Empfohlene Lektüre

Drucker, P., *Management in turbulenter Zeit*, Düsseldorf 1997 (Original: *Managing in a Time of Great Change*, Oxford 1995)
Goddard, J., »The Architecture of Core Competence«, in: *Business Strategy Review*, Bd. 1, 1997
Lei, D. u. Hitt, M. A., »Dynamic Core Competence Through Rota Learning and Strategic Context«, in: *Journal of Management*, Bd. 22, Nr. 4, 1996
Prahalad, C. K. u. Hamel, G., »The Core Competence of the Corporation«, in: *Harvard Business Review*, Mai–Juni 1990
Prahalad, C. K. u. Hamel, G., *Wettlauf um die Zukunft. Wie Sie mit bahnbrechenden Strategien die Kontrolle über Ihre Branche gewinnen und die Märkte von morgen schaffen*, Wien 1997 (Original: *Competing for the Future*, Boston 1994)
www.hq.nasa.gov/office/hqlibrary/ppm/ppm25.htm

Konjunkturzyklus

Volkswirtschaften (und somit auch die in ihnen agierenden Unternehmen) unterliegen der landläufigen Vorstellung zufolge einem zyklischen Wechsel von Auf- und Abschwung, wobei dieser langfristig in eine Aufwärtsentwicklung eingebettet ist. Diese Vorstellung sitzt tief und fest. Strittig ist also weniger die Existenz von Konjunkturzyklen als vielmehr ihre Dauer. Die meisten Wirtschaftstheoretiker gehen davon aus, dass sie einem Rhythmus von drei bis vier Jahren folgen. Der russische Wirtschaftstheoretiker Nikolaj Dmitrijewitsch Kondratjeff hingegen diagnostizierte Zykluslängen von 40 bis 60 Jahren.

Generell sind keine zwei Konjunkturzyklen gleich, und manche Branchen haben unabhängig von der Entwicklung der Gesamtwirtschaft ihre eigenen Zyklen. Die Baubranche beispielsweise ist bekannt für ihre atypischen Auf- und Abschwungphasen. Auch ganze Wirtschaftsregionen können ihre eigenen Zyklen haben. Die ostasiatische Wirtschaftskrise von 1997 etwa wurde von keiner entsprechenden Entwicklung in der übrigen Welt begleitet.

Branchen mit hohen Fixkosten, wie beispielsweise Stahlwerke und Autofabriken, sind den Schwankungen des Konjunkturzyklus besonders empfindlich ausgesetzt. Auf eine Nachfragesteigerung reagieren sie im Allgemeinen mit großen Investitionen, die dazu führen, dass sie beim nächsten Nachfragerückgang mit Überkapazitäten zu kämpfen haben. Überkapazitäten in einer Branche aber drücken die Preise, sodass die Gewinne der betroffenen Unternehmen sowohl unter sinkenden Umsätzen als auch unter sinkenden Preisen leiden. Die Unternehmen behelfen sich zum Teil dadurch, dass sie in guten Zeiten Subunternehmer beauftragen, um die Nachfrage zu befriedigen.

Die Wirtschaftswissenschaftler unterscheiden im klassischen Konjunkturzyklus vier Phasen:

1. Die Prosperitätsphase, in der Produktion und Umsatz und damit auch die Preise steigen.
2. Die Stagnationsphase, in der die Kunden auf Liquidität bedacht sind (und dementsprechend weniger nachfragen).
3. Die Rezessionsphase, in der es vermehrt zu Arbeitslosigkeit und Unternehmensschließungen kommt.
4. Die Erholungsphase, in der die Konsumenten erneut Vertrauen schöpfen.

Die meisten Erklärungen des Zyklusgeschehens verweisen auf Zeiten unzureichenden Konsums und unzureichender Investitionstätigkeit. Ersterer entsteht, wenn die Preise in einer Boomphase so sehr steigen, dass sich die Konsumenten vom Markt zurückziehen; Letztere tritt ein, wenn die Unternehmen in einer Boomphase so viel Extrakapazitäten schaffen, dass die Produktion die vorhandene Nachfrage übersteigt. Zur Erholungsphase kommt es, weil die Preise so sehr gedrückt wurden, dass die Konsumenten in den Markt zurückkehren, oder weil die Regierungen die Wirtschaft durch staatliche Nachfrageförderung ankurbeln. Dadurch kann unter Umständen ein sich selbst tragender Zyklus angeregt werden, indem die zusätzliche Nachfrage neue Arbeitsplätze und damit mehr Kaufkraft schafft.

Historischer Abriss

Von den Maya in Mittelamerika wird gesagt, dass sie von der 50- bis 54-jährigen Periodizität von Auf- und Niedergang wussten, ebenso wie die alten Israeliten.

Kondratjeff gründete seine Theorie von den langwelligen Zyklen auf Forschungsergebnisse zu den Preisveränderungen im 19. Jahrhundert. Er untersuchte zudem die Frage, welche Branchen am meisten unter den Depressionsphasen seiner Zyklen zu leiden hatten, und er wies darauf hin, dass es häufig technologische Neuerungen waren, die den Branchen aus diesen Phasen wieder heraushalfen. Kondratjeff glaubte, dass seine Theorie geeignet sei, zukünftige ökonomische Entwicklungen vorherzusagen. Denn seine Zyklen wiesen erstaunliche Regelmäßigkeiten auf: Die Rezessionsphase setzt rund 20 bis 25 Jahre nach dem Beginn der Boomphase ein, wenn das allgemeine Preisniveau zu sinken beginnt.

Die gegenwärtige Kondratjeff-Welle nahm ihren Anfang, als die westlichen Volkswirtschaften sich aus der Depression der dreißiger Jahre zu erholen begannen. Der Zweite Weltkrieg verzögerte zwar den Prozess, doch setzte der Preisauftrieb unmittelbar nach dessen Ende ein. Die Preise für Rohstoffe und Grundnahrungsmittel begannen in den Achtzigern zu fallen. Kondratjeffs Theorie zufolge müssen wir uns also auf eine gründliche Rezession gefasst machen.

Zum Ende des 20. Jahrhunderts jedoch erlebte die US-Wirtschaft (und in geringerem Maß die britische) eine derart ausgedehnte Boomphase, dass einige Wirtschaftswissenschaftler bereits ein neues ökonomisches »Paradigma« in Kraft gesetzt sehen. Dessen Kennzeichen sei die endgültige Überwindung der Inflation und das Ende der Konjunkturzyklen alten Stils. Zur Begründung dieses Paradigmenwechsels wird vor allem auf die dramatischen Veränderungen in der Kostenstruktur hingewiesen, die vor allem von der Entwicklung der Informationstechnologie und insbesondere des Internets bewirkt wurden. Die Bank of England zitiert diese Wirtschaftsexperten mit der Einschätzung, dass die vermehrte Nutzung der Informationstechnologie im Vertrieb, der Markteintritt großer Niedrigpreisanbieter und die Intensivierung des Wettbewerbsdrucks zu signifikanten Veränderungen auf den Produktmärkten führen werden.

Empfohlene Lektüre

Cooley, T. F. (Hg.), *Frontiers of Business Cycle Research*, Princeton 1995
Glasner, D. (Hg.), *Business Cycles and Depressions: An Encyclopedia*, New York 1997

Makasheva, N. u. a., *The Works of Nikolai D. Kondratiev*, übersetzt von S. S. Wilson, London 1998

Kontratieff, N. D., Die langen Wellen der Konjunktur, Tübingen 1926

Konvergenz

Konvergenz beschreibt das Phänomen, wonach die Erfordernisse für den Eintritt in verschiedene Branchen so ähnlich werden, dass die Unternehmen ebenso gut in der einen wie in der anderen tätig werden können. In den neunziger Jahren konnte man diese Entwicklung beispielsweise im Banken- und Versicherungsgewerbe beobachten. Die Praxis der Banken, in das Versicherungsgeschäft einzusteigen, war so weit verbreitet, dass man dieser einen Namen gab: »Bankassurance«. Auch bei den Versorgungsunternehmen ist es seit der Deregulierung und Privatisierung vieler Branchen dieses Sektors vermehrt zu Konvergenzen gekommen.

Es gibt zwei Hauptgründe für diese Entwicklung:

• Die Unternehmen mussten feststellen, dass sich auf ihren eigenen Märkten immer mehr Anbieter drängelten. Informationstechnologie und Deregulierung machten es impertinenten Neueinsteigern leicht, Dinge zu tun, die noch vor einem Jahrzehnt undenkbar gewesen wären. Die Unternehmen hatten das Bedürfnis, in neue Bereiche vorzudringen, um wieder freier atmen zu können.

Das ließ sich besonders im Bankgewerbe beobachten. In einer Reihe europäischer Länder war der Konzentrationsgrad in dieser Branche so groß, dass die Unternehmen in ihrer Stammbranche kaum noch Übernahmeoptionen hatten, die nicht die Kartellbehörden auf den Plan gerufen hätten. Sie konnten also nur untätig bleiben oder in andere Bereiche ausweichen.

• Als die Unternehmen kundenorientierter wurden, erkannten sie, dass das Vertrauen, das ihnen Kunden in Bezug auf eine Sorte Produkt und Dienstleistung entgegenbrachten, auf viele weitere übertragbar war. In den Vereinigten Staaten beispielsweise wechselten die großen Kunden zunehmend zu Unternehmen wie Enron, deren Angebotspalette den gesamten Energiebedarf abdeckte. Wenn sie die Wahl hatten, entschieden sich viele von ihnen für den Komfort eines einzigen Anbieters.

Branchenkonvergenz führte zur Bildung von Unternehmen, die den als Konsequenz der periodisch auftretenden Diversifikationsbestrebungen (siehe Seite 65) entstandenen Mischkonzernen nicht unähnlich waren. Die neuen Mischkonzerne wurden jedoch aus einer ganz anderen Motivation heraus geschaffen als ihre Vorgänger in den sechziger Jahren. Diversifikation verfolgte das Ziel, finanzielle Risiken möglichst breit zu streuen, was vor allem den Interessen der Anteilseigner diente. Unter dem Vorzeichen der Konvergenz geschaffene Mischkonzerne zielen darauf ab, Kunden in einer Welt zufrieden zu stellen, in der sich die Machtverhältnisse zwischen Anbietern und Käufern radikal verändert haben. Die Kunden wünschen sich vor allem Komfort, was zum Beispiel heißt, dass sie eine möglichst große Bandbreite von Produkten und Dienstleistungen von einem einzigen Anbieter kaufen möchten, dem sie vertrauen.

Historischer Abriss

Als die Versorgungsbranchen (Strom, Gas, Telefon, Wasser) in den achtziger und neunziger Jahren dereguliert wurden, stellten die betroffenen Unternehmen fest, dass sich die Kernfähigkeiten, die in den verschiedenen Bereichen benötigt wurden, nicht wesentlich voneinander unterschieden. In allen Fällen brauchte man ausgefeilte Mess- und Abrechnungssysteme, ein dichtes Netz von Servicefahrzeugen sowie Callcenter, die Kundenbestellungen und -anfragen bearbeiten konnten. Folglich hatten auch die Kunden den Eindruck, ein Unternehmen, das Gas verkauft, könne genauso gut (von deregulierten Produzenten bezogene) Elektrizität verkaufen. Aus Energieerzeugern wurden Stromanbieter, und die Wasserwerke waren auf einmal überall zu finden. Die stärkste Konvergenz zeichnete sich zwischen dem Gas- und dem Stromsektor ab. Im Jahr 1998 schätzte Accenture, dass innerhalb der nächsten zehn Jahre 40 Prozent des Stroms in Europa aus Gas gewonnen werden würden. Damals betrug dieser Anteil unter 15 Prozent. In den Vereinigten Staaten lag er bei 75 Prozent, und die Berechnungen von Accenture hatten ergeben, dass 14 der 30 größten Gas- und Elektrizitätsunternehmen dort in der Zeit von 1996 bis 1998 konvergenzbedingte Übernahmen oder Fusionen getätigt hatten.

Konvergenz gibt es auch in anderen Branchen. Der italienische Computerhersteller Olivetti beispielsweise zahlte im Jahr 1999 65 Milliarden US-Dollar für das sechsmal größere Telekommunikationsunternehmen Telecom Italia. Der einst weltbekannte Schreibmaschinenproduzent hatte sich bereits als PC-Hersteller neu erfunden, bevor er sich nun entschloss, im großen Stil in den Telekommunikationsmarkt einzusteigen.

Empfohlene Lektüre

Dollar, D. u. Wolff, E. N., *Competitiveness, Convergence and International Specialization*, Cambridge, Mass. 1993
Whitley, R. u. Kristensen, P. H. (Hg.), *The Changing European Firm: Limits to Convergence*, London 1996

Kosten-Nutzen-Analyse

Die Kosten-Nutzen-Analyse ist die Waagschalenmethode zur Entscheidungsfindung in Unternehmensfragen: Alle Pluswerte (der Nutzen) werden in die eine Waagschale gelegt, alle Minuswerte (die Kosten) in die andere. Die schwerere Seite gibt den Ausschlag. Wenn die Kosten überwiegen, geht der Daumen runter; wenn der Nutzen überwiegt, geht der Daumen hoch. Wenn beispielsweise ein Unternehmen überlegt, ob es neue Computersysteme anschaffen soll, könnte es versuchen, seine Entscheidung mittels einer Kosten-Nutzen-Analyse zu treffen. Auf der Kostenseite stünden Dinge wie:

- der Anschaffungspreis der Computer,
- die Kosten für ihre Installation,
- die Kosten für die anschließende Mitarbeiterschulung.

Auf der Nutzenseite wären folgenden Dinge zu finden:

- Beschleunigung des täglichen Unternehmensbetriebs,
- eine effizientere Datenorganisation,
- Motivation der Mitarbeiter durch die Verwendung modernster Geräte.

Wir alle stellen jeden Tag intuitive Kosten-Nutzen-Analysen an. Wir fragen uns beispielsweise: »Soll ich zu meiner nächsten Besprechung mit dem Taxi fahren, oder spare ich dabei kaum so viel Zeit, dass es sich lohnen würde?« Auch in Industrie und Handel findet die Methode reichlich Verwendung. Dennoch ist diese vergleichsweise einfache Idee nicht ohne Haken. Die Plus- und Minuspunkte liegen nicht immer auf der Hand, und viele von ihnen lassen sich kaum in Geld beziffern. Welchen Geldwert ordnen Sie beispielsweise einer verbesserten Mitarbeitermotivation zu? Außerdem lassen sich Entscheidungen selten isoliert treffen. In der Regel gibt es mehrere Alternativen: Wenn Sie nicht in die neue Fabrik in Westafrika investieren, können sie stattdessen die Kapazitäten Ihrer bestehenden Anlagen erhöhen, einen neuen Geschäftsbereich übernehmen oder Ihr Geld auf der Bank lassen. Der Vorschlag mit dem größten Nutzenüberschuss bekommt den Zuschlag.

Historischer Abriss

Benjamin Franklin, dem Erfinder des Blitzableiters und Mitautor der amerikanischen Unabhängigkeitserklärung, war die Kosten-Nutzen-Analyse nicht fremd. Im Jahr 1772 schrieb er:

»Schwierige Entscheidungen sind deshalb schwierig, weil wir bei ihrer Betrachtung nicht alle Gründe des Pro und Kontra stets im Geiste präsent haben ... Dagegen behelfe ich mir mit einem Blatt Papier, das ich mit einer Linie in zwei Spalten teile; über die eine schreibe ich ›Pro‹ und über die andere ›Kontra‹. Dann ... notiere ich unter den verschiedenen Überschriften kurze Stichworte zu den verschiedenen Gründen ... für und wider die Maßnahme ... Anschließend wäge ich sie gegeneinander ab; wenn ich auf beiden Seiten Einträge finde, die von gleichem Gewicht zu sein scheinen, streiche ich beide. Wenn ich ein Pro finde, das zwei Kontras entspricht, streiche ich alle drei ... und indem ich so fortfahre, stelle ich schließlich fest, wo das Übergewicht liegt ... Zwar lassen sich Argumente nicht mit algebraischer Genauigkeit quantifizieren, aber wenn ich ein jedes einzeln abwäge und das Ganze so vor mir liegen habe, dann meine ich, dass ich wohl besser urteilen kann und mich nicht zu einem voreiligen Schritt hinreißen lasse.«

In den letzten Jahren wurde die Kosten-Nutzen-Analyse vielfach genutzt, um öffentliche Projekte zu analysieren und Antworten auf Fragen zu finden wie:»Sollen wir den Verkauf von unverbleitem Benzin oder Sonnenkollektoren subventionieren?« Oder: »Sollen wir diese belebte Straße in eine Fußgängerzone umwandeln?« In diesen Beispielen geht es in erster Linie um die sozialen Kosten. Wie groß ist der Nutzen für die menschliche Gesundheit, wenn wir den Bleigehalt der Luft verringern? Und lässt er sich quantifizieren – beispielsweise in Form von medizinischen Einrichtungen, die bei einem verbesserten Gesundheitszustand der Bevölkerung nicht länger benötigt würden?

Empfohlene Lektüre

Layard, R. u. Glaister, S., *Cost-Benefit Analysis*, 2. Aufl., Cambridge 1994
Mishan, E. J., *Cost-Benefit Analysis – An Informal Introduction*, 4. Aufl., London 1988
Ray, A., *Cost-Benefit Analysis: Issues and Methodology*, Baltimore 1984

Krisenmanagement

Das Institute for Crisis Management (ICM), ein US-amerikanisches Beratungsunternehmen, das sich auf die Entwicklung von Kommunikationsstrategien für angeschlagene Unternehmen spezialisiert hat, definiert eine Krise als »eine wesentliche Störung im Geschäftsablauf, die ausführliche Medienberichte auslöst. Die öffentliche Neugier beeinträchtigt den alltäglichen Betrieb und kann politische, rechtliche, finanzielle und administrative Konsequenzen für die Organisation haben.«

Die Idee, dass die Unternehmen bisweilen krisenhafte Perioden durchlaufen, in denen besondere Fähigkeiten gefragt sind, die im normalen Geschäftsbetrieb nicht benötigt werden, ist keineswegs neu. Von hier ist es nicht weit zu der Vorstellung, dass es Leute gibt, die mit Krisen besonders gut umzugehen wissen, und sich bestimmte Fähigkeiten des Krisenmanagements erlernen lassen. Spezielle Schulungskurse zu dem Thema werden in vielen Ländern angeboten.

Krisen sind nichts Ungewöhnliches. Das ICM unterhält eine Datenbank mit rund 60 000 Geschichten von Unternehmenskrisen, und dabei reichen seine Archive nur bis 1990 zurück. Aufgrund einer Analyse dieser Datenbank unterteilt das Institut die Gründe für Krisen in vier Kategorien:

- höhere Gewalt (Stürme, Erdbeben etc.),
- mechanische Probleme (Metallermüdung etc.),
- menschliches Versagen (das falsche Ventil geöffnet, Missverständnisse etc.),
- Managemententscheidungen/-versäumnisse (Verkennung eines Problems, Vertuschung).

Das ICM schätzt, dass über 60 Prozent aller Krisen in die letzte Kategorie fallen.

Ein gutes Krisenmanagement besteht aus mehreren wichtigen Elementen:

Vorbereitung für den Ernstfall

Unternehmen sollten auf die kurzfristige Installierung eines Krisenmanagementteams eingerichtet sein. Die potenziellen Mitglieder des Teams sollten testen, wie sich die Auswirkungen eines Zwischenfalls auf das Unternehmen und die Mitarbeiter in den Griff bekommen lassen. Das hat Ähnlichkeiten mit den Sicherheitsinstruktionen im Flugzeug vor dem Start: Wir werden sie hoffentlich niemals benötigen, aber es wäre leichtsinnig, sie zu verpassen.

Die Auswahl der Teammitglieder richtet sich nach der Art des Zwischenfalls, dennoch sollte (wenigstens) der Chef oder ein führender Manager und ein Vertreter des Pressebüros (oder jemand, der im Umgang mit der Presse geübt ist) dazugehören. Alle Anfragen von außen bezüglich der Krise sollten ausschließlich von diesem Team beantwortet werden. So übernahm im Fall des Absturzes eines Flugzeugs von British Midland über Großbritannien der Chairman des Unternehmens, Sir Michael Bishop, die Rolle des Sprechers für alle Fragen zu dem Unfall.

Schnelles Einschreiten

Ausschlaggebend sind die ersten Stunden, nachdem die Nachrichten von der Krise erstmals an die Öffentlichkeit gedrungen sind. Jeder wird sich auf die Informationen beziehen, die in dieser Zeit bekannt werden. Es gehört zu den schwierigsten Aufgaben, die Unklarheiten dieser ersten Stunden und Tage nach dem Ausbruch der Krise zu managen. Die verfügbaren Informationen sind häufig lückenhaft und widersprüchlich.

Externe Unterstützung

Weil eine Krise häufig von Beschäftigten des Unternehmens ausgelöst wird, fällt es den unternehmenseigenen Leuten möglicherweise schwer, die Lage objektiv einzuschätzen. Hilfe von außen bietet hier einen Ausweg.

Ehrlichkeit

Umfassende und präzise Informationen sind entscheidend. Eine Politik der Verschleierung schlägt auf das Unternehmen zurück. Wenn das Unternehmen jedoch eine Kultur der Geheimniskrämerei pflegt, lässt sich eine solche Politik selbst in den besten Zeiten nur schwer verwirklichen. Die Informationen sollten nicht nur der Presse, sondern auch den eigenen Leuten mitgeteilt werden, denn diese werden ebenfalls mit der Außenwelt und den Medien reden.

Langfristige Lösungen

Beschränken Sie sich nicht auf die Eindämmung der kurzfristigen Schäden. Ein vergiftetes Produkt macht es unter Umständen notwendig, kurzfristig große Regalbestände zurückzuziehen, um den Kunden langfristig die Sicherheit zu geben, dass der Genuss des Produkts ungefährlich ist. Im Fall der vergifteten Coca-Cola-Dosen in Belgien und Frankreich im Juni 1999 war die belgische Regierung nicht überzeugt, dass das Getränkeunternehmen rasch genug reagierte. Andernfalls hätte sie möglicherweise nicht so restriktive Maßnahmen verhängt.

Historischer Abriss

In den vergangenen Jahren waren manche Branchen krisenanfälliger als andere. Die Tabakunternehmen befinden sich gewissermaßen in einer Dauerkrise, seitdem die medizinischen Beweise gegen sie eine immer klarere Sprache sprechen. Die Ölkonzerne haben jedes Mal eine Krise am Hals, wenn wieder einmal einer ihrer Tanker einen schönen Küstenstreifen verunstaltet.

Einer der bislang schlimmsten Unfälle, der sich 1984 in einer Pestizidfabrik von Union Carbide im indischen Bhopal ereignete und bei dem Tausende von Menschen durch austretende giftige Gase umkamen, ließ die Unternehmen weltweit darüber nachdenken, wie sich Krisen solcher Größenordnung meistern ließen. Bald darauf zeigte die durch die Exxon Valdez verursachte Ölkatastrophe, die als eine der am schlechtesten gemanagten Krisen aller Zeiten in die Annalen einging, wie man es nicht machen sollte.

Es brauchte zwei Wochen, bis Exxons Chief Executive, Lawrence Rawl, die Unglücksstelle besuchte und sich zum ersten Mal öffentlich zur Tragödie äußerte. Die *Financial Times* schrieb: »Damit brachte Rawl klar zum Ausdruck, welchen Platz massive Umweltverschmutzung auf seiner Prioritätsliste einnahm, mochte er noch so sehr beteuern, dass er sich nur deshalb vom Schauplatz fernhielt, um die Aufräumarbeiten nicht zu behindern.« Abgesehen vom Imageschaden für eines der führenden Ölunternehmen kostete die Krise Exxon ungefähr eine Milliarde US-Dollar an Aufräumkosten und zusätzliche drei Milliarden US-Dollar an Strafen und Wiedergutmachungszahlungen, die dem Unternehmen von kanadischen Gerichten auferlegt wurden. Die Strafen wären sicherlich weit geringer ausgefallen, hätte sich das Unternehmen unmittelbar nach der Katastrophe betroffener gezeigt.

Empfohlene Lektüre

Irvine, R., *When You Are the Headline: Managing a Major News Story*, Institute for Crisis Management, Homewood 1991
Meyers, G. C. u. Holusha, J., *Bevor die Fetzen fliegen: Die typischen Unternehmenskrisen erkennen und nutzen*, Frankfurt 1989 (Original: *When It Hits the Fan*, Boston 1986)
Mittrof, I. I., Pearson, C. M. u. Harrington, L. K., *The Essential Guide to Managing Corporate Crises*, Oxford 1996
Regester, M. u. Larkin, J., *Risk Issues and Crisis Management*, London 1997
Sikich, G. W., *Emergency Management Planning Handbook*, New York 1996

Institute for Crisis Management
Watertower Square
400 Missouri Avenue, Suite 101
Jeffersonville, IN 47130
United States
Tel.: +1 (8 12) 2 84-83 51
Fax: +1 (8 12) 2 84-83 54
E-Mail: info@crisisexperts.com

Lean Production

Lean Production bezeichnet eine Gruppe höchst effizienter Herstellungstechniken, die (zumeist von großen japanischen Unternehmen) in den achtziger und neunziger Jahren entwickelt wurden. Lean Production erschien als die dritte Stufe eines historischen Entwicklungsprozesses, der vom Zeitalter des Handwerkers über die Methoden der Massenfertigung (siehe Seite 195) in eine Ära führte, die das Beste von beidem miteinander verband. Nach Ansicht mancher Zeitgenossen ist Lean Production die tiefstgreifende Veränderung in der Industriegeschichte, seitdem Henry Ford im frühen 20. Jahrhundert die Massenproduktion zur vollen Entwicklung brachte.

Die Methoden der »schlanken Produktion« verbinden die Flexibilität und Qualität der Handwerksarbeit mit den geringen Kosten der Massenfertigung. In Lean-Production-Systemen sind die Mitarbeiter eines Unternehmens in Teams organisiert. Innerhalb eines Teams soll jeder Beschäftigte in der Lage sein, alle in diesem Team anfallenden Tätigkeiten auszuführen. Diese Tätigkeiten sind nicht so eng spezialisiert, wie es in Massenfertigungssystemen erforderlich ist, und ihre Vielfalt ermöglicht es den Mitarbeitern, der stupiden Eintönigkeit der reinen Fließbandarbeit zu entfliehen.

Im Rahmen von Lean Production erhalten die einzelnen Teams die benötigten Teile nach dem Just-in-Time-Prinzip (siehe Seite 137), und jeder Beschäftigte darf und soll die Produktion stoppen, wenn er einen Fehler entdeckt. Darin liegt der entscheidende Unterschied zum Fließbandverfahren. Ein Stillstand des Fließbands ist teuer und muss deshalb unter allen Umständen vermieden werden. Häufig kann nur der Vorarbeiter das Band stoppen. Fehlerhafte Produkte werden zur Seite gelegt und Ersatzteile in großen Mengen bereitgehalten, um fehlerhafte Komponenten ohne Verzögerung austauschen zu können. Das Problem bei solchen Systemen ist, dass die Arbeiter am Fließband nichts hinzulernen, sodass sich die Fehler häufig wiederholen. Es ist nicht vorgesehen, dass die Beschäftigten zurückschauen, die Quelle des Fehlers finden und bei dessen Behebung mithelfen.

Bei der Einführung von Lean Production nehmen die Unterbrechungen zur Problembehebung in der Regel anfangs zu. Mit der Zeit jedoch gibt es immer weniger Fehler und Unterbrechungen. Eine ausgereifte Lean-Production-Strecke stoppt weit seltener als ein ausgereiftes Fließband zur Massenfertigung.

Lean Production hat noch einen weiteren Vorteil: Beim typischen Fließbandbetrieb wird das Produktdesign von externen Spezialisten oder von einem internen Team gesondert durchgeführt. Feedback von den Arbeitern am Fließband oder den Lieferanten einzelner Teile lässt sich nur in einem langen und umständlichen Prozess gewinnen. Im Rahmen von Lean Production arbeiten die Designer Hand in Hand mit den Mitarbeitern der Herstellung und den Zulieferern. Es herrscht ein ständiger wechselseitiger Austausch. Hindernisse können unmittelbar beseitigt und Maschinen der Praxis angepasst werden. Beim Fließbandmodell verläuft die Kommunikation nur in einer Richtung.

Historischer Abriss

Lean Production wurde von vielen Unternehmen eingeführt, ohne Größenvorteile (siehe Seite 119) zu beeinträchtigen. Japanische Autohersteller hatten Produktionsstückkosten erreicht, die weit unter denen traditionell organisierter europäischer und US-amerikanischer Hersteller mit doppeltem Produktionsvolumen lagen. Dieselben japanischen Unternehmen waren auch führend im schnellen und effizienten Design neuer Produkte – einer entscheidenden Fähigkeit in einer Welt, in der Time-to-Market ein wichtiger Wettbewerbsfaktor ist.

Laut Michael Cusumano beruht die von japanischen Autoherstellern mittels Lean Production erreichte hohe Produktivität nicht, wie manche behaupten, auf Besonderheiten der japanischen Kultur oder der japanischen Arbeiter, sondern auf Technologie und Management. Er sagt:

»Die Methoden haben Grundannahmen der Massenfertigung infrage gestellt. Sie entstanden aus Überarbeitungen US-amerikanischer und europäischer Anlagen, Produktionstechniken sowie Arbeits- und Zulieferstrategien, die meistenteils in den fünfziger und sechziger Jahren eingeführt worden waren, als das japanische Produktionsgesamtvolumen und das Modellvolumen gemessen an US-amerikanischen und europäischen Standards extrem niedrig waren.«

Lean Production wird heute in vielen Fabriken in der ganzen Welt praktiziert. Eine eindrucksvolle Erfolgsstory bietet das britische Technologieunternehmen British Aerospace. In den fünf Jahren bis Ende 1998 wies es unter allen britischen Unternehmen den besten Total Shareholder Return auf. Es erreichte dies teils durch die Abtrennung von nicht zum Kerngeschäft gehörenden Bereichen wie dem Automobilunternehmen Rover, teils durch Einführung der Lean Production, die Rover in den achtziger Jahren von den japanischen Autoherstellern übernommen hatte, in die Kernbereiche Verteidigung und Raumfahrt.

Empfohlene Lektüre

Cusumano, M., »Manufacturing Innovation: Lessons from the Japanese Auto Industry«, in: *Sloan Management Review*, Bd. 30, 1988
Womack, J., Jones, D. u. Roos, D., *Die zweite Revolution in der Autoindustrie – Konsequenzen aus der weltweiten Studie des Massachusetts Institute of Technology*, 8. durchges. Aufl., Frankfurt 1994 (Original: *The Machine that Changed the World*, New York 1990)

Leistungsbezogene Bezahlung

Leistungsbezogene Bezahlung bedeutet, dass der einzelne Beschäftigte in Bezug auf die Leistung der Organisation belohnt wird, für die er arbeitet. Der Zweck derartiger Systeme ist es, die Beschäftigten zu motivieren und ihr Streben enger mit den Zielen des Unternehmens zu verknüpfen. Die Belohnung ist häufig finanzieller Art, kann aber auch aus einem Zehn-Dollar-Gutschein von Wal-Mart oder einem Transatlantikflug mit der Concorde bestehen. Leistungsbezogene Extrazahlungen erfolgen meistens getrennt von den regulären Gehaltsüberweisungen. Damit wird dem Empfänger zu verstehen gegeben, dass es sich um variable, nicht garantierte Extrazuwendungen handelt.

Manchmal steht auch die Anhebung des Grundjahresgehalts im Bezug zur Leistung. Das kann nützlich sein, um Beschäftigte im Unternehmen zu halten, die bereits das obere Ende der Gehaltsskala in ihrem Tätigkeitsfeld erreicht haben, aber immer noch außergewöhnliche Leistung zeigen. Das ist in den heutigen abgeflachten Organisationen häufiger der Fall, wo die Aufstiegsmöglichkeiten in höhere Positionen weit beschränkter sind als in den hierarchiegeprägten Organisationen früherer Zeiten.

Leistungsbezogene Bezahlung wird insbesondere im Hinblick auf das Management praktiziert. Techniker, Bürokräfte und Fabrikarbeiter profitieren seltener davon, obwohl sich deren Leistung im Prinzip leichter messen lässt. Solche Belohnungssysteme finanzieren sich in der Regel selbst: Die Leistungsverbesserungen wiegen die Belohnungen mehr als auf.

Geschickt konzipierte Systeme haben den Vorteil, dass sie die Leute motivieren (über die finanzielle Belohnung und die Anerkennung, die damit verknüpft ist) und sie gerechter belohnen. Der motivierende Effekt kommt aber nur dann maximal zur Geltung, wenn der einzelne Beschäftigte einen klaren Zusammenhang zwischen seiner persönlichen Leistung und der erhaltenen Belohnung erkennen kann.

Kritiker argumentieren, dass Geld nicht zu den wichtigsten Motivationsfaktoren am Arbeitsplatz gehöre. Sie zitieren Frederick Herzberg, der die Arbeit selbst als wahre Motivationsquelle betrachtet, und verweisen auf Studien, in denen die befragten Beschäftigten die Bezahlung lediglich als fünftwichtigsten Motivationsfaktor nannten.

Leistungsbezogene Bezahlung hat eine Reihe weiterer Nachteile: Häufig ist es schwierig, Leistung objektiv und fair zu messen, ohne dabei die individuelle Anstrengung gegenüber der Teamarbeit übermäßig zu betonen. Zudem ist es unter Umständen schwer, einen geeigneten Zeitrahmen zu bestimmen. Ist dieser zu kurz, dann wird möglicherweise eine Leistung belohnt, die für die Organisation insgesamt nicht optimal ist; ist er zu lang, dann vermindert sich möglicherweise der Motivationseffekt. Unzureichend gestaltete Systeme können mit anderen Verbesserungsprogrammen kollidieren. Ein Unternehmen konstatierte beispielsweise anlässlich des Versuchs, ein Just-in-Time-System (siehe Seite 137) einzuführen, eine mangelnde Bereitschaft der Mitarbeiter, an den notwendigen Schulungsveranstaltungen teilzunehmen. Der Grund: Die Schulung wirkte sich negativ auf ihre kurzfristige Produktivität und somit auch auf ihr Gehaltskonto aus.

Historischer Abriss

Leistungsbezogene Bezahlung wurde in den achtziger und neunziger Jahren immer populärer. Eine Studie fand heraus, dass es im Jahr 1989 in 44 Prozent der US-Unternehmen leistungsbezogene Bezahlungssysteme für Beschäftigte außerhalb des oberen Managements gab. Bis 1991 war die Zahl auf 51 Prozent gestiegen. Eine Studie des britischen Institute of Personnel and Development von 1998 fand heraus, dass innerhalb einer Stichprobe britischer Unternehmen 40 Prozent leistungsbezogene Bezahlungssysteme verwendeten.

In ihrem 1982 erschienenen Buch *Auf der Suche nach Spit-*

zenleistungen sprachen Tom Peters und Robert Waterman von der großen Vielfalt nichtmonetärer Anreize, die sie bei »exzellenten« Unternehmen beobachtet hatten. Exzellente Unternehmen suchten geradezu nach Entschuldigungen, um Belohnungen zu verteilen. Bei Hewlett-Packard beispielsweise stießen die Autoren auf Mitglieder eines Marketingteams, die anonym Pistazienpackungen an Verkäufer schickten, die eine neue Maschine verkauft hatten.

Aktienoptionen, die in den späten Achtzigern und frühen Neunzigern regelmäßig als Teil einer leistungsbezogenen Bezahlung angeboten wurden, verliehen dem System einen negativen Beigeschmack. Sie machten einige wenige Manager zu Multimillionären, was ebenso an der allgemeinen Börsenentwicklung wie an der individuellen Leistung der Manager und ihrer Unternehmen lag. Die vielen Mitarbeiter, die geholfen hatten, den Aktienpreis zu verbessern, gingen hingegen leer aus. Oftmals war das Ergebnis weniger statt mehr Motivation.

Im Jahr 1999 schrieb *The Economist*, die Arbeitgeber suchten nach neuen Möglichkeiten, über das Instrument der Bezahlung Motivation zu erzeugen. »Statt leistungsbezogener Bezahlung – zu formelhaft – lautet die neue Losung ›variables Gehalt‹: Boni je nach der Leistung des Einzelnen, des Teams oder des Unternehmens.«

Empfohlene Lektüre

Armstrong, M. u. Baron, A., *Performance Management*, Institute of Personnel and Development, London 1998
Greenhill, R. T., *Performance Related Pay: The Complete Guide*, 2. Aufl., Cambridge 1988
Herzberg, F., »One More Time: How Do You Motivate Your Employees?«, in: *Harvard Business Review*, Januar–Februar 1968
Levinson, H., »Appraisal of What Performance?«, in: *Harvard Business Review*, Juli–August 1976
Rappaport, A., »New Thinking on How to Link Executive Pay with Performance«, in: *Harvard Business Review*, März–April 1999

Leitungsspanne

Die Leitungsspanne ist die Zahl der Mitarbeiter, die von einem Manager effektiv gemanagt werden kann. Einst vermutete man, es gäbe eine Art natürliche Leitungsspanne, die mit der grundsätzlichen Kapazität des Menschen zusammenhinge. Eifrige Forscher ließen sich von der Vorstellung beflügeln, die einmal gefundene Zahl würde den Schlüssel zum perfekten Unternehmen liefern. Organisationen könnten dann ein für allemal nach einem festen und idealen Plan strukturiert werden. Mit den Jahren gab es jedoch so viele verschiedene Vorstellungen von der optimalen Größe der Leitungsspanne, dass die Frage mittlerweile als unlösbar gelten muss.

Die ideale Spanne hängt zum Teil von der Art der betreffenden Tätigkeit ab. Bei Handwerkern ist die Zahl mitunter sehr klein, denn dort ist ein hohes Maß an Kontrolle notwendig. Im Bereich der Massenproduktion kann die Leitungsspanne zehnmal größer sein, weil jeder Beschäftigte eine klar definierte Tätigkeit zu verrichten hat, für die er kaum regelmäßige Aufsicht braucht.

Die Leitungsspanne lässt sich gezielt vergrößern, indem man den Beschäftigten mehr Autonomie gibt und sie stärker befähigt, sich selbst zu managen. Sie kann auch dadurch vergrößert werden, dass man mehr Regeln aufstellt und den Freiraum der Mitarbeiter einschränkt, sodass sie weniger Fehler machen können. Eine Vergrößerung der Leitungsspanne führt zu einer exponentiellen Zunahme der Beziehungen unter den Beschäftigten in einer Managementeinheit. Nach einer Zählweise, die auf V. A. Graicunas zurückgeht, haben wir beispielsweise bei einem Manager und sechs Mitarbeitern 222 Beziehungen zwischen den sieben Beteiligten; ein Manager und 16 Mitarbeiter ergeben bereits über 500 000 Beziehungen. Das erfordert schon erhebliche Managementkünste.

Im Allgemeinen ist die Organisationsstufe eines Unternehmens desto höher, je kleiner die Leitungsspanne ist. Der Grund dafür ist, dass diejenigen an der Spitze nicht nur für die Mitarbeiter verantwortlich sind, die ihnen direkt unterstellt sind, sondern auch (indirekt) für die unteren Mitarbeiter ihrer Untergebenen.

Das Gehalt der Manager richtete sich in der Vergangenheit in der Regel nach der Zahl der Mitarbeiter, die unter ihre Leitungsspanne fielen. Um zu einer besseren Belohnung zu kommen, mussten sie die Pyramide auf der Unternehmensleiter emporklettern. In den flacheren Organisationen des 20. Jahrhunderts musste diese Gehaltsstruktur überdacht werden.

Historischer Abriss

Bereits zu Anfang des 19. Jahrhunderts experimentierte Eli Whitney damit, den Managern seiner Gewehrfabrik in den Vereinigten Staaten unterschiedliche Leitungsspannen zu geben. Rund 200 Jahre danach dauern die Experimente immer noch an. Die Vorstellungen von der idealen Leitungsspanne haben sich im Lauf der Zeit ebenso gewandelt wie die Konzepte zur Unternehmensstruktur selbst. Während der ersten 60 Jahre des 20. Jahrhunderts bevorzugten die Manager ein System von Befehl und Gehorsam nach militärischem Vorbild. Die Bosse hatten ihre Untergebenen streng zu überwachen, sodass die ideale Leitungsspanne niemals groß sein konnte. Es bildete sich ein Konsens um die Zahl sechs heraus. Das entsprach einer steilen Pyramide mit vielen Managementebenen, bei der auf jeden Manager jeweils sechs Untergebene kamen. Da die Leitungsspanne und die Zahl der Hierarchieebenen in einem Unternehmen miteinander zusammenhängen, erzeugt eine kleine Leitungsspanne ein hohes Unternehmen (mit vielen Ebenen), während eine große Leitungsspanne eine flachere Struktur ermöglicht.

Nach 1960 begannen sich die Managementstile jedoch zu verändern, und die Methoden von Befehl und Gehorsam galten zunehmend als ineffizient. Flachere, weniger hierarchisch und lockerer strukturierte Organisationen führten zu größeren Leitungsspannen (siehe auch Hierarchieabbau, Seite 125). Diesmal lag der Konsens bezüglich der idealen Leitungsspanne irgendwo zwischen 15 und 25. Weit verbreitet war auch die Auffassung, dass eine große Organisation mit maximal fünf Hierarchieebenen effizient funktionieren könne.

Die Entstehung virtueller Organisationen (siehe Seite 326) veranlasste die Manager erneut, über das Konzept nachzudenken. In einer virtuellen Organisation gibt es wenig direkte Kontrolle. Die Mitarbeiter arbeiten zunehmend als unabhängige und selbständige Einheiten, entweder als Individuen oder in kleinen Teams. Sie haben Zugang zu (elektronischen) Daten, die die Grenzen ihrer Autonomie abstecken, ihnen aber gleichzeitig erlauben, innerhalb dieser Grenzen völlig frei zu agieren. In einer solchen Situation kann eine Leitungsspanne sehr groß sein. Man kann sogar kaum noch von einer Leitungsspanne sprechen, es handelt sich eher um ein Bündel loser Verknüpfungen und Allianzen.

Lernende Organisation

Die Idee von der Organisation als lebendigem, lernendem Gebilde wurde erstmals von Chris Argyris und Donald Schön in ihrem 1978 erschienenen Buch *Organizational Learning* vorgestellt. Aus dem Lernen der Mitarbeiter innerhalb einer Organisation wird das Lernen der Organisation selbst. Die Veränderungen im Verhalten der Menschen spiegeln sich in veränderten formellen und informellen Regeln wider, die das Organisationsverhalten bestimmen.

Als lernende Organisation beschreibt Peter Senge in *Die fünfte Disziplin*, dem Buch, das die Idee schließlich populär gemacht hat, »eine Organisation, die ununterbrochen ihre Fähigkeit erweitert, die eigene Zukunft zu gestalten«: Sie lernt ständig neue Methoden hinzu, während sie gleichzeitig (notgedrungen) alte Methoden verlernt und vergisst.

Die Organisationen bilden Senge zufolge eine Menge miteinander verknüpfter Untersysteme, sodass jede in einem Bereich getroffene Entscheidung Auswirkungen auf die anderen Bereiche hat. Die Manager müssen sich deshalb der Komplexität der Organisationen bewusst stellen, anstatt im Sinn des für die westlichen Kulturen charakteristischen »Reduktionismus« auf komplexe Fragen stets einfache Antworten zu suchen. Laut Senge sollte zwischen den Mitarbeitern einer Organisation ein aggressionsfreier Dialog geführt werden, in welchem sich jeder Beteiligte mit den Sichtweisen der anderen vertraut macht. Auf dieser Grundlage kann ein Lernprozess stattfinden und schließlich eine Art von Konsens erreicht werden.

Die Idee von der lernenden Organisation wurde in etwas anderer Form auch von Arie de Geus entwickelt, einem Holländer, der 38 Jahre lang für Royal Dutch Shell arbeitete, bevor er Visiting Fellow an der London Business School wurde. Ausgangspunkt war dessen Modell vom Unternehmen als einem lebendigen Wesen: Ebenso wie andere lebende Organismen existieren Unternehmen, um zu überleben und ihr Potenzial zu entfalten. Dazu müssen sich die Organismen jedoch ständig ihrer Umgebung anpassen. Die Unternehmen bilden davon keine Ausnahme. Sie müssen zu lernenden Organisationen werden, die sich verändern und sich an das veränderliche Geschäftsumfeld anpassen.

Aus der Vorstellung vom Unternehmen als einem lebenden Organismus ergibt sich eine Reihe radikaler Konsequenzen. Anders als tote Gegenstände haben lebende Gebilde in den meisten Fällen einen Charakter und wollen und können wählen. Unternehmen sind insbesondere:

- gewinnorientiert,
- ihrer selbst bewusst – sie wissen, wer Mitglied des Unternehmens ist (eine Tochtergesellschaft) und wer nicht (ein Zulieferer), auch Anteilseigner sind keine Mitglieder des lebenden Unternehmens, sondern externe Beteiligte, ähnlich wie auch Gewerkschaften und Kunden,
- krankheitsanfällig – so kann beispielsweise die Androhung einer Übernahme die Gesundheit eines Unternehmens schädigen,
- sterblich – ihre Tage sind gezählt.

Die Arbeiten de Geus' haben das Interesse der Geschäftswelt an der Ökologie und dem Studium der Zusammenhänge zwischen Organismen und deren Umfeld gestärkt. Lebende Unternehmen kennen ebenso wie Organismen den Konflikt zwischen langfristiger Entwicklung und kurzfristigem Gewinn.

Historischer Abriss

Peter Senge, der Director des Center for Organizational Learning an der MIT Sloan School of Management, hat untersucht, wie Firmen und Organisationen in einer zunehmend komplexen und sich rasch verändernden Welt adaptive Fähigkeiten entwickeln. Senges Botschaft lautet, dass die (individuelle und kollektive)

Lernfähigkeit darüber entscheidet, ob eine Organisation im Wettbewerb bestehen kann. Die Technologie des Informationszeitalters bewirkt jedoch einen radikalen Wandel in der Art, wie dieses Lernen stattfindet, und die Unternehmen müssen sich darüber klar werden, was daraus für ihre eigenen Lernprozesse folgt. Hier ist fast immer eine radikale Umstrukturierung erforderlich.

Laut de Geus tun sich die Unternehmen gerade mit diesem Anpassungsprozess schwer. Die meisten Unternehmen haben eine kurze Lebenserwartung. Jedes Jahr werden Tausende und Abertausende gegründet beziehungsweise liquidiert. Selbst große, dem Anschein nach erfolgreiche Organisationen haben de Geus zufolge Schwierigkeiten, sich der Entwicklung anzupassen.

Royal Dutch Shell existiert seit gut 100 Jahren, und es gibt weltweit nur etwa 40 Großunternehmen, die noch älter sind. Im Prinzip können Unternehmen jedoch Jahrhunderte alt werden. In Großbritannien gibt es einen Unternehmensclub, in dem nur Unternehmen Mitglied werden können, die älter als 300 Jahre sind. Die schwedische Gruppe Stora begann vor sieben Jahrhunderten als Kupferhütte, und Takatoshi Mitsui, der Gründer eines Tuchgeschäfts, starb im Jahr 1694. Sein Unternehmen hat seitdem allerlei Abenteuer durchgemacht, aber die Mitsui-Gruppe ist immer noch höchst lebendig.

Ein gutes Beispiel für gelungene Anpassung ist das finnische Unternehmen Nokia. Bis vor ein paar Jahren war es in der Holzverarbeitung tätig und produzierte Papier und Zellstoff. Es war jedoch scharfsichtig genug, um zu erkennen, dass der Branche schwere Zeiten und Überkapazitäten bevorstanden. Irgendwie ahnte man bei Nokia, dass Mobiltelefone die Wachstumsbranche der Zukunft werden könnten, und sattelte um. Heute ist es der größte Mobiltelefonhersteller der Welt und einer der erfolgreichsten Wertschöpfer der neunziger Jahre.

Der Fall von Nokia untermauert die Darwin'sche Sicht von Organisationen, wie sie in den frühen Neunzigern populär war. Danach müssen die Organisationen lernfähig sein, wenn sie in einer Welt überleben wollen, die nach dem Prinzip des »survival of the fittest« funktioniert. Fehlschläge liefern hierbei die Informationen, die von anderen dazu verwendet werden können, ihre Vorgehensweise zu korrigieren.

Empfohlene Lektüre

Argyris, C. u. Schön, D. A., *Organizational Learning: A Theory of Action and Perspective*, Reading, Mass. 1978

Argyris, C. u. Schön, D. A., *Die Lernende Organisation – Grundlagen, Methode, Praxis*, Stuttgart 1999 (Original: *Organizational Learning II: Theory, Method and Practice*, Reading, Mass. 1999)

De Geus, A., Jenseits der Ökonomie, Stuttgart 1998 (engl.: *The Living Company*, Boston 1997)

De Geus, A., »The Living Company«, in: *Harvard Business Review*, März–April 1997

Senge, P. M.,: *Die fünfte Disziplin. Kunst und Praxis der lernenden Organisation*, 7. Aufl., Stuttgart 1999 (Original: *The Fifth Discipline*, New York 1990)

Management by Objectives

Die Idee des Management by Objectives (MBO), die von Peter Drucker umrissen und von seinem Schüler George Odiorne entwickelt wurde, war in den sechziger und siebziger Jahren populär. In seinem 1954 erschienenen Buch *Die Praxis des Management* zählte Drucker einige wichtige Eigenschaften des Managers der Zukunft auf. Der oberste Punkt der Liste lautete, dass Manager sich »klare Ziele stecken müssen«. Druckers Biograph, John Tarrant, berichtete 1976, Drucker habe eigenen Angaben zufolge den Begriff MBO zum ersten Mal aus dem Munde Alfred Sloans, des Autors von *Meine Jahre mit General Motors*, gehört.

Im Rückblick mag es uns selbstverständlich erscheinen, dass Manager ein Ziel benötigen, bevor sie sich auf die Reise begeben. Damals aber kam die Aussage vielen wie eine Erleuchtung vor. Bei Odiorne lesen wir:

»Drucker war die mahnende Stimme des gesunden Menschenverstands. In den Business Schools beschäftigt man sich bis heute damit, mathematische Modelle zu berechnen und den Augenabstand der Manager zu vermessen, aber Drucker hat sich immer für das interessiert, was die Manager wirklich tun.«

Der Grund, warum die Manager ihre Ziele aus den Augen verlieren, ist Ordione zufolge die so genannte Aktivitätsfalle: Sie sind so sehr mit ihren gegenwärtigen Aktivitäten beschäftigt, dass sie ihr ursprüngliches Ziel vergessen. Mitunter tauchen sie in diese Aktivitäten ein, um der unbequemen Wahrheit über den Zustand ihrer Organisation aus dem Weg zu gehen.

In der Folgezeit erschien eine umfangreiche Literatur zum Thema Management by Objectives (im Deutschen auch bekannt als »Führen durch Zielvereinbarung«), wovon vieles damals bereits ebenso unlesbar war wie heute. Selbst die Manager der kleinsten Geschäftseinheiten sollten die Prinzipien des MBO befolgen: Bestimme zuerst die Ziele des Unternehmens, plane sodann, wie sich diese Ziele effizient erreichen lassen, und implementiere schließlich diesen Plan mithilfe von Zielvereinbarungen mit den Beteiligten.

MBO verlangte, dass der Planungsprozess, der traditionell einigen hochrangigen Managern oblag, alle Mitglieder der Organisation einbeziehen sollte. Wenn sich dann schließlich ein Plan herausschälte, hatte er die Zustimmung aller Beteiligten. Während der Implementierungsphase erfordert MBO, dass eine Reihe von Leistungsparametern beobachtet wurde, um zu gewährleisten, dass sich die Organisation auf die anvisierten Ziele zubewegte. Wenn diese Parameter anzeigten, dass die Richtung nicht mehr stimmte, musste der Plan geändert werden.

Zu den fruchtbareren Resultaten der MBO-Literatur gehörte ein Katalog von Zielkriterien, der binnen kurzem allgemeine Verbreitung fand. Er ist durch sein Akronym bekannt: Ziele, heißt es, müssen SMART sein:

- spezifisch,
- messbar,
- akzeptabel,
- realistisch,
- terminorientiert.

Ein Kritiker gab zu bedenken, dass MBO die Organisationen dazu verführe, ständig an ihren Plänen herumzulaborieren, sobald sie von dem einmal gesetzten Ziel abzuweichen schienen. Das war häufig kontraproduktiv, und viele Unternehmen zogen mit der Zeit die vagen allgemeinen Ziele eines Mission Statement (siehe Seite 204) den vom MBO geforderten festen und inflexiblen Zielen vor.

Nach einiger Zeit spielte Drucker selbst die Bedeutung des MBO herunter. »MBO«, sagte er, »ist lediglich ein Instrument unter vielen. Es ist nicht das Allheilmittel gegen ineffizientes Management ... Management by Objectives funktioniert, wenn die Ziele bekannt sind. In 90 Prozent der Fälle trifft das jedoch nicht zu.« Druckers zentrales Anliegen war es, darauf hinzuweisen, dass Management alldurchdringend sein muss und in erste Linie eine menschliche und keine mechanische oder ökonomische Tätigkeit ist. Noch immer wird dieser menschliche Aspekt allzu häufig übersehen.

Historischer Abriss

Die Idee des Management by Objectives erlebte eine Blütezeit, nachdem sie zu einem integralen Bestandteil des »HP Way« erklärt wurde, dem viel gepriesenen Managementstil des Computerunternehmens Hewlett-Packard (neben anderen Bestandteilen wie dem Management by Walking Around, siehe Seite 182). Auf jeder Ebene von Hewlett-Packard mussten die Manager Ziele entwickeln und mit den Zielen der anderen Manager und des Gesamtunternehmens abstimmen. Zu diesem Zweck wurden schriftliche Pläne entworfen, die zeigten, was nötig war, um diese Maßgaben zu erreichen. Die Pläne wurden dann gemeinsam besprochen und koordiniert.

Dave Packard, einer der beiden Gründer von Hewlett Packard, sagte über MBO:

»Keine andere Methode hat mehr zu dem Erfolg von Hewlett-Packard beigetragen ... MBO ... ist die Antithese zum Management by Control. Letzteres bezieht sich auf ein straff kontrolliertes, militärähnliches Managementsystem ... Management by Objectives dagegen bezieht sich auf ein System mit klar formulierten und von allen geteilten Zielen, das den Leuten die Flexibilität gibt, auf diese Ziele so hinzuarbeiten, wie es ihnen in Bezug auf ihren Verantwortungsbereich am besten erscheint.«

Management by Objectives spielt heute kaum mehr eine Rolle. Seine einst weit verbreitete Abkürzung MBO steht heute für das besser bekannte Management Buy-Out, den kreditfinanzierten Aufkauf eines Unternehmens durch seine Manager.

Empfohlene Lektüre

Drucker, P., *Die Praxis des Management: Ein Leitfaden für die Führungs-Aufgaben in der modernen Wirtschaft*, 6. Aufl., München 1998 (Original: *The Practice of Management*, New York 1954)

Koontz, H., O'Donnell, C. u. Weihrich, H., *Essentials of Management*, 3. Aufl., New York 1982

Levinson, H., »Management by Whose Objectives?«, in: *Harvard Business Review*, Juli–August 1970

Odiorne, G. S., *Management mit Zielvorgaben*, München 1971 (Original: *Management by Objectives: A System of Managerial Leadership*, Belmont 1965)

Odiorne, G. S., *Management by Objectives. Führungssysteme für die achtziger Jahre*, München 1980 (Original: *MBO II: A System of Managerial Leadership for the 80s*, Belmont 1979)

Management by Walking Around

Management by Walking Around, kurz MBWA, steht für einen Managementstil, der sich folgendermaßen charakterisieren lässt:

- Die Manager nehmen sich regelmäßig die Zeit, durch ihre Abteilungen zu gehen und/oder für improvisierte Diskussionen zur Verfügung zu stehen. (MBWA geht häufig Hand in Hand mit einer Open-Door-Strategie.)
- Die Einzelpersonen bilden Netzwerke von Bekanntschaften quer durch ihre Organisationen.
- Bei Kaffee, Mittagessen oder in den Gängen bieten sich viele Gelegenheiten für einen Plausch.
- Die Manager lösen sich von ihrem Schreibtisch und suchen das Gespräch mit den einzelnen Mitarbeitern. Die Idee dabei ist, dass sie Probleme und Sorgen aus erster Hand erfahren. Gleichzeitig bringen sie den Mitarbeitern neue Methoden des Umgangs mit bestimmten Problemen bei. Die Kommunikation ist zweiseitig.

Der Amerikaner W. Edwards Deming, der den Japanern die Idee des Qualitätsmanagements näher brachte, formulierte es so:

»Wenn Sie warten, bis die Leute zu Ihnen kommen, werden Sie nur von kleinen Problemen erfahren. Sie müssen die Leute aufsuchen. Die großen Probleme verbergen sich dort, wo die Menschen sie gar nicht vermuten.«

Die Schwierigkeit von MBWA ist, dass viele Beschäftigte darin (anfangs) einen Vorwand für die Manager sehen, herumzuschnüffeln und sich unnötig einzumischen. Dieser Argwohn verfliegt in der Regel, sobald die Besuche eine gewisse Regelmäßigkeit erreicht haben und jeder ihren Nutzen erkennen kann. MBWA bewährt sich besonders in Zeiten, in denen das Unternehmen unter außergewöhnlichem Druck steht – beispielsweise nach Ankündigung einer geplanten Reorganisation. Es empfiehlt sich allerdings nicht, MBWA in einer solchen Situation erst einzuführen. Es sollte vielmehr bereits zur Gewohnheit geworden sein, bevor Probleme eintreten.

Historischer Abriss

In den späten Neunzigern war die Idee, dass Manager in ihren Organisationen die Runde machen sollten, den Beteiligten längst vertraut. In den fünfziger Jahren jedoch hatten viele Manager ihre Büros in Elfenbeintürme verwandelt, aus denen sie nur selten einen Fuß setzten. Mit den Arbeitern in den Werkhallen, die sie kaum zu Gesicht bekamen, kommunizierten sie über Erlasse. Bevor die Außenwelt zu ihnen durchdrang, wurde sie von einer Sekretärin gefiltert, die üblicherweise wie ein Wachhund vor der (in der Regel geschlossenen) Tür zu ihrem Büro saß.

Vor dem Hintergrund dieser Kultur war MBWA revolutionär. Es wurde vor allem als Bestandteil des »HP Way« bekannt, des von den beiden Gründern des Computerunternehmens Hewlett-Packard, William Hewlett und David Packard, eingeführten offenen Managementstils. Diverse Methoden des HP Way wurden in den achtziger und frühen neunziger Jahren von vielen Unternehmen überall in den USA kopiert.

Zusätzlichen Auftrieb erhielt die Idee, als Tom Peters (der Guru der Spitzenleistung, siehe Seite 270) in seinem zweiten Buch *(Leistung aus Leidenschaft)* erklärte, »managing by wandering about« sei die Basis von Führung und Spitzenleistung. Peters nannte MBWA die »Methodik des Selbstverständlichen«. Wenn Unternehmensführer und Manager ihre Runde machen, sollten laut Peters drei Dinge passieren:

- Sie sollten zuhören, was die Leute sagen.
- Sie sollen die Gelegenheit nutzen, die Werte des Unternehmens persönlich zu vermitteln.

- Sie sollten die Bereitschaft zeigen, den Leuten auf der Stelle behilflich zu sein.

Empfohlene Lektüre

Peters, T. u. Austin, N., *Leistung aus Leidenschaft: Über Management und Führung*, Hamburg 1993 (Original: *A Passion for Excellence – The Leadership Difference*, New York 1985)

Markteintritts- und Marktaustrittsbarrieren

Die Vorstellung von Barrieren, die es den Unternehmen verwehren, Märkte zu betreten oder zu verlassen, stammt aus der Volkswirtschaftslehre. Märkte stellen sich dabei als Felder dar, die von Gattern unterschiedlicher Größe und Durchlässigkeit umgeben sind. Unternehmen, die diese Märkte betreten oder verlassen wollen, müssen diese Barrieren überwinden.

Zu einem gewissen Grad können die Gatter erhöht oder gesenkt werden, und zwar nicht nur durch diejenigen, die sich innerhalb des Feldes befinden, sondern auch durch Eintrittswillige, die von außen wirken. Typische Eintrittsbarrieren sind Patente, Lizenzvereinbarungen und exklusiver Zugriff auf natürliche Ressourcen. Ein pharmazeutisches Patent beispielsweise gibt dem Inhaber für eine gewisse Zeit (in der Regel höchstens sieben Jahre) das exklusive Recht, das entsprechende Medikament herzustellen und auf einem bestimmten Markt zu vertreiben.

Auch die Größenvorteile (siehe Seite 119), die etablierte Firmen auf einem bestimmten Gebiet erzielen, können abschottend wirken. Wenn Neulinge damit rechnen müssen, so lange nicht konkurrenzfähig zu sein, bis sie selbst große Umsatzvolumen erreichen, werden sie unter Umständen abgeschreckt. Wann versuchte beispielsweise zuletzt ein Neueinsteiger, in der durch Massenproduktion gekennzeichneten Automobilherstellung Fuß zu fassen?

Barrieren können auch von Regierungen errichtet werden. Vorschriften für die Finanzdienstleistungsbranche beispielsweise sollen Gauner und Betrüger fern halten, aber natürlich unterbinden sie auch manche ehrliche Geschäftätigkeit. Bis vor kurzem durften ausländische Banken in Großbritannien nur aktiv werden, wenn sie ein Büro in unmittelbarer Nachbarschaft der Bank of England, der damaligen Regulierungsinstanz der Branche, unterhielten. Selbstverständlich gehörten die Immobilienpreise in der »Square Mile« der City of London zu den weltweit höchsten und dienten somit als Eintrittsbarriere.

Unternehmen, die sich in einem bestimmten Feld oder Markt etabliert haben, sind möglicherweise versucht, sich mittels einer Erhöhung der Barrieren gegen Eindringlinge zu schützen. Zu diesem Zweck können sie zum Beispiel ihre Preise senken, um es Neueinsteigern zu erschweren, mit ihnen zu konkurrieren. Zudem fällt den eingesessenen Unternehmen in der Regel eine Preissenkung nicht schwer, da das Preisniveau aufgrund der bestehenden Barrieren tendenziell über dem Niveau des freien Marktes liegt.

Monopole entstehen, wo die Eintrittsbarrieren unüberwindbar sind. Gäbe es keine (oder lediglich niedrige) Barrieren, würden andere Unternehmen in den Monopolmarkt eintreten und an den Monopolgewinnen teilhaben. Definitionsgemäß hätten wir es dann nicht länger mit Monopolmärkten zu tun.

Austrittsbarrieren erschweren es einem Unternehmen, ein bestimmtes Geschäftsfeld zu verlassen. Hierbei kann es sich um die Kosten für die Entlassung von Mitarbeitern oder um vertragliche Verpflichtungen wie Mietzahlungen handeln. Für die klassischen Großbanken mit zahlreichen Beschäftigten und einem breiten Filialnetz ist der Rückzug aus den traditionellen Bankaktivitäten beispielsweise mit beträchtlichen Barrieren verbunden.

Paradoxerweise errichten die Unternehmen gelegentlich aus freien Stücken Barrieren, die sie selbst am Rückzug aus einem bestimmten Markt hindern. Das kann Bestandteil eines Planes sein, mit dem Wettbewerbern die eigene Entschlossenheit signalisiert werden soll, an dem Markt festzuhalten und so schnell nicht zu weichen.

Eine weitere Variante sind Mobilitätsbarrieren, die ein Unternehmen daran hindern, von einer Branche in die andere (oder, wie Michael Porter es in seinem erstmals 1980 erschienenen Buch *Wettbewerbsstrategie* formulierte, »von einer strategischen Position zur anderen«) zu wechseln. Britische Supermarktketten beispielsweise können selbst nicht in das Bankgeschäft einsteigen. Sie müssen eine Partnerschaft mit einer bestehenden eingetragenen Bank eingehen, weil die staatlichen Vorschriften es untersagen, dass ein und dasselbe Unternehmen Kredite und Waschpulver verkauft. Die Supermärkte können sich auch nicht so einfach in Onlineanbieter verwandeln. Das liegt nicht zuletzt daran, dass sie gewaltige Land- und Immobilienvermögen mit sich herumschleppen.

Historischer Abriss

Ältere Vorstellungen von Eintrittsbarrieren erfuhren durch die Entwicklung des elektronischen Handels (E-Commerce, siehe Seite 75) eine Wendung: Das Internet versetzt die Unternehmen mitunter in die Lage, traditionelle Barrieren auf eine Weise zu überwinden, wie dies nie zuvor möglich war. Größenvorteile beispielsweise spielen in der Welt des E-Commerce eine weit geringere Rolle.

In den achtziger und neunziger Jahren versuchten um den freien Markt besorgte Regierungen, die Eintrittsbarrieren zu Branchen wie dem Flugverkehr oder dem Aktienhandel mit einer Welle von Vorschriften zu senken. Der Erfolg dieser Maßnahmen war jedoch gering. Eine Untersuchung des General Accounting Office der US-Regierung zur Situation der Flugverkehrsbranche beispielsweise verdeutlicht, auf welche Weise Barrieren fest in deren Struktur eingeflochten sind:

- Drei Faktoren – Begrenzungen der Abflugs- und Landeslots auf bestimmten wichtigen Flughäfen, die in Langzeitverträgen festgeschriebene Exklusivnutzung von Flughafengates durch einzelne Fluggesellschaften sowie das Verbot von Flügen unterhalb einer gewissen Reichweite – versperren neuen Fluggesellschaften nach wie vor den Zugang zu den Flughäfen.
- Die Marketingstrategien der etablierten Fluggesellschaften – beispielsweise Provisionen für Reiseagenturen, Vielfliegerprogramme, eigene elektronische Reservierungssysteme sowie Partnerschaften mit lokalen Fluggesellschaften – machen es anderen Anbietern extrem schwer, Kundschaft anzuziehen.

Empfohlene Lektüre

Geroski, P., Gilbert, R. u. Jacquemin, A., »Barriers to Entry and Strategic Competition«, in: Lesourne, J. u. Sonnenschein, H. (Hg.), *Fundamentals of Pure and Applied Economics*, (»Theory of the Firm and Industrial Organization«, Bd. 41), New York 1990

Karakaya, F. u. Stahl, M. J., *Entry Barriers and Market Entry Decisions*, New York 1991

Porter, M., *Wettbewerbsstrategie. Methode zur Analyse von Branchen und Konkurrenten*, 10. durchges. u. erw. Aufl., Frankfurt 1999 (Original: *Competitive Strategy – Techniques for Analyzing Industries and Competitors*, New York 1980)

Marktsegmentierung

Segmentierung bezeichnet die Zerlegung eines Marktes für bestimmte Produkte oder Dienstleistungen in eine Anzahl verschiedener Segmente. Zu den Segmenten des Marktes für Videokameras gehört beispielsweise die Gruppe der Eltern von neugeborenen Babys. Ein anderes Segment ist die Gruppe der Menschen, die ihre in der Ferne lebenden Verwandten besuchen. Sobald ein Anbieter die verschiedenen Segmente seines Marktes identifiziert hat, kann er seine Vermarktungs- und Werbeanstrengungen gezielter und gewinnbringender auf diese Segmente ausrichten. Die unterschiedlichen Segmente lassen sich jeweils über bestimmte Kanäle erreichen: die Eltern Neugeborener beispielsweise über speziell für sie gestaltete Zeitschriften oder über Kinderkliniken. Die Berieselung eines nicht weiter differenzierten Publikums mit den Botschaften einer Marke oder eines Produkts ist nicht immer die effektivste Methode.

Jedes Marktsegment steht für eine Gruppe potenzieller Kunden mit gemeinsamen Eigenschaften. In den Endverbrauchermärkten basiert eine Segmentierung in der Regel auf folgenden Kriterien:

- **Demographische Faktoren:** Geschlecht, Alter, Familiengröße und andere.
- **Geographie:** In den meisten Ländern gibt es deutliche Unterschiede zwischen den Verbrauchergewohnheiten in den einzelnen Regionen. Der Weingenuss beispielsweise ist im Norden Englands ein anderer als im Süden.
- **Soziale Faktoren:** Die klassische Segmentierung, die sich nach Einkommen und Beruf richtet, erweist sich als immer weniger sinnvoll. Es gibt viele extrem reiche Menschen, die nicht viel Geld ausgeben, und andersherum. Das Augenmerk richtet sich stattdessen auf den Lebensstil. Gegen Ende des 20. Jahrhun-

derts waren die Vermarkter eher daran interessiert, ihre Kunden nach ihrer jeweiligen »Generation« zu kategorisieren als nach ihrem Bankkonto.

Business-to-Business-Märkte sind seit jeher schwerer zu segmentieren als Endkundenmärkte. Die Unternehmen haben Mühe, sinnvolle Kriterien für die Kategorisierung ihrer Kundenfirmen aufzustellen. Eignen sich Größe, Branche oder Geographie? Der Computerhersteller Hewlett-Packard teilt seine großen Industriekunden nach ihrem Einkaufsvolumen und der Komplexität ihrer Systeme in fünf Kategorien auf:

- Großes Budget und komplexe Systeme.
- Kleines Budget und komplexe Systeme, Vergrößerung des Budgets möglich.
- Großes Budget und einfache Systeme.
- Kleines Budget und komplexe Systeme, Vergrößerung des Budgets nicht möglich, wie etwa bei kleinen Hightech-Unternehmen.
- Kleines Budget und einfache Systeme.

Historischer Abriss

Die Idee der Segmentierung hatte ihre Blütezeit in den Sechzigern und Siebzigern. Sie war eine Reaktion auf die Massenvermarktungsmethoden, wie Henry Ford sie eingeführt hatte, als er über sein T-Modell sagte, die Kunden könnten es grundsätzlich »in jeder Farbe haben – solange sie schwarz ist«.

Viele der verwendeten Klassifizierungen erweisen sich aber zunehmend als wenig nützlich. Es stellt sich heraus, dass die Angehörigen der Babyboomer-Generation kaum etwas gemeinsam haben außer der sie definierenden Eigenschaft: ein Geburtsdatum in den Jahren unmittelbar nach dem Zweiten Weltkrieg. Wie der Unternehmensberater John Forsyth 1999 in *McKinsey Quarterly* schrieb: »Leider sind die einfachen Fälle selten, in denen es den Vermarktern gelingt, sinnvolle Kundengruppen zu definieren und zu identifizieren.«

In den Neunzigern gab es eine Gegenbewegung zu der Tendenz, immer präzisere und speziellere Segmente zu identifizieren. Der Ölkonzern Mobil beispielsweise fand heraus, dass nur 20 Prozent der Treibstoffkunden auf den Preis schauten. Aber anstatt diese Gruppe zu identifizieren und ihr besondere Angebote zu machen, konzentrierte sich das Unternehmen auf die übrigen 80 Prozent und versuchte nicht länger, Kunden mit Niedrigpreisen an die Zapfsäulen zu locken. Eigenen Angaben zufolge verdiente das Unternehmen auf diese Weise zusätzliche 118 Millionen US-Dollar.

Die zunehmende Verbreitung des Internets eröffnet neue Möglichkeiten der Segmentierung. Hier lassen sich kontinuierlich Daten über das Kundenverhalten gewinnen. Die Kunden offenbaren ihre Präferenzen durch ihre elektronische Teilnahme an bestimmten Interessengruppen und durch ihr allgemeines Onlineverhalten. Für die Vermarkter bietet sich hier die Möglichkeit des individualisierten Marktes, des gesonderten Marktes für jeden einzelnen Kunden. Ein individueller Markt ist natürlich zugleich ein individuelles Segment.

Der letzte Schritt der Segmentierung besteht schließlich darin, nicht nur den einzelnen Kunden als solchen, sondern den einzelnen Kunden zu bestimmten Zeiten anzusprechen. Wer von einer bestimmten Sorte Müsli alle 22 bis 23 Tage eine Packung verbraucht, wird am 20. Tag nach dem Frühstück daran erinnert, Nachschub zu kaufen – nicht früher und nicht später.

Empfohlene Lektüre

Forsyth, J. u. a., »A Segmentation You Can Act on«, in: *McKinsey Quarterly*, Nr. 3, 1999
Shapiro, P. B. u. Bonoma, T. V., »How to Segment Industrial Markets«, in: *Harvard Business Review*, Januar–Februar 1984

Mass Customization

Mass Customization ist die Bezeichnung für einen Herstellungsprozess, der Elemente der Massenfertigung mit traditionellen Attributen des Handwerks verbindet. Die Produkte werden an die individuellen Wünsche des Kunden angepasst. Bei der Mass Customization sind keine zwei Teile gleich.

Mass Customization verwendet einige Techniken der Massenfertigung; ihr Herstellungsprozess basiert auf einer beschränkten Zahl von Plattformen oder Grundkomponenten, auf denen die Produkte aufbauen. Im Fall einer Armbanduhr bildet der interne Mechanismus eine Plattform, die in späteren Stadien der Herstellung durch eine Vielzahl von individuellen Optionen erweitert werden kann. Dem Käufer der Swatch bieten sich Tausende verschiedener Optionen, was zum Beispiel Farbe, Armband, Zifferblatt betrifft. Aber alle basieren auf einigen wenigen chronometrischen Mechanismen. Ähnliches gilt zunehmend für Autos. Der Smart (der denselben Prinzipien wie die Swatch-Uhr folgt) ist ein offensichtliches Beispiel. Aber selbst ein traditioneller Massenhersteller wie BMW kann damit prahlen, dass keine zwei Exemplare seiner neuen Modelle identisch sind.

Mass Customization wurde möglich durch den Einsatz der Informationstechnologie. Der Jeanshersteller Levi Strauss, der sich mit seinem 1994 entwickelten Personal-Pair-Programm als Pionier der Mass Customization hervortat, bietet in seinen Filialen an, die Körpermaße der Kunden zu ermitteln und in die Fabrik weiterzuleiten. Die Jeans werden dort dann elektronisch maßgeschneidert und den Kunden zugeschickt.

Das Internet hat die Möglichkeiten der Mass Customization stark erweitert. Das Unternehmen Dell Computer beispielsweise errang seine führende Position auf dem PC-Markt, indem es den Kunden anbot, sich den eigenen Computer online selbst zusammenzustellen. Das Unternehmen baut die gewünschten Teile dann unmittelbar vor dem Versand zusammen. Auch Ford ermöglicht den Kunden, ein Auto aus einer Reihe von Onlineoptionen zu kombinieren.

Wenn sich Unternehmen mit der Einführung von Mass Customization schwer tun, dann hauptsächlich aus zwei Gründen:

- Sie versäumen es, die Dimensionen, in denen die Kunden ihren Einkauf individualisieren können, klar zu definieren. Die Folgen sind unnötige Kosten und Komplikationen. Dell Computer und Swatch lassen ihren Kunden keine unbegrenzte Freiheit. Sie versuchen nicht, es ihren Kunden in jeder Hinsicht recht zu machen. Die Kunden haben es im Allgemeinen lieber, wenn man ihnen klare Grenzen vorgibt, innerhalb deren sie frei bestimmen können. Erfolgreiche Mass Customizer erforschen zuerst, mit welchen Grenzen ihre Kunden gut leben können, und stellen sich anschließend darauf ein. Diese Nähe zum Kunden ermöglicht es diesen Unternehmen, auf Veränderungen im Kundengeschmack schnell zu reagieren.

- Sie versäumen es, ihre Produktion von einem System eng miteinander verwobener Prozesse, wie es sich für die Massenfertigung eignet, auf ein System locker miteinander verknüpfter autonomer Einheiten umzustellen, das sich entsprechend den wechselnden Kundenwünschen konfigurieren lässt. Wie Joseph Pine, ein bekannter Autor zu diesem Thema, formuliert: »Mass Customization bedeutet, dass die Unternehmen niemals wissen, was die Kunden als Nächstes wünschen. Sie können lediglich versuchen, sich immer besser auf potenzielle Bestellungen vorzubereiten.«

Eine andere Gefahr besteht darin, dass Mass Customization Kunden von anderen, rentableren Umsatzfeldern abzieht. Ein kalifornisches Unternehmen beispielsweise richtete in seinen Geschäftsräumen Kabinen ein, in denen sich die Kunden Audiokassetten mit Aufnahmen diverser Künstler zusammenstellen konnten. Dieses Angebot stellte sich bald als so attraktiv heraus, dass der Umsatz im Bereich traditioneller Audiokassetten und CDs merklich zurückging.

Historischer Abriss

Die Idee der Mass Customization wurde in den achtziger und neunziger Jahren populär, als die Kunden zunehmend die Bereitschaft zeigten, Geld für Dinge auszugeben, die sich von den Standardprodukten und -dienstleistungen unterschieden. Joseph Pine entwickelte die Idee einen Schritt weiter. In *Erlebniskauf* vertritt er die These, dass wir uns an der Schwelle zur »Experience Economy« befinden, einem neuen ökonomischen Zeitalter, in welchem die Unternehmen ihren Kunden einprägsame Erlebnisinhalte bieten müssen. Demnach wird es in Zukunft nicht reichen, lediglich Produkte und Dienstleistungen feilzubieten, mögen sie auch noch so individualisiert sein. Zu den Pionieren in Sachen Experience Economy gehören die Starbucks Kaffeebars. Aufgrund der Qualität des Gesamterlebnisses kann die Kette für ihre Produkte einen guten Preis verlangen.

Empfohlene Lektüre

Pine, B. J. u. Gilmore, J. H., »The Four Faces of Mass Customization«, in: *Harvard Business Review*, Januar–Februar 1997
Pine, B. J., *Maßgeschneiderte Massenfertigung. Neue Dimensionen im Wettbewerb*, Wien 1994 (Original: *Mass Customization: The New Frontier in Business Competition*, Boston 1999)
Pine, B. J. u. Gilmore, J. H., *Erlebniskauf. Konsum als Ereignis, Business als Bühne, Arbeit als Theater*, München 2000 (Original: *Every Business a Stage*, Boston 1999)

Massenfertigung

Massenfertigung bedeutet, dass Waren in Massen (und für die Massen) produziert werden, wobei die Initiative von den Konsumenten auf die Hersteller übergeht. Bevor die Methoden der Massenfertigung aufkamen, hatten die Hersteller auf Bestellung produziert. Sie produzierten in der Regel keine Waren, von denen sie lediglich hofften, sie zu einem späteren Zeitpunkt verkaufen zu können. Vielmehr stellten sie sie her, sobald sie wussten, dass sie einen Abnehmer hatten. In elisabethanischer Zeit waren die Läden nicht mit Waren vollgestopft, die auf Käufer warteten. Sie waren voll von Handwerkern, die darauf warteten, Bestellungen auszuführen. Massenfertigung hingegen bedeutet, dass die Hersteller in großen Mengen Waren produzieren, für die sie noch keine Bestellung haben. Die Unsicherheit, diese später tatsächlich verkaufen zu können, ist der Preis für die im Herstellungsprozess erreichten Größenvorteile (siehe Seite 119).

Massenfertigung basiert auf den Prinzipien der Spezialisierung und der Arbeitsteilung, wie sie erstmals 1776 von Adam Smith in *Der Wohlstand der Nationen* beschrieben und im letzten Jahrzehnt des 18. Jahrhunderts in Unternehmen wie Eli Whitneys Gewehrfabrik praktiziert wurden. Bei der Massenfertigung werden hoch spezialisierte Arbeitskräfte gebraucht, um das Produkt und die Fertigungssysteme zu entwerfen, während für die eigentliche Herstellung der standardisierten Teile und deren Montage (mittels spezialisierter Maschinen) ungelernte Arbeitskräfte ausreichen. Die ersten Unternehmen, die nach dieser Methode verfuhren, konnten die Arbeiter direkt von der Feldarbeit in die Fabrikhallen holen. Eine Schulung war kaum erforderlich.

Die in der Massenfertigung verwendeten Teile werden häufig anderswo produziert und dann auf so genannten Fließbändern zusammengesetzt. Das Resultat ist ein standardisiertes Produkt in nur wenigen Varianten, mit niedrigen Herstellungskosten und von mittelmäßiger Qualität. Die Arbeit ist eintönig, und die Arbeiter werden als variabler Kostenfaktor gesehen, der je nach Bedarf aufgestockt oder reduziert werden kann. In Fabriken, die nach dem Prinzip der Massenfertigung errichtet sind, führt ein Stopp der Fließbänder zwecks Lösung eines bestimmten Problems zum Stillstand des gesamten Arbeitsprozesses. Um kostspielige Unterbrechungen dieser Art zu vermeiden, unterhalten solche Fabriken in der Regel große Lager mit Ersatzteilen.

Historischer Abriss

Das Initialereignis in der Geschichte der Massenfertigung war die Geburt des T-Modells, das laut Ford Motor Company »am 1. Oktober 1908 in die Geschichte tuckerte«. Henry Ford selbst bezeichnete es als das »Universalauto«, und es wurde so populär, dass Ford Ende 1913 bereits die Hälfte aller Autos in den Vereinigten Staaten produzierte.

Um mit der Nachfrage mithalten zu können – heißt es in der offiziellen Chronik – ...

»... begann [das Unternehmen] mit der Massenproduktion. Mr. Ford war zu dem Schluss gekommen, dass das Auto schneller hergestellt und viele Mannstunden eingespart werden konnten, wenn jeder Arbeiter auf einem ihm zugewiesenen Platz blieb und einen spezifischen Handgriff wiederholte. Um diese Theorie zu erproben, wurde im Sommer 1913 eine Karosserie mit Seil und Winde durch die Fabrikhalle in Highland Park, Michigan, gezogen. Die moderne Massenfertigung war geboren! Später rollte das T-Modell schließlich mit sechs Exemplaren pro Minute von den Fließbändern.«

Das Fließband markierte den Beginn einer industriellen Revolution. In den 19 Jahren, in denen das T-Modell produziert wurde, wurden allein in den Vereinigten Staaten 15 Millionen Exemplare hergestellt und verkauft. Ford entwickelte sich zu einem industriellen Komplex, auf den viele Industrielle in aller Welt mit Neid blickten.

In *Innovation in Marketing* gibt der Harvard-Professor Theodore Levitt eine andere Version der Ford-Saga zum Besten:

»[Henry Fords eigentliche Begabung] war das Marketing. **Wir glauben, dass er den Verkaufspreis senken und deshalb Millionen von 500-Dollar-Autos verkaufen konnte, weil seine Erfindung des Fließbands die Kosten reduziert hatte.** In Wirklichkeit aber erfand er das Fließband, weil er zu dem Schluss gekommen war, dass er zu einem Preis von 500 US-Dollar Millionen Autos verkaufen könne. Die Massenfertigung war das Ergebnis und nicht die Ursache seiner niedrigen Preise.«

Zu ähnlich dramatischen Veränderungen im Produktionsgewerbe kam es erst wieder, als die Japaner Techniken wie Just in Time (siehe Seite 137) einführten. Und die Entwicklung des Internets gegen Ende des 20. Jahrhunderts bewirkte schließlich derart radikale Veränderungen, dass sich in der Beziehung zwischen Käufer und Verkäufer das Blatt erneut wendete und die Initiative von den Produzenten wieder auf die Konsumenten überging.

Empfohlene Lektüre

Ford, H., *Mein Leben und Werk*, 25. Aufl., Leipzig 1923 (Original: *My Life and Work*, Nachdr. v. 1922, New York 1973)
Levitt, T., *Innovation in Marketing*, New York 1962
Smith, A., *Der Wohlstand der Nationen*, 6. Aufl., München 1993 (Original: *The Wealth of Nations*, 1776)

Matrixstruktur

Die Matrixstruktur beschreibt ein System zur Führung von Unternehmen, die sowohl über verschiedenartige Produkte als auch diverse Märkte verfügen – dazu zählen die meisten Firmen, die größer als ein Familienunternehmen sind. In einer Matrixstruktur verläuft die Verantwortung für die Produkte des Unternehmens in die eine Richtung und die Verantwortung für die Märkte in die andere. Die meisten Manager haben also eine doppelte Berichtslinie: zum einen gegenüber der Zentrale ihrer Produktabteilung und zum anderen gegenüber der Zentrale ihres geographischen Marktes.

Historischer Abriss

Trotz der durch diese Dualität mitunter verursachten Konfusionen war die Matrixstruktur in den siebziger und achtziger Jahren sehr verbreitet. Den Anfang hatte das in den Niederlanden beheimatete multinationale Elektronikunternehmen Philips gemacht, das nach dem Zweiten Weltkrieg eine Matrixstruktur einführte. Es hatte nationale Organisationen und länderübergreifende Produktabteilungen, und eine Zeit lang arbeitete es erfolgreich als ein Netzwerk. Das Netzwerk wurde von einer Reihe Koordinierungskomitees zusammengehalten, deren Aufgabe es war, eventuelle Konflikte zu lösen.

Die Schwierigkeiten begannen mit der Gewinn-und-Verlust-Rechnung. Wer war dafür zuständig? Anfangs lautete die Antwort: beide, die nationalen Organisationen und die Produktabteilungen. Diese Lösung war jedoch unbefriedigend, und die nationalen Organisationen gewannen allmählich die Oberhand. Die Produktabteilungen gaben jedoch nicht klein bei und wehrten sich. In den Neunzigern war Philips allerdings auf einem Tiefpunkt angelangt, und die Organisationsstruktur wurde vollständig überholt. Einige wenige mächtige Produktabteilungen bekamen die weltweite Zuständigkeit für die Gewinn-und-Verlust-Rechnung, und die nationalen Büros wurden ihnen untergeordnet. Das bedeutete jedoch nicht das Ende der Matrixstruktur.

In einem Artikel für die *Harvard Business Review* beschrieben Christopher Bartlett und Sumatra Ghoshal im Jahr 1990 das Problem (besonders bei multinationalen Unternehmen) folgendermaßen:

»Duale Berichtssysteme führten zu Konflikten und Konfusionen; die vielen Kanäle verursachten Informationsstaus, die allzu zahlreichen Komitees und Berichte lähmten die Organisation, und Zuständigkeitsüberlappungen führten zu Grabenkämpfen und einem Verlust an Verantwortlichkeit. Die durch geographische, sprachliche, zeitliche und kulturelle Barrieren getrennten Manager waren kaum in der Lage, die Lage zu entwirren und die Konflikte zu lösen.«

Nach Ansicht der Autoren war die Matrixstruktur Teil des Versuchs seitens der Unternehmen, durch komplizierte Strukturen ihren zunehmend komplizierter werdenden Strategien gerecht zu werden. Aber sie berücksichtigte lediglich die Anatomie der Organisation. Dagegen ignorierte sie die Physiologie (die Systeme, die den Informationsfluss in der Organisation und in deren Umfeld ermöglichen) und die Psychologie (die von den Managern des Unternehmens gemeinsam getragenen Normen, Werte und Überzeugungen). Die Organisationen könnten die Matrixstruktur erfolgreich implementieren, behaupten Bartlett und Ghoshal, wenn sie die Sache andersherum aufzögen. Ihr erstes Ziel sollte es sein, »die Psychologie der Organisation zu ändern ... erst später konsolidieren und bestätigen sie die gemachten Fortschritte, indem sie die formale Struktur verändern und die Anatomie der Organisation daran anpassen«.

Nigel Nicholson von der London Business School hält die Matrixstruktur für »eine der schwierigsten und am wenigsten Erfolg versprechenden Organisationsformen«. Für Evolutionisten wie ihn ist die Matrixform prinzipiell instabil, weil darin widersprüchliche Kräfte in Richtung zu vieler verschiedener Gravitationszentren ziehen.

Die Matrixstruktur hat bis heute ihre Anhänger, auch wenn die meisten von ihnen der Meinung sind, sie funktioniere am ehesten dort, wo es um eine begrenzte Aufgabe mit einer klaren Zielsetzung gehe, die von allen geteilt werde. Dazu gehörten Situationen wie die Einführung eines neuen Produkts oder der Beginn einer neuen Geschäftsaktivität, die Inszenierung einer Broadwayshow oder die Beförderung eines Menschen auf den Mond.

Empfohlene Lektüre

Bartlett, C. u. Ghoshal, S., »Matrix Management: Not a Structure, a Frame of Mind«, in: *Harvard Business Review*, Juli–August 1990
Nicholson, N., »How Hardwired is Human Behavior?«, in: *Harvard Business Review*, Juli–August 1998

Mentoring

Mentoring charakterisiert eine Beziehung zwischen zwei Menschen, innerhalb der eine Person der anderen mit Rat und Anleitung hilft, sich in einem bestimmten Bereich zu entwickeln. Das hat es seit Ewigkeiten in der Kunst gegeben: Musiker und Maler saßen immer schon einem Meister, ihrem Mentor, zu Füßen, um von ihm zu lernen. Heutzutage hat jeder Sportstar einen Trainer, der nicht nur auf die körperliche Kondition, sondern auch auf die mentale Vorbereitung seines Schützlings zur Bewältigung bevorstehender Herausforderungen achtet.

In den Neunzigern kam plötzlich im wirtschaftlichen Umfeld eine wachsende Begeisterung für diese Art der Betreuung auf. Dies war die Folge einer Reihe von Entwicklungen, die sich damals vollzogen:

- Man erkannte, dass das Veränderungstempo stark anzog und Unternehmen, die erfolgreich sein wollten, die Konsequenzen aus den damit verbundenen Entwicklungen besser verstehen lernen mussten (siehe Change Management, Seite 41). Mentoring (durch einen Außenstehenden) erschien als eine Möglichkeit, wie Manager unterstützt werden konnten, das Veränderungsumfeld, in dem sich ihr Unternehmen befand, klarer zu erkennen.
- In der Geschäftswelt fand eine Aufmerksamkeitsverlagerung zurück zum Individuum statt. Hier gab es ebenso Stars wie im Tennis oder in der Leichtathletik, und diese Einzelpersonen benötigten Mentoren, die sie auf ihre wirtschaftlichen Aufgaben vorbereiteten. Es reichte nicht aus, Konferenzen und Seminare zu besuchen (die bis dato die primären Entwicklungs- und Lernforen gewesen waren). Manager mussten den Stoff mit jemandem durchkauen, den sie respektierten und dem sie ver-

trauen konnten. Diese Mentoren brauchten selbst keine brillanten Manager zu sein, ebenso wenig wie ein Tennistrainer selbst ein brillanter Tennisspieler sein muss. Aber sie mussten die nötigen Kenntnisse und Fähigkeiten besitzen, um die technischen und psychologischen Probleme zu verstehen, mit denen sich ihre Schützlinge auseinander zu setzen hatten.

- Es gab ein erhöhtes Bewusstsein für die Tatsache (oder vielmehr deren Eingeständnis), dass es sich an der Spitze einsam lebt. Man konnte jetzt offen darüber sprechen, dass obere Führungskräfte in der Wahl ihrer Gesprächspartner wie auch in Bezug auf die Inhalte, die sie anderen mitteilen konnten, innerhalb ihrer Organisation naturgemäß beschränkt waren. Ein externer Mentor konnte die Probleme in einen breiteren Kontext stellen und nüchtern und spannungsfrei darüber reden.

Ein Manager kann gleichzeitig Mentoren haben und selbst ein Mentor sein, wie auch Sportstars nachwachsende Sportler betreuen können, während sie selbst noch in Wettkämpfen aktiv sind (wie beispielsweise der britische Sprinter Lynford Christie).

Mentoring passiert jedoch nicht einfach von selbst. Es muss in gewissem Maß formalisiert werden. Ein geeigneter Mentor muss systematisch gesucht, Treffen müssen arrangiert und in regelmäßigen Abständen abgehalten werden. Innerhalb dieser Treffen bedarf es jedoch keiner speziellen Agenda – lediglich eines gegenseitigen Interesses, guter Kommunikationsfähigkeiten und ausreichend verfügbarer Zeit.

Historischer Abriss

Mentoringprogramme sind in den Vereinigten Staaten sowohl in Unternehmen als auch in gemeinnützigen Organisationen weit verbreitet. In Großbritannien haben nur wenige Unternehmen wie Lloyds TSB und British Gas in größerem Ausmaß davon Gebrauch gemacht.

Es liegt nah, dass sich solche Programme besonders für Manager eignen, die auf einen Posten im Ausland entsandt werden:

Ein kenntnisreicher Mentor kann seinem Schützling helfen, sich in einer neuen Kultur zurechtzufinden und die Schwierigkeiten zu meistern, die dafür verantwortlich sind, dass so viele Auslandseinsätze scheitern.

Empfohlene Lektüre

Lewis, G., *The Mentoring Manager*, London 1996

Mission Statement

Ein Mission Statement ist die in Schriftform übersetzte Vision (siehe Seite 320) eines Unternehmens. Es konkretisiert (für alle sichtbar und nachlesbar) die Vorstellungen der Unternehmensführung von der Richtung und Bestimmung der Organisation. Viele Unternehmensführer sehen darin ein entscheidendes Instrument, um Mitarbeiter zu motivieren und ihnen ein Gefühl für die richtigen Prioritäten zu geben. Mission Statements behandeln in der Regel eine Reihe wichtiger Fragen:

- Was ist die Bestimmung der Organisation?
- Was ist einzigartig an dieser Organisation?
- Welches sind ihre wichtigsten Produkte und Märkte?
- Welches sind ihre Werte?
- Wo hofft sie in fünf oder zehn Jahren zu stehen?

Die Schwierigkeit besteht darin, dies alles in einer kurzen und prägnanten Aussage zusammenzufassen, die sich allen am Unternehmen Beteiligten einprägt und sie in jedem Augenblick ihres Arbeitslebens in der richtigen Weise motiviert.

Aus Mission Statements werden allzu leicht nichtssagende Allgemeinplätze, wie in diesem leicht abgewandelten (realen) Beispiel: »Das Ziel des Unternehmens X ist es, den Unternehmenswert zu steigern, indem es Total-Quality-Dienstleistungen anbietet, seine Mitarbeiter kundenorientiert und eigenständig arbeiten lässt und sich durch Expansionen, Akquisitionen und den Aufbau neuer Tätigkeitsbereiche vergrößert.« Eine solche Sprache ist nicht dazu angetan, die Fantasie anzuregen, wie ein Unternehmen seine Dienstleistungen auf einem ganz neuen Markt etablieren kann.

Viele Firmen untermauern ihr Mission Statement mit einem

griffigen Slogan, der keine Antwort auf die obigen Fragen geben will, sondern als eingängige Positionsbestimmung für das Unternehmen dient. Solche Slogans können auf verschiedenen Ebenen und in vielerlei Absicht eingesetzt werden, zum Beispiel Harley-Davidsons »We fulfill dreams through the experience of motor cycling «, Nikes »Just do it« und IBMs »Solutions for a small planet«.

Die Hauptvorteile von Mission Statements sind:

- Sie erleichtern es den Unternehmen, sich auf ihre Strategie zu konzentrieren, indem sie einen klaren Handlungsradius definieren. Das Unternehmen Federal Express beispielsweise sieht sein Ziel darin, »einen absolut verlässlichen, wettbewerbsfähigen, globalen Luft-Boden-Transport anzubieten für Waren und Dokumente hoher Priorität, die eine rasche und zeitlich garantierte Anlieferung erfordern«. FedEx wird also nicht in den Massentransport von Erdölprodukten oder Halbleitern einsteigen.
- Sie definieren die Kriterien, nach denen die Leistung eines Unternehmens gemessen und bewertet werden soll. Der häufigste Kandidat ist (erwartungsgemäß) der Gewinn. DuPont beispielsweise erklärt, der eigene Erfolg sei daran zu messen, ob »wir unseren Anteilseignern langfristig einen Nutzen bieten können, der sich mit leistungsstarken großen Industrieunternehmen messen kann«. Häufig unterstreichen die Unternehmen auch ihre Verantwortung gegenüber anderen Beteiligten, wie etwa den Beschäftigten (»sie mit Respekt zu behandeln, Teamarbeit zu stärken und die persönliche Freiheit und Entwicklung zu fördern« – Dow Chemical), den Kunden (»die wachsenden Erwartungen unserer Kunden stets zu übertreffen« – Johnson Controls) und der Gesellschaft insgesamt (»zu einem längeren und erfüllteren Leben der Menschen beizutragen« – Pharmacia & Upjohn, Vorläufer des heutigen US-Unternehmens Pharmacia).
- Aus ihnen lassen sich individuelle ethische Verhaltensstandards ableiten (siehe Unternehmensethik, Seite 305). The Body Shop in Großbritannien spricht beispielsweise von »unseren Daseinsgründen«. Dazu gehört, »leidenschaftlich für den

Schutz von Umwelt, für Menschen- und Bürgerrechte und gegen Tierversuche in der Kosmetik- und Hygienebranche einzutreten«.

Historischer Abriss

Viele große und erfolgreiche Unternehmen legen besonderes Gewicht auf ihre Mission Statements. Beispielsweise hat Johnson & Johnson, eines der meistbewunderten Unternehmen der Vereinigten Staaten, sein J&J-Credo. Geschrieben hat es Robert W. Johnson, als er im Jahr 1943 die Nachfolge seines Vaters als Chairman des damaligen Familienunternehmens antrat. Das Credo setzt Prioritäten, indem es die Verantwortung gegenüber den Kunden an die erste Stelle setzt. Danach kommt die Verantwortung gegenüber den Mitarbeitern, ferner die gegenüber dem Gemeinwesen und zum Schluss die gegenüber den Aktionären.

Thomas J. Watson Jr. beschrieb in seinem 1963 erschienenen Buch die drei fundamentalen Werte des von seinem Vater gegründeten Unternehmens IBM folgendermaßen:

- Respekt vor dem Individuum,
- unschlagbarer Kundenservice und
- Spitzenleistung in allen Unternehmensaktivitäten.

Steve Jobs Mission Statement für Apple im Jahr 1980 lautete: »Werkzeuge für den Verstand herzustellen, die die Menschheit weiterbringen«.

Die Idee des Mission Statement bekam Auftrieb (und ihren Namen) durch den Bekanntheitsgrad des von US-Präsident Kennedy im Jahr 1961 für die Mondmission der NASA formulierten Ziels, »vor Ende dieses Jahrzehnts einen Menschen auf den Mond und sicher zurück auf die Erde zu bringen«. Diese Mission erreichte ihr Ziel gerade noch rechtzeitig im Juli 1969.

James Collins und Jerry Porras, die Autoren von *Built to Last*, zählen vier Methoden auf, eine Mission zu definieren:

1. **Formulierung eines Ziels:** Diese kann präzis sein wie die der NASA oder die der Supermarktkette Wal-Mart, die sich 1976 das Ziel setzte, innerhalb von vier Jahren den Umsatz auf eine Milliarde US-Dollar zu steigern – was ihr gelang. Oder sie kann weniger konkret sein; Mercks Ziel von 1979 war es beispielsweise, »in den Achtzigern zum weltweit wichtigsten Arzneimittelhersteller zu werden«.

2. **Ein erklärter Feind:** Das berühmteste Beispiel ist wohl Hondas Mission Statement, bestehend aus den drei Wörtern *»Yamaha wo tsubusu«* (»Wir werden Yamaha schlagen«), welches zeigt, dass japanische Unternehmen mindestens ebenso verbissen miteinander im Wettbewerb stehen wie mit ausländischen Firmen. Der Sportschuhhersteller Nike profitierte ebenfalls von dem Ansatz, den Feind – erst Adidas, dann Reebok – zu besiegen.

3. **Rollenmodell:** Diese Methode ist weniger verbreitet als die ersten beiden und äußert sich in Zielsetzungen wie, »IBM der Immobilienbranche« oder »Rolls-Royce der Schuhindustrie« zu werden.

4. **Interne Transformation:** Dieser Ansatz wird häufig von älteren Organisationen verwendet, die einer Neuorientierung bedürfen. Procter & Gamble beispielsweise bemühte sich eine Zeit lang, seinen Mitarbeitern dauerhafte Anstellungen zu geben, nachdem das Unternehmen zuvor für seine Politik des Heuerns und Feuerns verschrien gewesen war.

Empfohlene Lektüre

Collins, J. u. Porras, J., *Built to Last: Successful Habits of Visionary Companies*, New York 1994
Collins, J. u. Porras, J., »Organizational Vision and Visionary Organizations«, in: *California Management Review*, 1997
Haschak, P., *Corporate Statements – The Official Missions, Goals, Principles and Philosophies of over 900 Companies*, Jefferson 1998

Nachfolgeplanung

Die Idee, dass die Suche nach einem Nachfolger für den gegenwärtigen Chef einer Organisation ein Prozess ist, der systematisch geplant und ausgeführt werden sollte, hat in den letzten Jahren zunehmend an Unterstützung gewonnen. Es gibt zu diesem Thema zwei Kategorien von Literatur:

- Die eine beschäftigt sich mit der Suche nach einem Nachfolger für den Familienbetrieb (oder das kleine private Unternehmen). Die Schwierigkeiten resultieren hier meistens aus der Unfähigkeit des Inhabers/Gründers, die eigene Sterblichkeit in Betracht zu ziehen oder seinem geliebten Zweitgeborenen klarzumachen, dass (nach dem Tod oder dem Rückzug des Vaters) nur für einen Chef Platz ist.
- Die andere beschäftigt sich mit der Suche nach einem Nachfolger für den Leiter einer großen öffentlichen Kapitalgesellschaft. Hier ging die Tendenz in den letzten Jahren dahin, den Kreis der für diese Frage Zuständigen zu erweitern. Auch wenn einige Autoren betonen, dass es die größte Verantwortung jeder Spitzenführungskraft sei, einen geeigneten Nachfolger zu finden, so überlässt doch heute keine Organisation diese Entscheidung allein dem gegenwärtigen Unternehmensleiter. Lässt man diesen gewähren, so neigt er wie jeder andere dazu, sich durch seinen eigenen Klon zu ersetzen (was ihm nicht zu verdenken ist, war er doch ohne Zweifel die denkbar geeignetste Besetzung für diesen Posten).

In beiden Fällen (im Familienbetrieb und Kapitalgesellschaft) besteht allgemein Einigkeit darüber, dass es nicht ratsam ist, mit der Wahl eines Nachfolgers bis zur letzten Minute zu warten. Jeder künftige Unternehmenschef braucht eine Einarbeitungszeit und eine Übergangsphase, in der der Stab der Verantwortung vom einen zum anderen weitergereicht wird. Dazu A. Turner Foster vom Centre for Creative Leadership:

»Die Fähigkeit, Führungsqualitäten in der Nachfolgergeneration zu entwickeln, ist von zentraler Bedeutung für das Überleben und Wachsen von Unternehmen in Familienbesitz und unter familiärer Leitung. Im Fall von Familienbetrieben setzt ein erfolgreicher Übergang von einer Generation zur nächsten voraus, dass die Einarbeitung der Nachfolgergeneration und deren Entwicklung zu geschickten Führungskräften planmäßig und systematisch betrieben wird.«

Die Unternehmen nehmen immer öfter die Dienste von Headhuntern und Beraterfirmen in Anspruch, wenn es darum geht, eine Spitzenposition zu besetzen. Als Außenstehende schlagen diese entweder einen geeigneten internen Kandidaten vor oder bemühen sich um externe Bewerber für den Posten. Ihre Aufgabe ist es, eine Übereinstimmung herzustellen zwischen den besonderen Fähigkeiten eines bestimmten Kandidaten und den vordefinierten Anforderungen für die Stelle. Diese Anforderungen sollten sich in der Regel von denen unterscheiden, die an den Vorgänger gestellt wurden, denn auch das Unternehmen hat sich in der Zwischenzeit sicherlich verändert.

Es gibt verschiedene Kategorien von Nachfolgern:

- **Der interne Außenseiter:** der Mitarbeiter, dessen Führungsstil sich vollkommen von dem seines Vorgängers unterscheidet. Eine solche Wahl trifft ein Unternehmen, das eine radikale Änderung der strategischen Richtung anstrebt – entweder weil es eine Zeit der Flaute hinter sich hat, oder weil es nach einer Periode der Konsolidierung den Wachstumskurs einschlagen will. Ein klassisches Beispiel war die Ernennung von Sir John Harvey-Jones zum Chairman von ICI im Jahr 1982.
- **Der externe Insider:** der Kandidat, der viel über das Unternehmen weiß, ohne dass er dort arbeitet. Eine solche Person sieht das Unternehmen mit der Objektivität des Außenstehenden und hat dennoch den nötigen Einblick, der dem kompletten

Außenseiter fehlt. Beispiele für externe Insider sind die vielen Managementberater, die irgendwann die Leitung des zuvor von ihnen beratenen Unternehmens übernehmen, sowie frühere Mitarbeiter, die in der Zwischenzeit anderswo tätig waren, um schließlich in eine Spitzenposition zurückzuwechseln.

- **Der Turniersieger:** der interne Kandidat, der öffentlich gegen andere interne Kandidaten antreten und sich durchsetzen musste. Klassische Beispiele sind das Dreierturnier, das Walter Wriston zwecks Bestimmung seines Nachfolgers bei Citicorp im Jahr 1984 veranstaltete (der Gewinner war der damals noch junge John Reed), und das 1981 von Jack Welch gewonnene Dreierturnier um die zukünftige Spitzenposition bei General Electric.
- **Der Liebling des Chefs:** der vom bisherigen Chef handverlesene und über einen langen Zeitraum persönlich eingearbeitete Kandidat. Als Lord Weinstock Chairman von GEC war, dem größten Elektrik- und Elektronikkonzern Großbritanniens, baute er seinen Sohn Simon als seinen Nachfolger auf. Aber Simon starb eines verfrühten Todes, und das Unternehmen holte sich einen Nachfolger von außen herein (George Simpson).

Historischer Abriss

Bis in die siebziger Jahre des 20. Jahrhunderts war es üblich, dass die großen Unternehmen ihre künftigen Leiter aus der Organisation selbst rekrutierten. Eine lange Erfahrung mit dem Unternehmensbetrieb galt als die wichtigste Qualifikation. Aber zum Ende des Jahrhunderts begannen viele ambitionierte Manager, in der Mitte ihrer Laufbahn den Arbeitgeber zu wechseln. Im Jahr 1988 arbeitete ein Manager im Lauf seiner Karriere durchschnittlich für weniger als drei Arbeitgeber; zehn Jahre später lag derselbe Durchschnitt bereits bei über fünf.

Manfred Kets de Vries, Professor am INSEAD, einer internationalen Business School nahe Paris, vergleicht diese »Spitzenkräfte« der späten Neunziger mit »Fröschen in einer Schubkarre; sie können jederzeit herausspringen«. Je mehr diese Spitzenkräfte wie Frösche herumspringen, desto öfter müssen sich die Unternehmen etwas einfallen lassen, um sie lang genug in derselben Schubkarre zu halten.

Empfohlene Lektüre

Levinson, H., »Conflicts that Plague the Family Business«, in: *Harvard Business Review*, März–April 1971
Vancil, R. F., *Passing the Baton*, Boston 1987
Zaleznik, A., »Managers and Leaders: Are They Different?«, in: *Harvard Business Review*, Mai–Juni 1977

Nischenmarkt

Ein Nischenmarkt ist eine Gruppe potenzieller Kunden mit gewissen gemeinsamen Merkmalen, die sie für ein bestimmtes Produkt oder eine Dienstleistung empfänglich machen. Dieses Merkmal muss nicht komplizierter sein, als dass diesen Kunden die Socken ohne Loch ausgegangen sind (ein Markt, auf den sich der britische Nischenanbieter Sock Shop spezialisiert hat). Die Einführung eines Produkts auf einem Nischenmarkt ist sehr viel billiger als die Einführung eines Produkts für den Massenmarkt. Die potenziellen Kunden lassen sich leichter ausfindig machen und ansprechen. Häufig entwickeln sich Nischenmärkte aus Massenmärkten heraus (wie etwa der Markt für Behindertenfahrzeuge oder für Ofenhandschuhe für Linkshänder), und die Hersteller von Massenprodukten bringen manchmal selbst Nischenprodukte heraus. Chrysler beispielsweise produziert den Dodge Viper, ein Nischenfahrzeug, das in sehr begrenzter Stückzahl an hartgesottene Motorfetischisten verkauft wird. Ford produziert den Aston Martin, Fiat den Ferrari.

Andersherum können sich auch aus vermeintlichen Nischenmärkten gelegentlich Massenmärkte entwickeln. Als beispielsweise Apple in den frühen Achtzigern den PC herausbrachte, erwartete das Unternehmen nicht, dass daraus ein Massenprodukt werden würde. Dies geschah aber, und aus diesem Massenmarkt heraus entwickelten sich am Ende wieder einige Nischenmärkte, wie etwa der für Lerncomputer.

Das Problem von Nischenmärkten, die sich nicht zu Massenmärkten entwickeln, ist, dass sie schnell ihre maximale Größe erreichen. Eine Nische, die sehr nützlich sein kann, um ein Produkt überhaupt zu lancieren, kann ebenso schnell zur Zwangsjacke werden. Die Hersteller müssen sich ein anderes Nischenprodukt oder einen anderen Markt suchen, in dem sie ihr existierendes

Produkt verkaufen können. Anbieter von speziellen Nahrungsmitteln in Schottland beispielsweise müssen sich bald nach England ausbreiten und dann den Kanal in Richtung europäisches Festland überqueren. Oder sie müssen außer geräuchertem Lachs und Cock-a-Leekie (eine spezielle Hühnersuppe) auch noch Oatcakes (Haferplätzchen) anbieten.

Das Internet eignet sich besonders für das Nischenmarketing. Über seine Mailinglisten und Newsgruppen versammelt es an definierten Orten im Cyberspace genau diejenigen Benutzergruppen, von denen jeder Nischenvermarkter träumt. Mailinglisten und Newsgruppen kreisen um bestimmte Themen. Eine solche Diskussionsgruppe hat zuweilen bis zu 10 000 regelmäßige Leser mit einem speziellen Interesse. Es gibt Diskussionsgruppen zum Thema Puppensammeln, Motorrennsport, Mountainbiking im Himalaya – was immer Sie wollen.

Historischer Abriss

Einige halten Nischenmarketing für eine Etappe in der Entwicklung des 20. Jahrhunderts vom Massenmarketing zum Eins-zu-eins-Marketing. Niemand hat diesen Prozess besser beschrieben als Stan Rapp und Tom Collins in *MaxiMarketing*:

»Die fünfziger und sechziger Jahre waren die Blütezeit des Massenmarketings. Es gab genau eine Sorte Coca-Cola als das Getränk für die Durstigen ... eine Art von Holiday Inn als Übernachtungsstation für die Reisenden. Die Siebziger wurden das Jahrzehnt der Marktsegmentierung und Produktlinienerweiterung. In den frühen Achtzigern folgte ein verstärktes Nischenmarketing, das den Markt in immer kleinere Kundengruppen aufteilte ... Mitte der achtziger Jahre verkaufte Robitussin viererlei Medizin für vier Arten von Husten ... vom Massenmarketing über Segmentmarketing und Nischenmarketing zum Eins-zu-eins-Marketing von morgen – diese Entwicklung wird bis zum Ende der Achtziger abgeschlossen sein.«

Das wurde im Jahr 1987 geschrieben, und die Kristallkugel der Autoren wurde zum Ende ein wenig trüb. Zehn Jahre später als vorhergesagt, gegen Ende der Neunziger, versprach das Internet die Einführung des – auf den Einzelnen und nicht mehr die Kundengruppe zugeschnittenen – Eins-zu-eins-Marketings von Produkten und Dienstleistungen, das die Autoren als nächsten Schritt nach dem Nischenmarketing prognostiziert hatten.

Empfohlene Lektüre

Linnermann, R. E. u. Stanton, J. L., *Nischenmarketing*, Frankfurt 1992 (Original: *Making Niche Marketing Work – How to Grow Bigger by Acting Smaller*, New York 1991)
Rapp, S. u. Collins, T., *MaxiMarketing: Die Herausforderung auf dem Weg in ein neues Marketingzeitalter*, Hamburg 1988 (Original: *MaxiMarketing*, New York 1987)

Obsoleszenzplanung

Obsoleszenzplanung ist eine Geschäftsstrategie, bei der die Obsoleszenz (der Prozess des Aus-der-Mode-Kommens, des Unbrauchbarwerdens) eines Produkts von Anfang an geplant und im Produkt bewusst angelegt wird. Das geschieht so, dass der Kunde irgendwann das Bedürfnis verspürt, die neuen Produkte und Dienstleistungen zu kaufen, die der Hersteller als Ersatz für die älteren auf den Markt bringt.

Die Verbraucher sehen in der geplanten Obsoleszenz gelegentlich eine krumme Methode der Hersteller, sie zu schröpfen. Marketing-Guru Philip Kotler jedoch sagt: »Viele Beispiele einer geplanten Obsoleszenz sind die natürliche Folge der technologischen Entwicklung und der Wettbewerbskräfte in einer freien Gesellschaft – Kräfte, die die stete Verbesserung der Produkte und Dienstleistungen fördern.«

Ein klassisches Beispiel für geplante Obsoleszenz waren die Nylonstrümpfe. Die unvermeidlichen »Laufmaschen« zwangen die Konsumenten, ständig neue zu kaufen, weshalb sich die Hersteller nicht veranlasst sahen, eine Faser ohne diese Eigenschaft zu entwickeln. Die Bekleidungsbranche profitiert im Allgemeinen von der durch den Modefaktor bewirkten Obsoleszenz. Die Röcke des letzten Jahres werden durch die diesjährigen neuen Modelle obsolet.

Die Strategie der geplanten Obsoleszenz ist auch in der Computerbranche zu beobachten. Neue Software wird häufig gezielt daraufhin entworfen, dass der Wert der vorherigen Version schrumpft. Erreicht wird dies durch ausschließliche Aufwärtskompatibilität – mit anderen Worten: Die neuen Versionen können die mit den älteren Versionen erstellten Dokumente verarbeiten, aber nicht umgekehrt. Benutzer der älteren Version können nur mit anderen kommunizieren, wenn diese ebenfalls die ältere Version verwenden. Das ist so, als wenn die Kinder jeder neuen Generation eine andere Sprache sprächen als ihre Eltern, wobei sie selbst die Sprache der Eltern verstehen, die Eltern aber nicht die ihre.

Die für eine derartige Strategie erforderlichen Produktionsprozesse lassen sich anschaulich am Beispiel von Intel demonstrieren. Dieser US-amerikanische Halbleiterhersteller arbeitet an der Produktion der nächsten Chipgeneration, bevor er überhaupt begonnen hat, die vorherige zu vermarkten.

Die Strategie der geplanten Obsoleszenz kann allerdings zum Bumerang werden. Wenn ein Hersteller seine Produkte zu häufig durch neue ersetzt, können die Konsumenten widerspenstig werden. Das kommt gelegentlich in der Computerbranche vor, wenn die Kunden nicht davon überzeugt sind, dass eine neue Welle von Ersatzprodukten genügend zusätzlichen Wert bietet, der einen Wechsel lohnen würde.

Historischer Abriss

Als gegen Ende des Jahrhunderts der Lebenszyklus vieler Produkte länger wurde – was größtenteils an ihrer technischen Ausgereiftheit lag –, erkannten die Unternehmen, dass sie die Obsoleszenz dieser Produkte sorgfältiger planen mussten. Nehmen Sie zum Beispiel das Auto. Dessen größere Haltbarkeit verführte die Kunden dazu, das Modell seltener als zuvor zu wechseln. Weil sich die Verwendbarkeitsfrist der Autos verlängerte, sahen sich die Hersteller gezwungen, deren Modewert zeitlich zu beschränken. Indem sie das Styling ihrer Modelle veränderten, versuchten sie auf geschickte Weise, die früheren Modelle veraltet aussehen zu lassen und die Kunden dazu zu bringen, sie gegen neue einzutauschen.

Obsoleszenzplanung ist sicherlich keine Strategie für den Luxuskarossenmarkt. Marken wie Rolls-Royce versuchen vielmehr zu suggerieren, dass sie einst (als Oldtimer) mehr wert sein könnten, als sie heute kosten. Sie werden (noch) nicht mit der Idee produziert, dass sie alle drei Jahre ersetzt werden sollten.

Open Book Management

Dahinter steht die noch immer unkonventionelle Vorstellung, dass ein Unternehmen dann am effektivsten ist, wenn es seine Bücher für alle Beschäftigten jederzeit einsehbar macht und die Mitarbeiter gleichzeitig darin schult, das große finanzielle Bild zu verstehen. Nach dem hergebrachten Verständnis brauchen sich nur eine Hand voll oberer Manager dafür zuständig zu fühlen, ob das Unternehmen Geld macht oder nicht. Open Book Management versucht, dieses Zuständigkeitsgefühl auf alle Beteiligten einer Organisation auszudehnen.

John Case, der behauptet, er habe den Terminus Open Book Management erfunden, beschreibt die Idee dieses Ansatzes: Danach »funktionieren die Unternehmen besser, wenn ihre Beschäftigten sich nicht nur um Qualität, Effizienz oder andere einzelne Leistungsvariablen Gedanken machen, sondern auch um das, was sonst Sache des oberen Managements ist: den Erfolg des Unternehmens«. Es erweitert das Konzept der G&V-Verantwortung (der Zuständigkeit für die Gewinn-und-Verlust-Rechnung einer Geschäftseinheit, die in der Regel als Belohnung an aufsteigende Manager übertragen wird) auf die gesamte Mitarbeiterschaft. Beim Open Book Management darf jeder das Gefühl haben, dass er ein Stück Verantwortung für die Gewinn-und-Verlust-Rechnung trägt.

Hinter dem Open Book Management steht dieselbe Logik, die manche Eltern dazu veranlasst, die Haushaltsrechnungen so herumliegen zu lassen, dass ihre halbwüchsigen Kinder sie sehen müssen – in der (meist vergeblichen) Hoffnung, dass diese ihr ökonomisches Verhalten ändern, wenn sie sehen, dass ihre Telefonrechnung dem Preis einer Karibikreise entspricht. Ein Vorteil des Open Book Management ist, dass Mitarbeiter, die die wirkliche Situation ihres Unternehmens kennen und spüren, dass man ihnen vertraut, möglicherweise motivierter sind und mehr Einsatz zeigen. Der Nachteil besteht in der Gefahr, dass interne Informationen an Rivalen gelangen oder Mitarbeiter in geschäftlich schlechten Zeiten demotiviert werden. Zudem ist nicht jeder Beschäftigte glücklich darüber, wenn die Einzelheiten seiner Gehaltsrechnung für jeden einsehbar sind.

Die Frage wird manchmal im Zusammenhang mit der alten Managementdebatte über die Theorien X und Y (siehe Seite 296) gesehen: Sollten die Beschäftigten in die finanziellen Umstände des Unternehmens eingeweiht oder mehr oder weniger wie Lohnsklaven behandelt werden? Ein Unternehmenschef meinte einmal, jede Organisation mit mehr als zwei Leuten habe Ähnlichkeiten mit einer psychiatrischen Klinik. Open Book Management kann diese Klinik in ein Tollhaus verwandeln.

Historischer Abriss

Während der Ausdruck vermutlich von John Case, einem Journalisten der Zeitschrift *Inc.*, erfunden wurde, wurde die Idee des Open Book Management zuerst von einem Unternehmen namens Springfield ReManufacturing Corporation verwirklicht. Es öffnete im Jahre 1983 die Bücher für seine Mitarbeiter, und die Erfahrungen damit wurden in dem vom President des Unternehmens, Jack Stack, verfassten und im Jahre 1992 erschienenen Buch *The Great Game of Business* dokumentiert. Jeden zweiten Mittwoch setzten sich 35 bis 40 Mitarbeiter von Springfield um einen hufeisenförmigen Tisch und ließen sich vom Finance Director des Unternehmens die Situation erläutern. Die Abteilungen gaben auf den Sitzungen ihre Ergebnisse zu Protokoll. Auf diese Weise, so heißt es, lernten die Beschäftigten des Unternehmens, sich mehr wie Geschäftsleute und weniger wie Handlanger zu verhalten.

Manche Unternehmen versuchen, bei ihren Vollzeitbeschäftigten mithilfe des Open Book Management den Gedanken des Intrapreneurship (siehe Seite 132) zu fördern, also eine Art internen Unternehmergeist. Sie setzen es mitunter ein in Kombination mit Belohnungssystemen, die an die Leistung des Unternehmens gekoppelt sind. In einem Fall stellte der Boss seinen Mitarbeiter Quizfragen zur Gewinn-und-Verlust-Rechnung des Unternehmens und belohnte richtige Antworten auf der Stelle mit Boni über 50 US-Dollar. R. R. Donnelley, die größte Druckerei der Welt, führte Open Book Management ein, nur um festzustellen, dass es den Erwartungen nicht gerecht wurde. Case jedoch behauptet, er habe über 100 US-Unternehmen gefunden, deren Gewinne gestiegen seien, nachdem sie ihre Bücher in der einen oder anderen Form geöffnet hätten.

Open Book Management stellt in seinen Augen die Lösung eines Problems dar, das sich aus der Idee des Empowerment (siehe Seite 78) ergibt – dass nämlich der durch Verantwortungsübernahme »bevollmächtigte« Mitarbeiter nur danach strebt, seine individuelle Leistung oder bestenfalls die seines Teams zu verbessern, nicht aber die des Gesamtunternehmens: Nur, wenn ihm das Gefühl vermittelt wird, dass er Teil einer Organisation ist, die im Wettbewerb bestehen muss (mit allen Konsequenzen), wird er motiviert sein, für das allgemeine Wohl des Unternehmens zu arbeiten. Aber sogar Case muss einräumen, dass die Veränderungen der Unternehmenskultur, die nötig seien, damit Open Book Management funktioniere, bis zu vier Jahre in Anspruch nehmen könnten.

Empfohlene Lektüre

Case, J., *Open-Book Management: The Coming Business Revolution*, New York 1995
Case, J., »Opening the Books (Open-Book Management)«, in: *Harvard Business Review*, März–April 1997
Davis, T. R. V., »Open-Book Management: Its Promise and Pitfalls«, in: *Organizational Dynamics*, Winter 1997
Kroll, K. M., »By the Books (Open-Book Management)«, in: *Industry Week*, Juli 1997

Operations Research

Der Operational Research Society zufolge lautet die Definition:

»Operational Research, auch bekannt als Operations Research oder Management Science (OR/MS), untersucht die betrieblichen Prozesse einer Organisation und sucht mithilfe von mathematischen Modellen, Computermodellen oder anderen analytischen Ansätzen nach Möglichkeiten, sie zu verbessern.«

Operations Research ist für Manager das, was die Ökonometrie für Volkswirte ist. Der Terminus »Operational Research« wird vorwiegend in Großbritannien verwendet; in den Vereinigten Staaten überwiegen »Operations Research« oder »Management Science«.

Kernstück des OR ist die Verwendung von Computermodellen und Geschäftsprozesssimulationen zur Verbesserung des Unternehmensbetriebs. Die dabei untersuchten Zusammenhänge sind komplex und reich an Variablen. Beispiele dafür sind der Entwurf eines optimalen Telekommunikationsnetzes in einer Situation, in der der zukünftige Bedarf nicht genau bekannt ist, oder die Automatisierung eines bis dato beleggebundenen Bankenclearingsystems.

Die Informationstechnologie gehört zu den wesentlichen Bestandteilen des Fähigkeitsspektrums eines OR-Spezialisten. Aber dessen Handwerkszeug umfasst auch Mathematik, Ingenieurwesen, Physik und Wirtschafswissenschaften.

Historischer Abriss

Operations Research bildete eine Brücke zwischen den Mechanismen des frühen Scientific Management Frederick Taylors (siehe Seite 257) sowie den Zeit- und Bewegungsstudien Frank Gilbreths einerseits und den späteren Ablaufprozessen von Just in Time (siehe Seite 137) und Qualitätsmanagementsystemen andererseits. (Gilbreth propagierte den Einsatz von Kameras, um die beste Ausführungsweise für die verschiedenen Einzelschritte eines bestimmten Fertigungsprozesses zu ermitteln.)

Seine Hochkonjunktur hatte OR in den fünfziger und sechziger Jahren, als laut Russell Ackoff, einem OR-Theoretiker, »quantitative Methoden hoch im Kurs standen«. In den Neunzigern jedoch stellte Ackoff fest, dass OR »in die Eingeweide des Unternehmens geschoben wurde statt in den Kopf. Sobald es sich nicht weiter hinunterschieben ließ, wurde es ausgeschieden.« Der Grund dafür sei, dass »die Manager OR mit mathematischer Masturbation und dem Ausklammern jeglichen substanziellen Wissens und Verständnisses für Organisationen, Institutionen oder deren Leitung gleichsetzten«. Ackoff behauptete außerdem, dass OR noch ein grundlegendes Manko besitze. Es sei dazu geschaffen, »uns perfekt auf eine alles andere als perfekt prognostizierte Zukunft vorzubereiten«, weshalb es weniger nutze als schade.

Igor Ansoff, der Autor des Klassikers *Management-Strategie* (siehe Strategische Planung, Seite 277), war stark geprägt von seiner Beschäftigung mit ausgefeilten OR-Methoden für die Rand Foundation zu Beginn der fünfziger Jahre. Er analysierte unter anderem die Anfälligkeit der NATO-Luftstreitkräfte für feindliche Angriffe.

Am Beispiel des Operations Research wird verständlich, warum unter den erfolgreichen Managementdenkern so viele Ingenieure waren, wie beispielsweise Frederick Taylor, W. Edwards Deming (der Gründer der Qualitätsbewegung), Henry Mintzberg, Bruce Henderson (der Gründer der Boston Consulting Group) und Ansoff selbst. Die Fähigkeiten des Ingenieurs bei der Konstruktion realer Apparaturen ähneln denen, die der OR-Spezialist benötigt, um einen idealen Betriebsablauf zu entwickeln. Gelernte

Ingenieure wie Ansoff kamen häufig über Operations Research zum allgemeinen Management.

Empfohlene Lektüre

Ackoff, R. L., *Redesigning the Future*, New York 1974
Beer, S., *Decision and Control: The Meaning of Operational Research and Management Cybernetics*, New York 1994
Taha, H. A., *Operational Research: An Introduction*, 5. Aufl., New York 1971
Operational Research Quarterly (seit 1978: *Journal of the Operational Research Society*)

Outsourcing

Von Outsourcing spricht man bei fast jeder Unternehmensaktivität, die von einem externen Anbieter übernommen wird: vom Betrieb der Hauscafeteria bis zu Kurierdiensten. Am häufigsten dient es jedoch dazu, die Betreuung der Computeranlagen eines Unternehmens einer externen Serviceagentur zu übertragen. Eine solche Auslagerung ist häufig mit einem Wechsel des Fachpersonals, das die Aktivität ausführt, vom Käufer der Outsourcing-Dienstleistung zum Anbieter verbunden. Outsourcing hat drei entscheidende Vorteile:

- Der erste ist der Größenvorteil, den ein Drittanbieter haben kann, der dieselbe Aktivität für eine große Zahl von Firmen durchführt. Es ist deshalb für ein Unternehmen häufig billiger, bestimmte spezialisierte Tätigkeiten (bei denen es nicht auf eigene Größenvorteile hoffen kann) auszulagern, als sie selbst auszuführen.
- Der zweite resultiert aus der Fähigkeit einer spezialisierten Outsourcing-Firma, mit den neuesten Entwicklungen auf ihrem Gebiet Schritt zu halten. Das war besonders auf dem Feld der Informationstechnologie ein entscheidender Faktor. Hier veränderte sich die Technologie so schnell, dass die hauseigenen Kapazitäten vieler Unternehmen nicht ausreichten, um am Ball zu bleiben.
- Der dritte Vorteil besteht darin, dass kleine Firmen in die Lage versetzt werden, Dinge zu tun, für die sie sich keine eigene Vollzeitkraft leisten könnten, wie etwa Buchhaltung, Vertrieb und Marketing.

Der am häufigsten genannte Nachteil des Outsourcing ist der Verlust an Kontrolle, der mit der Übertragung der Zuständigkeit für bestimmte Prozesse an Auswärtige einhergeht. In einem auf Befehl und Gehorsam basierenden Organisationsmodell ist dies ein kritischer Punkt: Ein Unternehmen, das nicht selbst über alle zur Herstellung seiner Produkte oder Dienstleistungen erforderlichen Prozesse verfügt, ist diesem Modell zufolge nicht Herr über das eigene Schicksal – zumindest nicht mehr, als eine aus verschiedenen Söldnertruppen gebildete Armee.

Historischer Abriss

Outsourcing als Phänomen ist nicht neu. Die Unternehmen haben beispielsweise immer schon ihre Werbung ausgelagert, solange es Werbung gibt (und J. Walter Thompson ist seit 1887 im Geschäft). Finanzdienstleistungen wie Factoring und Leasing, das Outsourcing der Debitorenbuchhaltung beziehungsweise der Kapitalfinanzierung werden ebenfalls seit langem von externen Firmen angeboten.

Das Outsourcing hat seit dem Zweiten Weltkrieg und insbesondere in den neunziger Jahren stetig zugenommen. Schätzungen zufolge stammten im Jahr 1946 nur 20 Prozent der Wertschöpfung eines typischen US-amerikanischen Fertigungsunternehmens aus externen Quellen; 50 Jahre später hatte sich die Rate auf 60 Prozent verdreifacht.

Die starke Zunahme des Outsourcing in den neunziger Jahren betraf vor allem die Informationstechnologie. Später kamen andere Funktionen (wie etwa Logistik) hinzu, die in Bereichen angesiedelt waren, in denen die Informationstechnologie gleichfalls eine wichtige Rolle spielte. Banken beispielsweise begannen die IT-intensive Bearbeitung finanzieller Instrumente wie etwa Kredite und Hypothekenbürgschaften auszulagern. Die dadurch erreichbaren Einsparungen waren teilweise gewaltig. Mit der Entscheidung, die Vergabe und Betreuung sämtlicher Privatkredite, ob alt oder neu, auszulagern, reduzierte eine britische Bank die Bearbeitungskosten für diesen Bereich um über 75 Prozent.

Die Attraktivität des Outsourcing ist noch gestiegen, seitdem sich die Unternehmen mit dem größten Outsourcing-Anteil in vielen Bereichen auch als die profitabelsten erwiesen. In der

Automobilbranche beispielsweise wiesen im Jahr 1990 die Unternehmen mit dem größten Gewinn pro Auto, wie etwa Toyota, Honda und Chrysler, auch die höchste Auslagerungsrate (rund 70 Prozent) auf. Diejenigen, die am wenigsten auslagerten (wie etwa General Motors, mit einem Outsourcing-Anteil an der gesamten Wertschöpfung von nur 30 Prozent), waren am wenigsten profitabel.

Der Charakter der Outsourcing-Verhältnisse hat sich mit der Zeit geändert. Aus dem anfänglichen klassischen Vertrag zwischen Käufer und Zulieferer ist bald eine Art Partnerschaft geworden. Dabei spiegelt sich eine Vergrößerung des Auftragsvolumens bei seinem Kunden nicht einfach nur in den Tarifen des »Outsourcer« (des Anbieters der ausgelagerten Dienstleistung) wider, sondern beide Seiten teilen sich gewissermaßen Risiken und Nutzen der ausgelagerten Tätigkeit.

Ein Beispiel dafür ist die Vereinbarung zwischen IBM und dem Chemieunternehmen Monsanto von 1997. Dem ersten Teil der Vereinbarung zufolge lagert Monsanto zehn Jahre lang einen Großteil seiner Informationstechnologie an IBM aus. Im zweiten Teil beschlossen die beiden Unternehmen die Einrichtung des IBM/Monsanto Solution Center, einer Einheit, deren Bestimmung es ist, Dienstleistungen an Drittunternehmen zu verkaufen und ERP-Systeme (siehe Seite 84) einzuführen. In einem dritten Stadium planen die Unternehmen eine Zusammenarbeit im Bereich der Genforschung.

Beziehungen wie diese verändern sich im Lauf der Zeit, und die Unternehmen müssen lernen, wie sie auf neue Art und Weise zusammenarbeiten können. Anfang der neunziger Jahre übernahm Accenture in einer bahnbrechenden fünfjährigen Outsourcing-Vereinbarung die Zuständigkeit für den alltäglichen Betrieb des Buchhaltungssystems von BP. BP behielt die Kontrolle über die Bilanzierungsgrundsätze und die Interpretation gewonnener Daten für Geschäftsentscheidungen. Im Gegenzug sagte Accenture zu, die Kosten für den Servicebetrieb von BP um 20 Prozent zu senken, tatsächlich wurde eine Reduktion um 40 Prozent erreicht.

Einige Unternehmen haben sich so sehr der Idee des Outsourcing verschrieben, dass sie schließlich kaum etwas in ihrem eigenen Namen tun. Ein US-amerikanisches Unternehmen namens Monorail Computers beispielsweise lässt Fertigung, Bestellung, Vertrieb und Kundenbuchhaltung für seine Computer von Outsourcern durchführen. Lediglich das Konstruktionsdesign, die Kernkompetenz (siehe Seite 148) des Unternehmens, findet im Haus statt.

Das Pareto-Prinzip (80/20-Regel)

Vilfredo Pareto lebte im 19. Jahrhundert und war Professor für politische Ökonomie an der Universität von Lausanne. Er erkannte, dass in vielen Märkten überall auf der Welt ein Großteil der Aktivitäten auf einen Bruchteil der Akteure entfällt. Dies wurde als das 80/20-Pareto-Prinzip bekannt: 80 Prozent des Geschehens entfallen auf 20 Prozent der Beteiligten.

Pareto selbst war vor allem daran interessiert, sein Prinzip auf den Reichtum der Nationen anzuwenden, der sich (damals wie heute) in den Händen einer kleinen Bevölkerungsminderheit zu konzentrieren pflegte. Er stellte fest, dass die Einkommensverteilung in den verschiedenen Ländern erstaunlich ähnlich war; beispielsweise war der Anteil der oberen 20 Prozent der Bevölkerung am Gesamteinkommen stets mehr oder weniger identisch.

Als ein in Paris gebürtiger Italiener, der in der Schweiz arbeitete, hatte Pareto Einblick in verschiedene nationale Einkommensverteilungen. Aus seinen Ergebnissen schloss er, dass die Verteilung einem Naturgesetz unterliege und politische Instrumente zur Einkommensumverteilung deshalb nicht funktionieren könnten. Die einzige Möglichkeit, das Einkommen der Armen zu erhöhen, bestand seiner Ansicht nach in der Vergrößerung des Kuchens insgesamt, das heißt der Erhöhung der Produktion (des Bruttoinlandsprodukts). Diese These vertraten seither viele Politiker.

Mittlerweile ist die Gültigkeit des Pareto-Gesetzes fraglich geworden. Einkommensverteilungen ändern sich mit der Zeit, wenn auch nicht in ausreichendem Maß, um jeden zufrieden zu stellen. Dennoch hat die Idee das Managementdenken zum Thema Märkte stark geprägt.

Historischer Abriss

Robert Townsends Variante des Pareto-Prinzips, die er in seinem humorvollen Klassiker *Hoch lebe die Organisation* vorstellte, lautete, dass »20 Prozent einer Gruppe von Verkäufern stets 90 Prozent des Umsatzes machen« – also nicht eine 80/20-Regel, sondern eine 90/20-Regel. Das Prinzip wurde auf eine Vielzahl von Märkten angewendet, von der Fischerei (wo 20 Prozent der Fischer 80 Prozent der Fische fangen) über die Werbung (wo 20 Prozent der Werbefirmen 80 Prozent der Kundenreaktion hervorrufen) bis zum Verlagswesen (wo mit 20 Prozent der Bücher 80 Prozent des Gewinns gemacht werden).

Die Boston Consulting Group behauptet, dass das Prinzip auch bei Fusionen und Übernahmen Gültigkeit habe: Wenn man von sämtlichen Vorteilen der Fusion profitieren will, müssen im Anschluss daran viele neue Projekte implementiert werden. BCG fand heraus, dass 65 Prozent dieser Vorteile über 35 Prozent der Projekte realisiert werden – eine 65/35-Regel.

Empfohlene Lektüre

Pareto, V., Cours d'économie politique, Nachdr., Genf 1964
Townsend, R., *Hoch lebe die Organisation: Aus der Trickkiste eines Erfolgsmanagers*, München 1970 (Original: *Up the Organization*, New York 1970)

Das Peter-Prinzip

Dieses Prinzip lässt sich folgendermaßen formulieren:»In einer Hierarchie steigt jeder Beschäftigte bis zu seiner Stufe der Inkompetenz auf.« So stand es zuerst auf dem Titelblatt des 1969 erschienenen Buches *Das Peter-Prinzip* von Laurence J. Peter und Raymond Hull. Das im Stil des 19. Jahrhunderts geschriebene und mit zeitgenössischen Stichen aus der britischen Satirezeitschrift *Punch* versehene Buch wurde augenblicklich zum Hit. Peters Folgerung lautete:»Mit der Zeit ist jeder Posten von jemandem besetzt, der für diese Aufgabe nicht geeignet ist« oder »der Rahm steigt auf, bis er sauer wird«. Ein Rezensent schrieb damals:»Die ganze Sache hat einen wahren und zutiefst beunruhigenden Kern.«

Obwohl Peter das Prinzip hauptsächlich auf den ihm vertrauten Bildungsbereich anwendete, dauerte es nicht lange, bis man Parallelen zu den Firmenhierarchien entdeckte. Die Tendenz, Leute über Gebühr zu befördern, lässt sich auf allen Unternehmensebenen beobachten – vom Marketingassistenten, der niemals das Zeug zum Marketingmanager haben wird, bis zum hervorragenden Finanzleiter, den man zum Unternehmenschef befördert. Die logische Schlussfolgerung daraus ist ziemlich deprimierend. Sie besagt, dass sich alle Mitarbeiter, mögen sie noch so effizient sein, im Durchgangsstadium zu einer Position befinden, auf der sie nutzlos sein werden.

Peters (ironische) Lösung für diese »Philosophie der Verzweiflung« war die Aufforderung zur »kreativen Inkompetenz«: Jeder, der eine Position erreicht hat, die ihm gefällt, kann jene letzte Beförderung vermeiden, indem er »den Eindruck erzeugt, er habe bereits seine Stufe der Inkompetenz erreicht. Kreative Inkompetenz funktioniert am besten, wenn sie auf einem Feld praktiziert wird, das den Betreffenden nicht unmittelbar daran hindert, die Hauptpflichten seiner gegenwärtigen Position zu erfüllen.«

Peter und Hull schlugen Taktiken wie die folgende vor:

- Parken Sie Ihr Auto gelegentlich auf dem Platz, der für den Firmenchef reserviert ist.
- Richten Sie es so ein, dass Sie einen falschen Drohanruf im Büro bekommen, und flehen Sie dann in Hörreichweite möglichst vieler Leute: »Erzählen Sie kein Wort davon meiner Frau. Das würde sie umbringen.«

Das Buch entstand zu einer Zeit, als Bürokratien und die mit ihnen assoziierte Geisteshaltung noch weiter verbreitet waren als gegen Ende des 20. Jahrhunderts. Infolge des Hierarchieabbaus (siehe Seite 125) in vielen Organisationen und einer Zunahme der Zahl derer, die außerhalb jeglicher Hierarchie arbeiteten, verschwand ein Großteil der von Peter beschriebenen Inkompetenz. Entsprechend reduzierte sich auch die Gültigkeit seines Prinzips: Es war mittlerweile nicht nur leichter, nutzlose Abstellpositionen zu verlassen (oder davon entlassen zu werden), es reduzierte sich auch immer mehr die Erwartung, dass ein Manager nach einer bestimmten Zahl von Jahren gewissermaßen automatisch befördert wird. Dennoch hat sich der Ausdruck »Peter-Prinzip« insbesondere im englischen Sprachraum eingebürgert.

Historischer Abriss

Peters Buch erschien aus heiterem Himmel. Hull war ein unbekannter kanadischer Journalist und Peter ein kanadischer Lehrer, der außerdem als Sozialbetreuer, Schulpsychologe, Gefängniserzieher und Unternehmensberater arbeitete. *Das Peter-Prinzip* verkaufte sich mit über einer Million Exemplaren, was in der damaligen Zeit für ein Buch dieser Art eine erstaunliche Leistung war, und es blieb volle 33 Wochen auf der US-amerikanischen Bestsellerliste.

Empfohlene Lektüre

Peter, L. J. u. Hull, R., *Das Peter-Prinzip oder die Hierarchie der Unfähigen*, Hamburg 2000 (Original: *The Peter Principle*, New York 1969)

Portfolio-Matrix

Die Portfolio-Matrix (auch Boston-Matrix genannt) ist ein von der Boston Consulting Group (BCG) in den sechziger Jahren entwickeltes Modell, mittels dessen sich Unternehmen Gedanken machen können über die Prioritäten (und Ressourcen), die sie den einzelnen Geschäftsaktivitäten ihres Portfolios zuordnen wollen. Dabei werden die Aktivitäten in vier Kategorien eingeteilt, die jeweils mit einprägsamen Namen versehen sind. Diese Namen – Cash Cow, Star, Dog und Question Mark haben wesentlich dazu beigetragen, die vier Kategorien im kollektiven Bewusstsein von Managern in der ganzen Welt zu verankern. Die beiden Dimensionen der Matrix sind der relative Marktanteil (oder die Fähigkeit, Cash zu erzeugen) und das Wachstum (oder der Bedarf an Cash).

- Cash Cows sind Geschäftsaktivitäten, die einen hohen Marktanteil aufweisen (und folglich viel Cash erzeugen), deren Wachstumsaussichten jedoch gering sind (weshalb sie wenig Cash benötigen). Es handelt sich dabei häufig um reife Branchen, deren Niedergang absehbar ist.
- Stars haben gute Wachstumsaussichten und einen hohen Marktanteil.
- Question Marks haben gute Wachstumsaussichten, aber einen vergleichsweise niedrigen Marktanteil.
- Dogs haben schlechte Wachstumsaussichten und einen geringen Marktanteil.

Aus dieser Analyse lässt sich der Schluss ziehen, dass der Cash-Überschuss aus den Cash Cows eines Konzerns in die Stars und die Question Marks transferiert werden sollte, während die Dogs aufgegeben oder verkauft werden sollten. Die Question Marks werden sich mit der Zeit entweder als Dogs oder als Stars entpuppen, und den Cash Cows wird so viel Geld entzogen, bis sie früher oder später zu Dogs werden.

Das Problem dieser anschaulichen Matrix ist, dass eine solche Klassifizierung von Geschäftsaktivitäten zu einer Selffulfilling Prophecy werden kann. Die Arbeitsmotivation eines Beschäftigten hängt stark davon ab, ob der Bereich, für den er arbeitet, als Dog oder als Star gehandelt wird. Zudem täuschen sich manche Unternehmen in der Einschätzung darüber, wann eine Branche ausgereift ist. Das verleitet sie dazu, Geschäftsbereiche als Cash Cows zu behandeln, während sie in Wirklichkeit noch Stars darstellen. Es handelt sich möglicherweise um Branchen, die lediglich eine Atempause einlegen, bevor sie weiter wachsen. Ein Beispiel dafür war die Branche der Unterhaltungselektronik. Während viele sie in den Siebzigern für ausgereift hielten, legte sie in den Achtzigern mit der Erfindung der CD und des Videorecorders erneut kräftig zu. Bis dahin hatten allerdings einige Hersteller ihre Elektroniksparten bereits zu Cash Cows abgestempelt.

Der Portfolio-Matrix wird gelegentlich vorgeworfen, sie verführe die Unternehmen dazu, dem Marktanteil ein zu großes Gewicht einzuräumen. In einer Welt, in der die Märkte ständig im Fluss sind, könnten sie dadurch die Richtung verlieren. Wenn beispielsweise das Unternehmen Lego seinen Markt nur in mechanischem Spielzeug sieht, dann übersieht es möglicherweise, dass es zur selben Zeit mit Unternehmen wie Nintendo um die Aufmerksamkeit der Kinder konkurriert.

Die Portfolio-Matrix ließ in der Beraterszene das Matrizenbasteln in Mode kommen. Heute kommt kein Bericht und keine Theorie, die etwas auf sich hält, ohne ein, zwei Matrizen aus. Dies haben wir BCG zu verdanken.

Historischer Abriss

Wie so viele führende Figuren aus der Welt der Managementtheorie war auch Bruce Doolin Henderson, der australische Gründer der Boston Consulting Group, von Haus aus Ingenieur. Zu seinen Lieblingszitaten gehörte der Ausspruch von Archimedes: »Gib mir einen festen Punkt, und ich bewege die Erde.« Henderson schuf sich seinen festen Punkt. Nachdem er für General Electric als Strategieplaner sowie für die Unternehmensberatung Arthur D. Little gearbeitet hatte, gründete er 1963 die Boston Consulting Group. BCG erwarb sich rasch den Ruf eines erstklassigen Strategieberatungsunternehmens. Anlässlich seines Todes im Jahr 1992 schrieb die *Financial Times* über Henderson: »Wenige Menschen haben die internationale Geschäftswelt in der zweiten Hälfte des 20. Jahrhunderts so stark beeinflusst.«

Henderson und das von ihm gegründete Unternehmen waren geistige Pioniere auf dem Feld der Unternehmensstrategie und des Wettbewerbs. BCG zeichnet neben der Portfolio-Matrix auch für die Entwicklung einer Reihe weiterer langlebiger Managementideen verantwortlich. Dazu gehören die Erfahrungskurve (die Idee, dass die Stückkosten mit der Erhöhung der Produktion aufgrund der Akkumulation von Erfahrung zurückgehen, siehe Seite 93), die Bedeutung der Marktführerschaft und der Ansatz des Time Based Competition, nach dem im Zeitalter der Informationstechnologie Zeit zum entscheidenden Wettbewerbsfaktor wird. Henderson liebte es, Ideen auszureizen. Er war überzeugt, dass »die meisten Menschen zwar Wirkungszusammenhänge ersten Grades verstehen, aber nur wenige auch solche zweiten und dritten Grades. Leider hat fast alles, was in der Geschäftswelt interessant ist, mit Effekten vierten Grades und darüber zu tun.«

Empfohlene Lektüre

v. Oetinger, B., *Das Boston Consulting Group Strategiebuch*, München 2000
Henderson, B., *Henderson on Corporate Strategy*, New York 1984
Stern, C. u. Stalk, G. (Hg.), *Perspectives on Strategy from the Boston Consulting Group*, New York 1998

Portfolio Working

Portfolio Working beschreibt eine Vision dessen, wie die Menschen in Zukunft arbeiten werden. Charles Handy stellt diese in seinem Buch *Die Fortschrittsfalle* dar:

»Portfolio Working bedeutet, Vollzeitbeschäftigung gegen Unabhängigkeit einzutauschen. Das Portfolio besteht aus verschiedenen Arbeitstätigkeiten für mehrere Kunden. Das Wort ›Job‹ bedeutet jetzt so viel wie Kunde ... Ich erkläre meinen Kindern, dass sie nach ihrer Ausbildung gut daran tun werden, nach Kunden und nicht nach Bossen Ausschau zu halten ... Manche entscheiden sich aus freien Stücken für das Portfolio Working. Andere sehen sich dazu gezwungen, sobald ihre Organisationen sie auf die Straße setzen. Wenn sie Glück haben, wird aus ihrer alten Organisation ihr erster Kunde im neuen Portfolio. Der entscheidende Unterschied ist, dass sie jetzt für ihr Produkt und nicht für ihre Zeit bezahlt werden.«

In ihrem Buch *Portfolio Working* definiert Joanna Grigg den Begriff als »Arbeit für eine Gruppe verschiedener Arbeitgeber, einen Job neben einem anderen oder welche Kombination auch immer für uns das Beste ist«.

Das ist keine neue Arbeitsweise. Sie orientiert sich vielmehr an dem Modell des Freiberuflers – des selbständigen Wirtschaftsprüfers, Rechtsanwalts oder Porträtfotografen –, der auf eigene Rechnung arbeitet und seine Fähigkeiten an diverse Kunden verkauft. Der Preis der Arbeit richtet sich nicht nur nach der Zeit. Er bestimmt sich vielmehr aus der Zeit und, wie der Künstler Whistler es einmal formulierte, »einem ganzen Erfahrungsleben«.

Das Leben eines Portfolio Worker muss anders gemanagt werden als das eines Vollzeitbeschäftigten. Portfolio Workers sind niemals beschäftigungslos. Sie mögen ähnlich wie Schauspieler pausieren. Gleichzeitig aber müssen sie sich vermarkten, oder sie benötigen einen Agenten, der dies für sie tut. Handy ist überzeugt, dass das Zeitalter des Portfolio Worker mit einer Renaissance des professionellen Agenten einhergehen wird. Ein guter Agent, sagt er, »hilft bei der Organisation des Lebens, damit in das unvermeidliche Terminplanchaos des Freiberuflers die nötige Ordnung kommt«.

Portfolio Workers genießen wenig von dem, was für Vollzeitbeschäftigte selbstverständlich ist – das reicht von Sekretärinnen bis zu Büropartys. Sie müssen sich auch ein viel größeres Spektrum an Fähigkeiten aneignen, wie etwa Computerkenntnisse, Marketing, Buchhaltung und das Ausfüllen der Steuererklärung. Sie können sich vieles von den professionellen Servicefirmen abgucken. Beispielsweise profitieren diese Firmen sehr vom Lehrlingssystem. Die »Lehrlinge« erlernen ihren Beruf, indem sie zu Füßen eines Meisters arbeiten. Sie verdienen sehr wenig, aber beide Seite profitieren davon.

Im Unterschied zu Vollzeitbeschäftigten können Portfolio Workers nicht darauf hoffen, Bestätigung für einen gut gemachten Job (ein wichtiger Motivationsfaktor) innerhalb ihrer eigenen Organisation zu finden. Sie können sie nur von außen bekommen, vor allem von ihren Kunden. Das macht sie natürlich extrem kundenorientiert, ein Umstand, der ihnen im 21. Jahrhundert nur von Nutzen sein kann.

Historischer Abriss

Portfolio Working hat sich aus der wachsenden Überzeugung heraus entwickelt, dass eine dauerhafte Arbeitsplatzgarantie in Kürze der Vergangenheit angehören wird. Downsizing-Maßnahmen (siehe Seite 71) und Hierarchieabbau (siehe Seite 125) haben in den späten Achtzigern und in den Neunzigern für viele Entlassungen gesorgt, und die Betroffenen hatten oft keine andere Wahl, als Portfolio Workers zu werden. Auch die Privatisierung staatlicher Unternehmen blieb nicht folgenlos. Dort traf es häufig Menschen, die damit gerechnet hatten, ihr ganzes Leben an diesem Ort bleiben zu können. In vielen Fällen jedoch hatte das neue private Management nichts Eiligeres zu tun, als sie loszuwerden.

Selbst Regierungsbehörden und Universitäten (mit ihrem antiquierten System lebenslanger Arbeitsplatzsicherheit) erkennen mittlerweile, dass es ihren Organisationen nicht unbedingt gut tut, wenn sie ihren Leuten Jobs auf Lebenszeit geben. Als ersten Schritt lagern sie inzwischen Arbeiten aus (siehe Outsourcing, Seite 223), die sie bislang von fest angestellem Vollzeitpersonal verrichten ließen.

Auf dem Markt für Portfolio Workers herrscht mal ein Nachfrage-, mal ein Angebotsüberschuss. Viele junge Leute ziehen es vor, in dieser Weise zu arbeiten. Während sie sich weniger um finanzielle Sicherheit sorgen, wissen sie die Befreiung von der Plackerei eines lebenslangen Jobs zu schätzen, wie ihn ihre Eltern in der Regel noch angestrebt hatten. Sie begreifen Portfolio Working als eine Chance, ihren Tag selbst einzuteilen und eine abwechslungsreichere Tätigkeit zu haben als ein Vollzeitbeschäftigter.

Empfohlene Lektüre

Grigg, J., *Portfolio Working*, London 1997
Handy, C., *Die Fortschrittsfalle: Der Zukunft neuen Sinn geben*, Wiesbaden 1995 (Original: *The Empty Raincoat*, London 1994)
Maister, D., *Managing the Professional Service Firm*, New York 1993

Post Merger Integration (PMI)

Post Merger Integration (PMI) wurde in den neunziger Jahren zu einem populären Managementstichwort, nachdem sich immer mehr herausgestellt hatte, dass Lippenbekenntnisse zu Mergers & Acquisitions (M&A) einfach zu haben waren. Damit hatte offenbar niemand Probleme. Die Schwierigkeiten lagen vielmehr in der Umsetzung. Wann kann eine Fusion überhaupt gelingen?

Zwei Gründe für die anerkanntermaßen hohe Misserfolgsquote bei Fusionen und Übernahmen sind:

- Die finanziellen und strategischen Aspekte nehmen bei den Verhandlungen einen zu großen Stellenwert ein. Es zählt nur der richtige Preis (was auch immer darunter zu verstehen ist). Dabei wäre es viel wichtiger, darauf zu achten, dass sich der Preis, wie hoch auch immer, anschließend durch eine erfolgreiche Verschmelzung der beiden Unternehmen bezahlt macht.
- Die kulturellen Unterschiede der beiden Organisationen werden unterschätzt. Diese Unterschiede können besonders bei grenzüberschreitenden Transaktionen ins Gewicht fallen. Von der englisch-französischen Fusion zwischen den Verpackungsunternehmen Metal Box und Carnaud beispielsweise erzählt man sich, dass die Manager aus den verschiedenen Kulturen nicht zur Zusammenarbeit bereit waren. Manchmal wird behauptet, grenzüberschreitende Zusammenschlüsse funktionierten deswegen gerade in der Flugverkehrsbranche besonders gut, weil die Mitarbeiter sich diese Tätigkeit ausdrücklich ausgesucht hätten, um Menschen aus anderen Ländern kennen und verstehen zu lernen. Für die Verpackungsindustrie trifft das natürlich nicht zu.

In einer Erhebung bei den Klienten der Boston Consulting Group

(BCG) zu der Frage, welche Faktoren für eine erfolgreiche Fusion entscheidend seien, landete »erfolgreiche Integration« zusammen mit »kompatible Strategien« auf Platz eins. Mit weitem Abstand folgten »Wahl des besten Übernahmekandidaten«, »geringer Preis« und »beste Finanzstruktur«. BCG behauptet, dass sich die Techniken der Post Merger Integration erlernen ließen. Je mehr sich die Unternehmen damit beschäftigten, desto besser würden sie darin. Laut BCG gibt es sechs entscheidende Lektionen:

1. Die Vision hinter der Transaktion klar definieren und die Strategie erklären.
2. Die Integration als einen eigenen, vom normalen Geschäftsbetrieb losgelösten Prozess durchführen.
3. Ein gesondertes Integrationsteam mit expliziten Aufgaben und Terminen einrichten.
4. Klare Zielmarken bezüglich der von der Integration zu erwartenden Vorteile definieren.
5. Schnellstmöglich effektive Prozesse im Bereich Human Resources einrichten.
6. Ein Programm zur kontinuierlichen und klaren Kommunikation über Ziele und Verlauf der Integration aufstellen.

Historischer Abriss

Fusionen und Übernahmen hatten im Lauf der Jahre eine durchwachsene Erfolgsbilanz. Leon Cooperman, Senior Executive bei Goldman Sachs, einer großen Investmentbank, antwortete auf die Frage nach dem Paradebeispiel für eine gelungene Fusion: »Ich bin sicher, dass es solche Erfolgsstorys gibt, aber im Augenblick muss ich passen.«

Michael Porter, der sich eingehend mit den Aktivitäten von 33 großen US-Unternehmen zwischen 1950 und 1986 beschäftigte, fand heraus, dass 55 Prozent ihrer Akquisitionen später wieder rückgängig gemacht wurden. Bei Vorstößen in fremde Branchen (damals waren Mischkonzerne in Mode) lag diese Rate sogar bei 74 Prozent.

Zu den erfolgreichsten grenzübergreifenden Fusionen der letzten Jahre gehörte diejenige zwischen den beiden Technologieunternehmen Asea (Schweden) und Brown Boveri (Schweiz). Sie machte aus Percy Barnevik, dem Chef des fusionierten Unternehmens, einen Star. Asea Brown Boveri (ABB) hat ein *Book of Values*, in dem das Unternehmen grundlegende Verhaltensregeln darlegt. Darin heißt es: »Der eigentliche Fusionsprozess findet nicht automatisch oder auf natürliche Weise statt. Er ist ein unnatürlicher Vorgang und setzt die Entschlossenheit des Managements voraus.«

Produktlebenszyklus

Dieser Begriff umschreibt die Idee, dass alle Produkte die Stadien Geburt, Leben und Tod durchlaufen und dieser Umstand bei ihrer Finanzierung und Vermarktung berücksichtigt werden sollte. Bereits bei der Einführung eines neuen Produkts sollte der Hersteller daran denken, dass er dieses irgendwann wieder vom Markt nehmen muss. Umsatz und Gewinn sind anfänglich gering und nehmen (hoffentlich) mit der Zeit zu, bis sie am Ende wieder zurückgehen. Mitunter wird dieser Zyklus in Marketingkreisen auch kurz als PLC (Product Life Cycle) bezeichnet.

Philip Kotler, eine der weltweit führenden Autoritäten auf dem Gebiet des Marketings, unterteilt den Produktlebenszyklus in fünf Abschnitte:

1. **Produktentwicklung:** Das ist die Phase, in der ein Unternehmen nach neuen Produkten sucht. Neue Produkte müssen nicht unbedingt aus der Zauberkiste kommen (wie der Videorecorder oder der CD-Player). Es kann sich auch um Ergänzungen zu bestehenden Produkten (wie die erste Zigarette mit Filterspitze) oder um Verbesserungen existierender Erzeugnisse (ein Waschmittel, das noch weißer als weiß wäscht) handeln.
2. **Markteinführung:** Die Produktkosten steigen angesichts der enormen Ausgaben für Werbung und Marketing stark an.
3. **Wachstum:** Der Markt beginnt, das Produkt zu akzeptieren, und das Unternehmen fängt an, die Kosten der ersten beiden Phasen wieder einzufahren.
4. **Reife:** Inzwischen ist das Produkt allgemein akzeptiert, und das Wachstum verlangsamt sich. Es dauert in der Regel nicht lange, bis ein Produkt in dieser Phase unter Konkurrenzdruck gerät. Die Hersteller müssen erneut Geld ausgeben, um dessen Marktposition zu verteidigen.

5. **Niedergang:** Das Unternehmen kann sich der Konkurrenz nicht länger erwehren, oder Veränderungen der Vorlieben und des Lebensstils der Kunden machen das Produkt überflüssig. An diesem Punkt muss das Unternehmen entscheiden, wie es das Leben des Produkts beenden will: Wie sieht der bestmögliche Abgang aus? (Siehe auch Spieltheorie, Seite 266.)

Manager wissen zwar, dass ihr neues Produkt diesen Zyklus durchlaufen wird, nicht jedoch, wann die einzelnen Phasen beginnen und wie lange sie dauern werden. Auch wenn einige Marken schon seit Ewigkeiten zu existieren scheinen (wie etwa Kellogg's Corn Flakes oder Kodak-Filme), so sind die Produkte, die diese Namen tragen, heute ganz andere als vor 50 Jahren. Die Kontinuität des Markennamens verschleiert die Tatsache, dass das Produkt selbst bereits mehrere Lebenszyklen hinter sich hat.

Modische Produkte haben naturgemäß einen kürzeren Lebenszyklus, und entsprechend kürzer ist auch die Zeitspanne, in der sie sich bezahlt machen können. Gelegentlich wird zwischen Modeartikeln wie Kleidern und reinen Modegags wie Pet Rocks (Streichelsteine) unterschieden. Es ist nicht gleich immer offensichtlich, zu welcher dieser beiden Kategorien ein Produkt gehört. Als Anfang der achtziger Jahre Inline-Skates auf den Markt kamen, hätten ihnen die wenigsten ein langes Leben zugetraut. Aber 20 Jahre später sind sie in der reifen Phase ihres Lebenszyklus immer noch ein Verkaufsschlager. Vielleicht werden sie nicht so lange überdauern wie die Cornflakes, aber sie haben schon viele auf den ersten Blick unvergängliche Moden überlebt.

Empfohlene Lektüre

Kotler, P. u. Bliemel, F., *Marketing-Management: Analyse, Planung, Umsetzung und Steuerung*, 9. überarb. u. aktualis. Aufl., Stuttgart 2001 (Original: *Marketing Management: Analysis, Planning and Control*, 9. Aufl., Upper Saddle River 1996)
Schewe, C. D. u. Hiam, A., *The Portable MBA in Marketing*, 2. Aufl., New York 1998

Treacy, M. u. Wiersema, F., *Marktführerschaft: Wege zur Spitze*, Frankfurt 1995 (Original: *The Discipline of Market Leaders*, Reading, Mass. 1995)

Prozessverbesserung

Begriffe wie Process Improvement, Process Excellence und Process Innovation stammen alle von Michael Hammer, dem Architekten des Reengineering (siehe Seite 251). Sein Ansatz lenkt die Aufmerksamkeit auf die Geschäftsprozesse. Dementsprechend wird er häufig auch als Business Process Reengineering (BPR) bezeichnet. Er hat viele Unternehmen dazu veranlasst, auch ohne den ausdrücklichen Kontext des Reengineering einzelne Geschäftsprozesse unter die Lupe zu nehmen und nach Möglichkeiten zu suchen, wie diese Prozesse verbessert werden können.

Laut Accenture beschreibt ein Prozess »eine Gruppe miteinander verflochtener Aktivitäten, die in ihrer Gesamtheit für den Kunden Wert erzeugen«. Er ist oberhalb beziehungsweise außerhalb der traditionell funktionsbezogenen Unternehmensaktivitäten angesiedelt. Eine Funktion selbst erzeugt noch keine für den Kunden wertvollen Ergebnisse. Die Buchhaltung ist eine Funktion, aber sie allein schafft noch keinen Wert. Das tut sie nur in Kombination mit der Herstellung und dem Vertrieb, über die sie Buch führt.

Diese Unterscheidung ist wichtig: Funktionen erledigen bestimmte Aufgaben, Prozesse hingegen erzeugen bestimmte Resultate. Prozesse laufen quer zu den funktionalen Einheiten wie beispielsweise Marketing, Herstellung und Buchhaltung. Ein prozessorientiertes Unternehmen versucht, Gruppen von Aufgaben zusammenzuführen, während Andersen Consulting zufolge »eine funktionale Organisation die Arbeit in immer kleinere und einfachere Teilaufgaben zerlegt«.

Das Beratungsunternehmen hat nun einige Dimensionen identifiziert, in denen sich Prozesse verändern lassen. Und zwar lassen sich die damit verbundenen Aktivitäten

- neu konfigurieren,
- neu ordnen,
- anderen Managern zuweisen,
- an einen anderen Ort verlegen,
- verkleinern.

Ein erstklassiger Prozess hat laut Accenture im Wesentlichen sieben Eigenschaften:

1. Er maximiert Wert und eliminiert Verschwendung. Als Chairman von Chrysler sagte Robert Eaton einmal: »Es gibt eine Definition, die mir gefällt: Verschwendung ist alles, wofür der Kunde nicht zahlt ... Wenn Sie Verschwendung in diesem Sinn verstehen, dann werden sie feststellen, dass die Möglichkeiten zur Prozessverbesserung unerschöpflich sind.« Chrysler hat nach eigenen Angaben durch die Verbesserung des Zulieferprozesses Einsparungen von 400 Millionen US-Dollar erreicht.
2. Er hat eine dokumentierte Struktur, die alle einsehen können. Elektronische Netzwerke und das Internet sind unschätzbare Hilfsmittel, um die Prozessgestaltung innerhalb des Unternehmens transparent zu machen. Man spricht in diesem Fall auch von E-Processing.
3. Er ist einfach und flexibel.
4. Er komprimiert Zeit. Das Versicherungsunternehmen Aetna beispielsweise reduzierte die für die Bearbeitung von Schadensmeldungen durchschnittlich benötigte Zeit von 28 Tagen auf vier Stunden.
5. Er ermöglicht Echtzeit-Feedback.
6. Er ist in übersichtlicher Weise mit anderen Prozessen verbunden.
7. Er ist kundenorientiert und benutzerfreundlich. In den eingängigen Worten Michael Hammers heißt das: »Ein Unternehmen, das sich nicht mit aller Kraft auf seine Kunden und die Prozesse konzentriert, die für die Kunden Wert erzeugen, wird in dieser Welt nicht lange Bestand haben.« Prozessverbesserungen resultieren daraus, dass man »in die Schuhe der Kunden steigt«, herausfindet, was sie wirklich wollen, und die Prozesse dann dementsprechend gestaltet.

Historischer Abriss

Das Wort Prozess wurde traditionell mit Wiederholung assoziiert, mit Bildern von riesigen Ordnern, in denen alle Details des Prozessflusses enthalten sind. Die Prozessgestaltung zielte darauf ab, den bestmöglichen Prozess zu entwickeln, der fortan in unveränderter Form ständig wiederholt werden konnte.

Erst in den neunziger Jahren befreite sich der Ansatz von dieser Zwangsjacke. Das 1992 erschienene Buch von Tom Davenport zu dem Thema machte die Informationstechnologie zum Ausgangspunkt von Prozessverbesserungen. Davenport behauptete sogar, dass das wirkliche Potenzial der Informationstechnologie angesichts Herausforderungen wie der Prozessverbesserung überhaupt erst voll zum Tragen komme.

Das Konzept der Process Excellence kombinierte zwei Ideen, die in dem Jahrzehnt vor Davenports Buch aktuell waren: den von Tom Peters und Robert Waterman in ihrem 1982 erschienenen Bestseller *Auf der Suche nach Spitzenleistungen* propagierten Excellence-Kult und Michael Porters Überlegungen zu Wettbewerbsvorteilen für Unternehmen (siehe Seite 336). Letztere zeichneten sich durch die neu entwickelte Vorstellung aus, dass Unternehmen eine Folge von Aktivitäten darstellen, die zu einer Wertschöpfungskette verknüpft sind. Mehrere Autoren griffen dieses Unternehmensverständnis einer verknüpften Kette von Aktivitäten (oder Prozessen) auf und entwickelten den Ansatz im Rahmen eigener Konzepte weiter.

Michael Porter selbst bestätigte, dass sich der Prozessgedanke gut mit seiner eigenen Aktivitätstheorie vertrage:

»Die Literatur zum Reengineering verwendet den Begriff Prozesse. Manchmal wird er synonym für Aktivitäten gebraucht. Manchmal bezieht er sich auf Aktivitäten oder Folgen von Aktivitäten, die sich quer durch die Unternehmenseinheiten ziehen. Die Grundvorstellung ist jedoch in beiden Fällen die gleiche – sowohl strategische als auch operative Fragen lassen sich am besten auf der Aktivitätsebene lösen.«

1997 behauptete Hammer schließlich: »Prozesse bilden die wichtigsten Elemente der Unternehmen des 21. Jahrhunderts. Erfolgreiche Organisationen werden sich von weniger erfolgreichen durch ihre gute Prozessleistung unterscheiden.« Auf die Hauptnutznießer jeder neuen Managementidee gemünzt, fügte er hinzu: »Die Fähigkeit, den Unternehmen zu guter Prozessleistung zu verhelfen, wird führende Beratungsfirmen von jenen unterscheiden, die den Elefanten hinterherlaufen.«

Empfohlene Lektüre

Davenport, T., *Process Innovation: Reengineering Work through Information Technology*, Boston 1992
Hammer, M., »Re-engineering Work: Don't Automate, Obliterate«, in: *Harvard Business Review*, Juli–August 1990
Building Process Excellence – Lessons from the Leaders, The Economist Intelligence Unit, London 1996

Qualitätszirkel

Im *Quality Circles Handbook* lesen wir:

»Ein Qualitätszirkel ist eine kleine Gruppe von drei bis zwölf Leuten, die die gleiche oder eine ähnliche Arbeit verrichten, sich freiwillig regelmäßig eine Stunde in der Woche in ihrer bezahlten Arbeitszeit zusammensetzen – in der Regel unter eigener Aufsichtsführung – und darin geübt sind, Probleme in ihrem Arbeitsbereich zu erkennen, zu analysieren und zu lösen, dem Management Lösungen zu unterbreiten und, wenn möglich, diese selbst umzusetzen.«

Erstmals in einer Reihe großer japanischer Unternehmen eingeführt, zielte dieses System darauf ab, Beschäftigte aller Ebenen eines Unternehmens in die Bemühungen um Qualitätsverbesserung einzubeziehen.

Die Tätigkeit eines Qualitätszirkels besteht im Wesentlichen aus zwei Aspekten: der Identifizierung von Problemen sowie der Suche nach Lösungen. Ein zusätzliches Ziel ist die Hebung des Selbstwertgefühls der Gruppe durch die Teilnahme an diesen Treffen und die damit gebotene Möglichkeit, ihre Arbeit betreffende Fragen zu erörtern.

Die Treffen werden in organisierter Form und im Rahmen einer vorher festgelegten Tagesordnung abgehalten, wobei der Vorsitz rotiert. Auch ein Protokoll wird geführt, um Vorschläge anschließend besser weiterverfolgen und umsetzen zu können.

Es hat sich herausgestellt, dass der Erfolg von Qualitätszirkeln wesentlich davon abhängt, wie viel Unterstützung sie vom oberen Management des Unternehmens bekommen und wie viel Training die Teilnehmer zu den Methoden und Zielen der Zirkel erhalten.

Historischer Abriss

Die Idee der Qualitätszirkel wurde im Wesentlichen von Kaoru Ishikawa, einem 1989 verstorbenen Professor der Tokyo University, entwickelt. Sie machte in den achtziger Jahren im Westen Furore, als dort jede japanische Managementtechnik mit Ehrfurcht betrachtet wurde. Viele Unternehmen in Europa und den Vereinigten Staaten, zu denen auch Westinghouse und Hewlett-Packard zählten, führten sie ein. Es hieß, dass in den achtziger Jahren zeitweise allein in japanischen Firmen bis zu zehn Millionen Menschen an Qualitätszirkeln teilnahmen. Gleichzeitig gab es jedoch auch viel Kritik an der Methode. Selbst Joseph Juran, neben W. Edwards Deming einer der beiden Amerikaner, die nach dem Zweiten Weltkrieg das Qualitätsideal entwickelt hatten, hielt Qualitätszirkel für ziemlich nutzlos, solange das Management des Unternehmens nicht in den allgemeineren Prinzipien des Total Quality Management (siehe Seite 299) geschult wäre.

Andere kritisierten, dass diese Idee ohne den Versuch, sie an lokale Traditionen anzupassen, von einer Kultur in die andere übertragen werde. Sie bewähre sich möglicherweise im teamorientierten japanischen Umfeld, in den stärker am Individuum orientierten westlichen Gesellschaften aber arte sie regelmäßig in eine formalisierte Jagd nach möglichen Schuldigen für die identifizierten Probleme aus. Der ursprünglichen Idee zufolge gehe es allerdings mehr darum, für diese Probleme gemeinsam eine Lösung zu finden.

Die Idee der Qualitätszirkel verlor ihren Glanz, als diese nicht leisteten, was sie versprachen. Eine Studie innerhalb ausgewählter westlicher Großunternehmen aus dem Jahr 1988 fand heraus, dass 80 Prozent von ihnen Anfang der achtziger Jahre Qualitätszirkel eingeführt, diese jedoch vor Ablauf des Jahrzehnts wieder eingestellt hatten.

In seinem Buch *Quality – A Critical Introduction* führt John Beckford das Beispiel eines westlichen Einzelhändlers an, der fast alles falsch gemacht hatte, was man diesem Buch zufolge falsch machen konnte:

- Zwar wurden die Manager geschult, die die Qualitätszirkel leiteten, nicht aber die Mitarbeiter in den Filialen, die daran teilnehmen sollten.
- Die Manager selbst übernahmen die Leitung der Zirkel und ließen ihre Sekretärinnen Protokoll führen. Dadurch wurde die bestehende Hierarchie festgeschrieben, obwohl die Qualitätszirkel gerade dazu gedacht waren, sich davon freizumachen.
- Die Mitarbeiter sollten die Sitzungen in ihrer Freizeit und ohne Bezahlung besuchen.
- Statt die wirklichen Probleme der Mitarbeiter (beispielsweise mit den Öffnungszeiten der Filialen) aufzugreifen, kamen Nebensächlichkeiten auf die Tagesordnung (zum Beispiel ob im Kundenempfangsbereich ausreichend Aschenbecher vorhanden waren).

Empfohlene Lektüre

Beckford, J., *Quality – A Critical Introduction*, London 1998
Crosby, P., *Qualität bringt Gewinn*, Hamburg 1986 (Original: *Quality Is Free*, New York 1979
Hutchins, D., *Quality Circles Handbook*, London 1985
Ishikawa, K., *What Is Total Quality Control?*, Englewood Cliffs 1985
Juran, J., *Handbuch der Qualitätsplanung*, 3. Aufl., Landsberg 1991 (Original: *Juran on Planning for Quality*, New York 1988)

Reengineering

Die Idee des Reengineering wurde erstmals von Michael Hammer, einem Informatikprofessor am MIT, im Rahmen eines Artikels in der *Harvard Business Review* von Juli–August 1990 vorgestellt. Es handelte sich um einen neuen Ansatz zur Unternehmensveränderung, der von seinen Erfindern beschrieben wurde als »ein grundsätzliches Umdenken und die radikale Umgestaltung von Geschäftsprozessen, um deutliche Verbesserungen bei wichtigen Leistungsindikatoren wie Kosten, Qualität, Service und Geschwindigkeit zu erzielen«.

Die Technik bestand darin, die zentralen Prozesse eines Unternehmens zu analysieren und auf effizientere Weise und ohne Rücksicht auf althergebrachte (und häufig irrelevante) Funktionsgrenzen neu zusammenzufügen. Die Funktionseinheiten beispielsweise wachten häufig argwöhnisch über ihre Informationen und ihre Position im Unternehmensgefüge. Das war bestenfalls ineffizient. Indem diese Einheiten in ihre einzelnen Prozesse zerlegt und in einer weniger vertikalen Form neu zusammengesetzt wurden, zeigte sich, wo die Unternehmen überschüssiges »Fett« angesetzt hatten und eine Verschlankung gebrauchen konnten.

Diese Methode wird häufig mit der Bezeichnung Business Process Reengineering (BPR) umschrieben. Doch ihre Erfinder Michael Hammer und James Champy wollten noch mehr. Sie vertraten die These, dass sich die Bedeutung des Reengineering nicht auf Prozesse beschränkt. Es beziehe sich vielmehr auf alle Teile einer Organisation und verfolge ein idealistisches Ziel. »Ich denke, dass dies Engelswerk ist«, sagte Hammer in einem seiner hochfliegenden Momente. »In einer Welt, in der es so vielen Menschen an so vielem fehlt, ist es eine Sünde, so ineffizient zu sein.«

Für viele Kommentatoren jedoch bedeutete das Reengineering eine Rückkehr zu den mechanistischen Ideen Frederick Taylors (siehe Scientific Management, Seite 257). Andere sahen darin den Versuch einer intellektuellen Rechtfertigung des Downsizing (siehe Seite 71), eines Verschlankungsprozesses, zu dem sich viele Unternehmen aufgrund der Entwicklungen in der Informationstechnologie gezwungen sahen.

Zu den Schwachpunkten der Idee gehörte, wie die Erfinder selbst einräumten, dass die Manager nur allzu gern anderen ein Reengineering verordneten, solange sie selbst ungeschoren blieben. Champys Nachfolgebuch trug nicht umsonst den Titel *Reengineering im Management*. »Wenn die Manager ihre eigenen Jobs und ihre eigene Arbeitsweise unverändert lassen, unterminieren sie am Ende die Struktur ihrer umgestalteten Unternehmen«, schrieb er in weiser Voraussicht bereits 1994.

Historischer Abriss

Die Idee des Reengineering wurde Anfang der neunziger Jahre von Michael Hammer und James Champy, dem Chef der Managementberatung CSC, entwickelt. Sie durchlief den klassischen Weg so vieler populärer Managementideen: von den Forschungen eines Universitätsakademikers über das Marketing einer Managementberatung und ein Bestsellerbuch bis zum kurzfristigen Status eines Allheilmittels für jegliche Unternehmenskrankheiten. Dazu taugte Reengineering allerdings ebenso wenig wie irgendein anderes Managementrezept. Seine Popularität resultierte zum Teil aus der guten Zitierbarkeit der Buchautoren (das gilt vor allem für die Ausführungen Hammers).

Der Ansatz wurde von einer Reihe bekannter Unternehmen mit beträchtlichem Erfolg implementiert. Der Postkartenhersteller Hallmark beispielsweise unterzog seinen gesamten neue Produkte betreffenden Prozess einem Reengineering; und Kodak gelang es, mit der Anwendung dieses Verfahrens innerhalb des Herstellungsprozesses für Schwarzweißfilme die Reaktionszeiten auf Neubestellungen zu halbieren.

Seit Mitte der neunziger Jahre jedoch wurden mit dem Begriff

Business Process Reengineering vor allem Personalreduzierungen assoziiert, die damit unvermeidlich einherzugehen schienen. Deshalb änderte das Beratungsunternehmen CSC den Namen der Dienstleistung in Business Process Improvement (BPI). BPI erlaubt eine Prozessverbesserung, die nicht notgedrungen zu Entlassungen führen muss.

Die Idee des Reengineering von Unternehmensprozessen hat seit der Entwicklung von ERP (siehe Enterprise Resource Planning, Seite 84) einen wahren Boom erlebt. ERP-Systeme ermöglichen es den verschiedenen Bereichen eines Unternehmens, miteinander elektronisch zu kommunizieren. Endlich wusste die linke Hand der Organisationen, was die rechte vorhatte, und die Prozesse, die horizontal durch die verschiedenen Bereiche der Organisation verliefen, konnten von Grund auf neu gestaltet werden.

Empfohlene Lektüre

Champy, J. u. Hammer, M., dt.: *Business Reengineering. Die Radikalkur für das Unternehmen*, 6. Aufl., Frankfurt 1996 (Original: *Reengineering the Corporation*, New York 1993)
Champy, J., *Reengineering im Management. Die Radikalkur für die Unternehmensführung*, Frankfurt, 1995 (Original: *Reengineering Management: The Mandate for New Leadership*, New York 1995)
Hammer, M. Re-engineering Work: »Don't Automate, Obliterate«, in: *Harvard Business Review*, Juli–August 1990
Hammer, M. u. Stanton, S., *Die Reengineering Revolution. Handbuch für die Praxis*, Frankfurt 1995 (Original: *The Reengineering Revolution*, New York 1995)

Satisficing

Dahinter steht die Idee, dass die Menschen nicht (wie die klassische Wirtschaftstheorie behauptet) darauf aus sind, den Vorteil, den sie aus einer bestimmten Situation ziehen können, zu maximieren, sondern vielmehr ein Ergebnis anstreben, das gut genug ist – oder mit anderen Worten: zufrieden stellend. Dieses Phänomen, das mit Satisficing bezeichnet wird, kommt insbesondere dann zum Tragen, wenn Kunden vor Ladenregalen stehen und Einkaufsentscheidungen treffen müssen: Jagen sie kompromisslos hinter dem besten Angebot her? Oder geben sie sich mit der erstbesten Ware zufrieden, die ihnen angemessen erscheint?

Dieser Ansatz basiert auf dem Gedanken der Begrenztheit des menschlichen Geistes und wurde in den sechziger Jahren von dem amerikanischen Informatik- und Psychologieprofessor Herbert Simon entwickelt. Er vertrat die These, dass die Menschen unmöglich alle sich ihnen bietenden Alternativen prüfen können. Sie verfügen nicht über sämtliche erforderlichen Informationen, und selbst wenn sie diese hätten, wäre ihr Kopf dennoch nicht in der Lage, sie richtig auszuwerten. Deswegen beschränkt sich der menschliche Geist selbst. Er setzt sich, wie Simon es formulierte, »kognitive Grenzen«. Damit freilich tun sich klassische Ökonomen schwer, in deren Augen die Kunden ständig nach dem größtmöglichen Vorteil suchen.

Simon zufolge peilen Menschen, wenn sie vor einer Kaufentscheidung stehen, einen bestimmten Befriedigungsgrad an, den sie für akzeptabel halten, auch wenn dieser nicht optimal ist. Sie prüfen dann nacheinander eine begrenzte Anzahl von Alternativen. Wenn sie dabei etwas finden, das diesen Befriedigungsgrad zu erfüllen scheint, greifen sie zu. »Während der ›Geschäftsmensch‹ nach dem Maximum sucht und unter allen verfügbaren Alternativen die beste auswählt, gibt sich sein Cousin, der ›Verwaltungsmensch‹, genügsam und hält nach einem Weg Ausschau, der zufrieden stellend oder ›gut genug‹ ist.« Beispiele für das Prinzip des Satisficing im Geschäftsalltag sind ein »erwarteter Gewinn« oder ein »angemessener Preis«.

Bei Simon lesen wir weiter:

»Weil der ›Verwaltungsmensch‹ eher nach zufrieden stellenden als nach optimalen Lösungen sucht, kann er seine Entscheidungen treffen, ohne zuvor alle möglichen Alternativen zu prüfen und sich zu vergewissern, dass ihm auch keine entgangen ist. Und weil er sich die Welt folglich vergleichsweise übersichtlich macht und über die Wechselbeziehungen zwischen allen Dingen (die beim Denken und Handeln nur irritieren) hinwegsieht, kann er seine Entscheidungen mittels relativ einfacher Faustregeln treffen, die seine kognitiven Fähigkeiten nicht überfordern.«

Deshalb können große Unternehmen von kleinen Geistern geführt werden, große Volkswirtschaften (vermutlich) jedoch nicht. Eine Bestätigung erfährt die Idee des Satisficing letztlich durch den gesunden Menschenverstand. Sie »entspricht unseren eigenen Bewertungsprozessen, die wir selbst in uns beobachten können, wie auch den mehr formellen Beschreibungen der Psychologen, die diese Prozesse studiert haben«, sagt Simon.

Historischer Abriss

Die Idee des Satisficing lässt sich auf viele verschiedene Bereiche anwenden. Insbesondere hat sich gezeigt, dass in Kundenumfragen häufig nach diesem Prinzip geantwortet wird: Die Interviewten wählen eher zufrieden stellende Antworten aus, als nach optimalen Lösungen zu suchen. Dieses Verhalten kann die traditionellen statistischen Analysen in der Marktforschung erheblich verzerren.

Das Prinzip hat auch für die Entscheidungsfindung von Managern Gültigkeit. In einer gegebenen Situation können sie unmöglich alle denkbaren Optionen kennen, weshalb sie sich auf diejenigen beschränken, die sie überblicken. Sie wählen dann eine aus, die ihnen zufrieden stellend erscheint (auch wenn diese notgedrungen nicht perfekt ist). Die Unternehmensstrategie wird möglicherweise auf ähnliche Weise bestimmt.

Wenn wir konsequent weiterdenken, kommen wir zu dem Schluss, dass auch alle Wettbewerber eines Unternehmens dem Prinzip des Satisficing folgen und eine Leistung zeigen, die zufrieden stellend, aber bei weitem nicht optimal ist. Daraus folgt jedoch, dass die Benchmarks einer Branche (siehe Seite 21) keine Best Practices sind, sondern nur ein zufrieden stellendes Niveau aufweisen.

Empfohlene Lektüre

March, J. G. u. Simon, H. A., *Organizations*, New York 1958
Simon, H. A., *Entscheidungsverhalten in Organisationen. Eine Untersuchung von Entscheidungsprozessen in Management und Verwaltung*, Landsberg 1981 (Original: *Administrative Behavior*, 3. Aufl., New York 1976)

Scientific Management

Scientific Management war die erste große Managementidee, die ein breites Publikum erreichte. Der Ansatz machte in den frühen Jahren des 20. Jahrhunderts in der US-amerikanischen Unternehmenslandschaft Furore. Viele Managementkonzepte, die seither entwickelt wurden, entstanden entweder als eine Reaktion auf diese Idee oder entwickelten sie weiter.

Vorgestellt wurde die Idee zuerst von Frederick Winslow Taylor, einem Quäker, dessen Grabstein in Pennsylvania die Inschrift trägt:»Der Vater des Scientific Management.« Wie viele Managementtheoretiker nach ihm war Taylor gelernter Ingenieur.

Scientific Management stellte ursprünglich die Antwort auf ein Motivationsproblem dar, das seinerzeit als »Soldiering« (Faulenzertum) bezeichnet wurde: der Versuch der Arbeiter, möglichst wenig Arbeit über möglichst viel Zeit auszudehnen. Als Gegenmaßnahme schlug Taylor vor, dass die Manager die Produktivität wissenschaftlich messen und ihren Arbeitern hohe Zielvorgaben machen sollten. Damit trat er alternativen Ansätzen entgegen, die darauf abzielten, den Arbeitern über höhere Löhne oder Beförderungsmöglichkeiten Anreize zur verstärkten Eigeninitiative zu geben. Taylor bezeichnete diese Methoden als »verderblich«.

Scientific Management forderte die Manager auf, mit Stoppuhr und Bleistift umherzugehen und die Zeit zu messen, die die Arbeiter in den verschiedenen Abteilungen für einzelne Arbeitsabläufe benötigten. Das Ergebnis waren Akkordsysteme, bei denen die Arbeiter nach gefertigten Stückzahlen und nicht nach benötigter Zeit bezahlt wurden.

Taylor glaubte, dass es das »vorrangige Ziel des Managements sein sollte, den Wohlstand des Arbeitgebers gleichzeitig mit dem Wohlstand jedes Beschäftigten zu maximieren«. Die Interessen von Management, Arbeitern und Eigentümern müssten folglich im Zusammenhang gesehen werden. Taylor wollte nach Möglichkeit jede Form der Kopfarbeit aus den Fabrikhallen verbannen und den eigentlichen Arbeitsvorgang Maschinen übertragen. »In der Vergangenheit stand der Mensch an erster Stelle; in Zukunft muss die Maschine diese Rolle übernehmen«, pflegte er zu sagen. Er stieß damit eine Debatte über das Verhältnis von Mensch und Maschine an, die bis weit in das 20. Jahrhundert anhielt.

Historischer Abriss

Taylor begann seine Karriere bei der Midvale Steel Company, wo er als Chief Engineer arbeitete, bevor er zur Bethlehem Steel Company ging. Dort führte er erstmals Experimente zur Untermauerung seiner Überlegungen zum Scientific Management durch. Er zerlegte manuelle Tätigkeiten in eine Reihe von messbaren Handgriffen und wies anschließend nach, dass er damit die Produktivität innerhalb der Fabrik verbessern konnte.

Sein berühmtes Buch *Die Grundsätze wissenschaftlicher Betriebsführung*, in welchem er seine Theorien verkündete, bildete die Vorlage für viele spätere Ansätze im Managementdenken. Es beeinflusste beispielsweise Frank und Lillian Gilbreth, die amerikanischen Spezialisten für Zeit- und Bewegungsstudien, außerdem Arbeitspsychologen, die darin größtenteils eine Beleidigung des Menschen sahen und zu beweisen versuchten, dass die Gewährung von Freiraum für die menschliche Initiative zu noch besseren Resultaten führte, und schließlich auch Industrielle wie die Gebrüder Michelin (die berühmten Reifenhersteller). Sogar Lenin ermahnte einst die marxistischen Arbeiter, »alle wissenschaftlichen und progressiven Anregungen des Taylor'schen Systems auszuprobieren«.

Die Gewerkschaftsbewegung verabscheute diesen Ansatz von Anfang an. Ein Gewerkschaftsfunktionär sagte einmal: »Kein Tyrann oder Sklaventreiber dachte in seinen fantasierendsten Träumen je daran, seine Sklaven in eine erbarmungswürdigere Lage zu versetzen.« Peter Drucker bezeichnete Taylor einst als den

»ersten Menschen der Geschichte, der Arbeit nicht für etwas Natürliches hielt, sondern sie studierte und analysierte. Sein Begriff von Arbeit bildet bis heute die Grundlage.« In der modernen Welt aus unabhängigen Teams ist für Taylors Ideen nur noch wenig Platz. Manche entdecken jedoch in den Arbeiten von Leuten wie Michael Porter und Michael Hammer, die ihren Schwerpunkt auf die Zerlegung von Geschäftsaktivitäten in messbare (und kontrollierbare) Teilprozesse legen, mehr als nur ein schwaches Echo auf Taylors mechanistische Theorien.

Empfohlene Lektüre

Gilbreth, F. B., *Das Abc der wissenschaftlichen Betriebsführung*, Berlin 1925 (Original: *Primer of Scientific Management*, New York 1912)
Taylor, F. W., *A Piece-Rate Systems*, London 1921
Taylor, F. W., *Die Grundsätze wissenschaftlicher Betriebsführung*, Nachdr. der autorisierten Ausgabe München 1913, Weinheim 1995 (Original: *The Principles of Scientific Management*, New York 1911)
Urwick, L. u. Brech, E. F. L., *The Making of Scientific Management*, London 1946
Worthy, J., *Big Business and Free Men*, New York 1959

Das Sieben-S-Modell

Das Sieben-S-Modell steht für eine in den späten siebziger und frühen achtziger Jahren entwickelte Methode zur Analyse von Unternehmen und zur Untersuchung von diversen Elementen, die über Erfolg (oder Misserfolg) entscheiden. Dieses Modell basiert auf sieben Aspekten, deren Bezeichnungen samt und sonders mit dem Buchstaben »S« beginnen:

1. Strategie *(strategy)*: der von dem Unternehmen eingeschlagene Weg in Richtung zukünftigen Wachstums.
2. Struktur (structure): die Art, wie die Organisation zusammengesetzt ist, wie ihre verschiedenen Teile miteinander in Beziehung stehen.
3. Systeme *(systems)*: die formellen und informellen Verfahren und Abläufe, die die täglichen Aktivitäten bestimmen; heute beinhaltet dies zunehmend den Einsatz von Informationstechnologie.
4. Spezialkenntnisse *(skills)*: die unterschiedlichen Fähigkeiten der Menschen, die für das Unternehmen arbeiten.
5. Selbstverständnis *(shared values/superordinate goals)*: die Elemente, die eine Gruppe dazu bringen, an einem Strang zu ziehen und für ein gemeinsames Ziel zu arbeiten.
6. Stammpersonal *(staff)*: die Human Resources der Organisation.
7. Stil *(style)*: die Art, in der die Beschäftigten des Unternehmens sich der Außenwelt, den Zulieferern und Kunden gegenüber präsentieren und wie sie intern miteinander umgehen, insbesondere im Hinblick auf den Managementstil.

Das Sieben-S-Modell brachte die Manager dazu, ihre bisherigen Vorstellungen im Hinblick auf Verbesserungsmöglichkeiten im

Unternehmen zu überdenken. Es zeigte ihnen, dass es nicht genügte, nur eine neue Strategie zu entwerfen und zu befolgen. Auch die Einrichtung neuer, verbesserter Systeme allein reichte nicht aus. Eine wirkliche Verbesserung konnte nur erreicht werden, wenn alle sieben »S«-Faktoren gleichzeitig berücksichtigt wurden.

Die sieben »S« wurden häufig unterteilt in die ersten drei Komponenten (Strategie, Struktur und Systeme), die als die harten »S« bezeichnet wurden, und die vier übrigen, die so genannten weichen »S«. Das Konzept entstand im Zusammenhang mit den erstaunlichen Erfolgen der japanischen Hersteller in den Sechzigern und Siebzigern. Damals sah man die Stärken der westlichen Unternehmen insbesondere in den harten »S«-Faktoren, während man die größeren Erfolge der Japaner darauf zurückführte, dass sie die harten und die weichen »S«-Faktoren miteinander zu verbinden wussten.

Alle sieben Komponenten hängen miteinander zusammen, sodass eine Veränderung bei einem einen Dominoeffekt im Hinblick auf die anderen hat. Deshalb lassen sich Fortschritte nur bei allen »S«-Faktoren zugleich erzielen. Wenn die Leistung westlicher Unternehmen manchmal zu wünschen übrig lässt, dann liegt das in erster Linie daran, dass diese sich nach wie vor allzu sehr auf die harten »S«-Faktoren konzentrieren.

Im Diagramm werden die sieben Komponenten des Sieben-S-Modells kreisförmig angeordnet dargestellt, womit zum Ausdruck gebracht werden soll, dass sie in ihrer Bedeutung jeweils gleichwertig sind. Keine ist wichtiger als die übrigen, wenngleich der Urheber des Konzepts, Richard Pascale, später den Superordinate Goals einen besonderen Status gab. Er begründete dies damit, dass diese Kategorie »den Leim darstellt, der die übrigen sechs zusammenhält«. Diese Positionierung der Superordinate Goals in der Mitte des Kreises war der Ausgangspunkt für einige spätere Arbeiten zum Thema Unternehmenskultur (siehe Seite 309), denn diese wird gewissermaßen als eine Synthese aus den übergeordneten Zielen eines Unternehmens und dessen Stil verstanden.

Historischer Abriss

Wenn die Portfolio-Matrix (siehe Seite 232) ihre Heimat bei der Boston Consulting Group als einer der beiden führenden strategischen Beratungsfirmen hat, so ist das Sieben-S-Modell mit dem Namen der anderen, McKinsey & Co, verknüpft. Es war das Samenkorn, aus dem die Idee der Spitzenleistung (siehe Seite 270) und damit das meistverkaufte Buch der Managementliteratur, *Auf der Suche nach Spitzenleistungen*, entsprossen. Spitzenunternehmen waren danach diejenigen Firmen, die bei allen sieben »S«-Faktoren Spitzenleistung zeigten.

Die Autoren des Buches, Tom Peters und Robert Waterman, hatten in den späten Siebzigern und frühen Achtzigern zusammen mit Richard Pascale das Sieben-S-Modell entworfen. Pascale führte diese Idee in der Folge in seinem Buch *Geheimnis und Kunst des japanischen Managements* weiter aus, indem er einen Vergleich zwischen dem japanischen Unternehmen Matsushita und dem US-Unternehmen ITT anstellte, der überwiegend zugunsten des Ersteren ausfiel.

Empfohlene Lektüre

Pascale, R. u. Athos, A., *Geheimnis und Kunst des japanischen Managements*, München 1982 (Original: *The Art of Japanese Management*, New York 1981)

Small is beautiful

Small is Beautiful ist vielleicht der berühmteste Titel von allen Managementbüchern, die jemals geschrieben wurden. Dabei war es nicht einmal der Originaltitel, den sich der Autor E. F. Schumacher für sein Buch ausgedacht hatte. Der weniger spektakuläre Untertitel des Buches lautete *A Study of Economics as if People Mattered.* Der Haupttitel war in vielerlei Hinsicht irreführend, denn das Buch ist kein Lobgesang auf kleinere Dimensionen. Es ist vielmehr eine Streitschrift gegen die rohe Brutalität der Industrie und (nicht zuletzt) ihren Raubbau an der natürlichen Umwelt und dem menschlichen Geist. Als Motto ist dem Buch ein Zitat des Historikers R. H. Tawney vorangestellt:

»Da noch der gemeinste Mensch eine Seele hat, wird kein materieller Reichtum ihn für eine Situation entschädigen, die ihn seiner Selbstachtung beraubt und seine Freiheit beeinträchtigt. Wenn vermieden werden soll, dass der Produktionsprozess ständig von Protesten der rebellierenden menschlichen Natur unterbrochen wird, müssen die Wirtschaftsstrukturen Kriterien erfüllen, die nicht ausschließlich ökonomischer Natur sind.«

Wenn sich eine »Vermenschlichung der Arbeit« nur dadurch erreichen lässt, dass große Unternehmen in eine Anzahl kleinerer zerlegt werden, dann wäre (nach Schumachers Schema) »klein« tatsächlich »schön«. Aber Schumacher hatte niemals die Absicht, zu zeigen, dass die Gemeinheit des Geistes in irgendeiner Beziehung zu der Größe der Organisation steht, in der dieser Geist tätig ist.

Historischer Abriss

Der Slogan »small is beautiful« gewann Popularität, nachdem weite Teile des 20. Jahrhunderts von industrieller Gigantomanie gekennzeichnet gewesen waren, wozu nicht zuletzt zwei Weltkriege mit ihrem Durst nach industriellen Massenprodukten beigetragen hatten. Nachdem beide Kriege glücklich beendet waren, war es an der Zeit, dass sich das Pendel in die entgegengesetzte Richtung bewegte.

Nachdem das Buch erschienen war, richteten zahlreiche Länder Regierungskommissionen ein, die nach Möglichkeiten suchen sollten, um die Nachteile, mit denen kleinere Unternehmen insbesondere auf den Finanzmärkten zu kämpfen hatten, beseitigen zu können. Das Ergebnis war die Einrichtung einer Reihe von Programmen für kleinere Unternehmen, die von verbilligten Darlehen bis zu subventionierten Büroflächen reichten.

Schumacher selbst war ein deutscher Ökonom, der die meiste Zeit seines Arbeitslebens für ein und dieselbe große Organisation, das britische National Coal Board, tätig war. Die dort gemachten Erfahrungen brachten ihn zu der Erkenntnis, dass große Unternehmen nur dann erfolgreich sein konnten, wenn sie versuchten, sich wie ein Ensemble kleinerer Firmen zu verhalten. Wir lesen:

»Die Organisationen sollten die Natur imitieren, die es nicht zulässt, dass eine einzelne Zelle zu groß wird ... Die wesentliche Aufgabe besteht darin, in großen Organisationen kleine Einheiten zu schaffen ... Die große Leistung von Alfred Sloan als Chef von General Motors war, dieses gigantische Unternehmen so zu strukturieren, dass es in Wirklichkeit eine Föderation vergleichsweise übersichtlicher Firmen darstellte.«

Daneben führte er auch das National Coal Board als ein Beispiel einer großen Organisation an, die innerhalb ihrer selbst eine Reihe von »Quasifirmen« gebildet hatte. Diese Quasifirmen, so Schumacher, benötigten viel Freiheit, »um Kreativität und Unternehmergeist die größtmögliche Chance zu geben«.

Gegen Ende des 20. Jahrhunderts schienen eher die großen

Unternehmen einen Fürsprecher nach Art Schumachers gebrauchen zu können. Inzwischen hatten sich viele entscheidende Wirtschaftsfaktoren zugunsten kleinerer Unternehmen verschoben. Im Jahr 1999 waren Firmen mit weniger als 100 Beschäftigten für zwei Drittel aller Jobs in den Vereinigten Staaten und ein Drittel des US-Bruttosozialprodukts verantwortlich. In einigen Branchen dominierten kleinere Firmen. In der Reisebranche beispielsweise wurde die Hälfte des Branchenumsatzes in den Vereinigten Staaten von Firmen mit weniger als 100 Beschäftigten erwirtschaftet.

Gleichzeitig zogen es immer mehr studierte Fachkräfte vor, für kleine Firmen zu arbeiten, wo sie in jüngeren Jahren mehr Verantwortung übernehmen konnten und entsprechende Erfolgsbeteiligungen erhielten (in Form von Anteilen an der Firma ihres Arbeitgebers). Kleine Firmen erwiesen sich als flexibler und interessanter.

Seitdem die großen Unternehmen in der Defensive sind, suchen sie nach neuen Möglichkeiten, um mit den jungen Start-ups konkurrieren zu können. Eine Möglichkeit besteht darin, mit ihnen Jointventures einzugehen, um auf diese Weise an ihrem Talentvorrat teilzuhaben. Große Pharmaunternehmen beispielsweise bedienen sich zunehmend dieser Methode, um an die besten studierten Fachkräfte zu kommen, die heute nicht mehr automatisch den Weg zu ihnen finden.

Empfohlene Lektüre

Davis, R. u. Austerberry, T., »Think Small; Win Big«, in: *McKinsey Quarterly*, Nr. 1, 1999
Schumacher, E. F., *Small Is Beautiful – Die Rückkehr zum menschlichen Maß*, Karlsruhe 1993 (Original: *Small Is Beautiful*, London 1976)

Spieltheorie

Die Vorstellung von der Geschäftstätigkeit als Spiel, in dem der Schritt eines Spielers weitere Schritte anderer Spieler auslöst, findet sich in vielen Strategieüberlegungen. Sie entstammt einem Zweig der Wirtschaftstheorie (Spieltheorie), der davon ausgeht, dass kein Akteur (Einzelperson oder Unternehmen) eine Insel darstellt und unabhängig von allen anderen lebt und agiert.

In Wirtschaftsbereichen, in denen die Unternehmen verbissen um Marktanteile und treue Kunden kämpfen, lässt sich das tatsächliche Geschehen mit einer solchen schematischen Handlungsabfolge ziemlich getreu abbilden. Nur wenige Unternehmen machen sich heute Gedanken über ihre Strategie, ohne ein wenig Spieltheorie beizumischen. Für die beiden Wirtschaftswissenschaftler von Neumann und Morgenstern, die die Idee der Spieltheorie entwickelten, stellte Strategie »einen vollständigen Plan (dar), einen Plan, der für jede denkbare Situation angibt, welche Entscheidung [der Spieler] treffen wird«.

Die Vorstellung, dass das Wirtschaftsgeschehen aus einer unendlichen Abfolge von Spielen besteht, von denen jedes einzelne einen Gewinner und einen Verlierer hervorbringt, kann auch zu einem Hindernis werden. Wenn beispielsweise in Verhandlungen mit externen Zulieferern oder Kunden, mit Gewerkschaften oder Kollegen die Beteiligten ausschließlich in den Begriffen Gewinn oder Niederlage denken, dann erschwert das unter Umständen die Suche nach einer befriedigenden Lösung. Denn dann müsste einer der Beteiligten die Verhandlung mit dem Gefühl verlassen, unterlegen zu sein. In einigen nichtwestlichen Kulturen ist die Ausrichtung von vornherein eine andere. Hier wird mit dem Verhandlungsprozess eine Win-Win-Lösung angestrebt, mit der beide Seiten mit Recht zufrieden sein können.

Das Wirtschaftsgeschehen wird gelegentlich mit dem Schachspiel verglichen. Nicht selten sind erfolgreiche Geschäftsleute geschickte Schachspieler, wie beispielsweise Robert Holmes à Court, ein australischer Industriemagnat. Schach ist allerdings ein Spiel, das nur von zwei Spielern gespielt werden kann, während in der Wirtschaft nur selten Duopoly angesagt ist. Wenn wir hier also von einem Spiel reden, dann von einer Version mit vielen Spielern, bei der jeder gegen jeden spielt.

Historischer Abriss

Die Wirtschaftssprache ist voller Anspielungen auf Spielsituationen: Regulierungsbehörden sorgen dafür, dass die Unternehmen »faire Spielregeln« einhalten, und Wettbewerb wird nicht selten als das »freie Spiel« der Marktkräfte definiert. Zu den Spielarten, die in der Wirtschaft zum Tragen kommen, gehören unter anderem folgende Varianten:

Das Endspiel
Dies ist eine Strategie, die sich für Produkte anbietet, deren Tage gezählt zu sein scheinen. Ein Unternehmen kann sich fragen: Sollen wir aus dem Produkt herausschlagen, was nur möglich ist, bevor es stirbt? Oder sollten wir mit einer aggressiven Preispolitik die verbleibenden Rivalen aus dem Feld schlagen, um anschließend weiterhin von dem reduzierten Nischenmarkt zu profitieren? In ihrem Buch *Unternehmensstrategien für reife oder rückläufige Märkte* vertritt die Harvard-Professorin Kathryn Harrigan die These, dass Endspiele höchst profitabel sein können. Dort heißt es: »Der letzte überlebende Spieler macht sein Geld damit, dass er die Restnachfrage befriedigt, nachdem alle übrigen Wettbewerber ausgestiegen sind.«

Das Krocketspiel
In *The Change Masters* schreibt Rosabeth Moss Kanter:

»Ich denke, dass die meisten heutigen Geschäftssituationen am besten durch das Krocketspiel in »Alice im Wunderland« beschrieben werden. In diesem Spiel bleibt nichts lange so, wie es ist. Alles um die Spieler herum verändert sich. Alice setzt an, einen Ball zu schlagen, aber ihr Schläger ist auf einmal ein Flamingo. Gerade als sie den Ball schlagen will, hebt der Flamingo den Kopf und schaut in eine andere Richtung. Genau so verhält es sich mit der Technologie und den Instrumenten, die wir verwenden.«

Das Win-Win-Spiel
Dies ist eine Spielvariante, aus der beide Seiten als Gewinner hervorgehen, wie beispielsweise eine Fusion von zwei Unternehmen, deren Synergie (siehe Seite 284) dazu führt, dass das Ganze tatsächlich mehr ist als die Summe seiner Teile.

Das Produktentwicklungsspiel
Dieser Begriff geht auf die Überschrift eines viel beachteten Artikels in der Ausgabe der *Harvard Business Review* von Januar–Februar 1986 zurück.

Das Nullsummenspiel
Dies ist die Kurzformel für die Vorstellung, dass jedes Spiel – ob in der Wirtschaft oder in der Sportarena – einen Gewinner und einen Verlierer hat. Der Gewinn des Gewinners und der Verlust des Verlierers addieren sich zu null auf. In einem solchen Spiel gibt es keinen Anreiz zur Kooperation mit dem Gegner, weil jeder zugestandene Zentimeter ein verlorener Zentimeter ist. Die Idee des Nullsummenspiels lässt sich dahingehend modifizieren, dass die Möglichkeit einer Veränderung der Spielregeln während des Spielverlaufs zugelassen wird. Deshalb spielen beispielsweise Unternehmen, die ihren Marktanteil verteidigen, ein Nullsummenspiel, solange sie auf dem Markt keine Veränderungen erwarten. Wenn der Markt aber kontinuierlich wächst (oder wenn die Unternehmen ihn in dieser Weise definieren), dann spielen die Beteiligten ein Spiel, in dem auch ein kleinerer Anteil am vergrößerten Kuchen noch einen Geschäftszuwachs für sie bedeuten kann.

Natürlich gibt es noch eine Reihe anderer Spiele, mit denen die Menschen in Organisationen ihre Macht und ihren Einfluss ausbauen oder mit denen Unternehmen versuchen, ihre Konkurrenten aus dem Feld zu schlagen.

Empfohlene Lektüre

Berne, E., *Die Spiele der Erwachsenen: Psychologie der menschlichen Beziehungen*, Hamburg 1991 (Original: *Games People Play*, London 1966)

Friedman, S. D., Christensen, P. u. DeGroot, J., »Work and Life: The End of the Zero Sum Game«, in: *Harvard Business Review*, November–Dezember 1998

Harrigan, K., *Unternehmensstrategien für reife oder rückläufige Märkte*, Frankfurt 1989 (Original: *Managing Maturing Businesses*, Lexington 1988)

Kanter, R. M., *The Change Masters: Corporate Entrepreneurs at Work*, New York 1983

McDonald, J., *Strategy in Poker, Business and War*, New York 1950

Shubik, M., *Games for Society, Business and War: Towards a Theory of Gaming*, New York 1975

Sunzi, *Die Kunst des Krieges* (500 v. Chr.), Neuaufl., München 2001 (engl.: Sun Tzu, *The Art of War*, Oxford 1963)

Von Neumann, J. u. Morgenstern, O., *Spieltheorie und wirtschaftliches Verhalten*, 3. Aufl., Würzburg 1973 (Original: *Theory of Games and Economic Behavior*, 2. Aufl., Princeton 1953)

Spitzenleistung

Nach der Veröffentlichung des meistverkauften Management-buchs aller Zeiten im Jahr 1982 – *Auf der Suche nach Spitzen-leistungen*, geschrieben von den beiden Unternehmensberatern Tom Peters und Robert Waterman – entwickelte sich um das Thema Spitzenleistung als der Hauptidee des Buches eine Bewegung. Die Autoren benannten acht Merkmale, die ihrer Ansicht nach charakteristisch waren für die leistungsfähigsten Unternehmen in den Vereinigten Staaten. (Der Untertitel im Original implizierte: »Beherzigen Sie sie, und auch Sie sind zu Spitzenleistungen fähig.«) Demnach haben Spitzenunternehmen folgende »Grundtugenden«:

1. **Primat des Handelns:** In vielen dieser Unternehmen, sagen die Autoren, lautet die Verfahrensweise: »Do it, fix it, try it.«
2. **Nähe zum Kunden:** Spitzenunternehmen »lernen von ihren Kunden«.
3. **Freiraum für Unternehmertum:** Die Autoren zitieren dazu eine Beschreibung von 3M, einem Unternehmen, das für viele Vorbildcharakter hat. Man sei dort »so innovationsbesessen, dass die allgemeine Atmosphäre nicht so sehr an ein Großunternehmen erinnert, sondern vielmehr an ein Gewirr aus Labors und Kabäuschen, in denen eifrige Erfinder und kühne Unternehmer ihrer Fantasie freien Lauf lassen«.
4. **Produktivität durch Menschen:** Spitzenunternehmen haben viel Respekt vor den Mannschaftsrängen und betrachten »Kapitalanlagen nicht als das wichtigste Mittel zur Effizienzsteigerung«.
5. **Sichtbar gelebtes Wertesystem:** In Spitzenunternehmen sind die Führungskräfte überzeugte Anhänger des Management by Walking Around (siehe Seite 182).

6. **Bindung an das angestammte Geschäft:** »Spitzenleistungen gelingen am ehesten denjenigen Unternehmen, die sich nicht allzu weit von ihrem vertrauten Tätigkeitsgebiet entfernen.«

7. **Einfacher, flexibler Aufbau:** Das bedeutet Verzicht auf Matrixstruktur (siehe Seite 198) zugunsten einer Organisationsform, in der »nicht selten eine weniger als 100-köpfige Zentrale ein Milliarden-Unternehmen führt«.

8. **Straff-lockere Führung:** »Die überragenden Unternehmen sind zentralistisch und dezentralisiert zugleich.«

Der letzte Punkt lässt sich möglicherweise am schwersten verstehen und umsetzen. Die Autoren schreiben: »Die meisten dieser acht Merkmale sind alles andere als sensationell. Einige von ihnen, vielleicht sogar die meisten, sind Binsenweisheiten.«

Historischer Abriss

Auf der Suche nach Spitzenleistungen verkaufte sich mehrere Millionen Mal, weit häufiger als irgendein anderes Managementbuch im 20. Jahrhundert. Da es sich ausgesprochen gut liest – es erzählt famose Geschichten über interessante Unternehmen –, vermittelte es die grundlegenden Wirtschafts- und Managementkonzepte einem breiten Publikum, das bis dato kaum Zugang zu ihnen gehabt hatte. Das wäre natürlich ohne die eine oder andere Vereinfachung nicht möglich gewesen. Wenngleich diese Vereinfachungen also am Erfolg des Buches ursächlich beteiligt waren, wurden sie auch als Schwachpunkte kritisiert. Peter Drucker, ein führender Managementtheoretiker, erklärte, das Buch lasse »Management so unglaublich einfach erscheinen. Sie müssen nichts anderes tun, als sich das Buch unter das Kopfkissen zu legen, und schon klappt alles wie am Schnürchen.«

Peters und Waterman stützten sich bei ihren Ideen vor allem auf die Erfahrungen, die sie in den späten Siebzigern und frühen Achtzigern im Rahmen ihrer Tätigkeit als Managementberater bei McKinsey aus ihrer Arbeit mit US-Unternehmen gewonnen hatten. Sie hatten in dieser Zeit Kontakt mit ihrem Beraterkollegen Richard Pascale, der das Sieben-S-Modell von McKinsey dazu verwendet hatte, die (damals) zunehmende Überlegenheit der japanischen Fertigungs- und Managementmethoden zu erklären (wie man in seinem Buch *Geheimnis und Kunst des japanischen Managements* nachlesen kann).

Die US-Industrie war wie gelähmt angesichts ihrer angeblichen Unfähigkeit, mit diesem neuen Industriegiganten im Osten mitzuhalten, und Peters und Waterman gaben ihr etwas von dem dringend benötigten Selbstvertrauen zurück. »Schaut her«, sagten sie sinngemäß, »es sieht nicht so düster aus, wie es scheint. Wir haben in den Vereinigten Staaten eine große Zahl von Unternehmen gefunden, die bei allen sieben ›S‹-Faktoren, die in ihrer Gesamtheit den Erfolg eines Unternehmens ausmachen, eine vorzügliche Bilanz präsentieren können.«

Dass viele der von Peters und Waterman gepriesenen Unternehmen in der Folgezeit eine alles andere als glänzende Karriere hinlegten (Peters selbst verkündete in einem späteren Buch: »Es gibt keine Spitzenunternehmen«), tat der Popularität ihrer Botschaft keinen Abbruch. Und tatsächlich: Kaum war das Buch erschienen, da begannen die Vereinigten Staaten hinsichtlich Produktivität und Wachstum der Wirtschaft neue Höhen zu erklimmen, in die ihnen bis zum Ende des 20. Jahrhunderts kein anderes Land zu folgen vermochte.

Die Wirtschaftsprofessorin Kathryn Harrigan erklärt den Erfolg des Buches nicht zuletzt mit dem »amerikanischen Faible für Kulte, insbesondere Persönlichkeitskulte. Alle Amerikaner suchen nach dem großen Erfolgsrezept, und Tom Peters war besonders gut darin. Die Leser wussten genau, wie sie ihn einzuordnen hatten.«

Peters wurde die Leitfigur einer neuen Generation von Managementexperten, die ihr Wissen aus den Bücherregalen holten und in die Hörsäle trugen. Mit Energie, Eifer und Witz zog er Scharen von Managern und Führungskräften in Konferenzsälen von Hamburg bis Hongkong in seinen Bann und sang als Anführer einer regelrechten Welle von US-Gurus auf allen Kontinenten das Loblied der amerikanischen Unternehmenskunst.

Robert Waterman war das genaue Gegenstück zu Peters. Von Natur aus scheu und introvertiert, blieb er noch lange bei McKinsey, nachdem Peters gegangen war, und gründete schließlich in San Francisco seine eigene Beraterfirma.

Empfohlene Lektüre

Peters, T. u. Waterman, R., *Auf der Suche nach Spitzenleistungen. Was man von den bestgeführten US-Unternehmen lernen kann*, 6. Aufl., München 1997 (Original: *In Search of Excellence*, New York 1982)

Peters, T. u. Austin, N., *Leistung aus Leidenschaft: Über Management und Führung*, Hamburg 1993 (Original: *A Passion for Excellence – The Leadership Difference*, New York 1985)

Peters, T., *Kreatives Chaos. Die neue Management-Praxis*, Hamburg 1988 (Original: *Thriving on Chaos*, New York 1987)

Waterman, R., *Leistung durch Innovation: Strategien zur unternehmerischen Zukunftssicherung*, Hamburg 1988 (Original: *The Renewal Factor*, Toronto 1987)

Strategische Allianz

Eine strategische Allianz ist eine Partnerschaft zwischen zwei oder mehr Organisationen, die von einer gewöhnlichen Zuliefervereinbarung bis zu einer kompletten Übernahme reichen kann. Zu ihren Spielarten gehören Franchising, Lizenzgewährung und Jointventure.

Booz Allen & Hamilton, eine auf diesem Gebiet führende Managementberatungsfirma, definiert eine strategische Allianz als:

»Eine Kooperation zwischen zwei oder mehr Unternehmen, in der

- eine gemeinsame Strategie entwickelt wird und alle Beteiligten eine Win-Win-Haltung einnehmen;
- die Beziehung gegenseitig und jeder Partner bereit ist, spezifische Fähigkeiten mit dem anderen zu teilen und somit dem ganzen Unternehmen Stärke zu verleihen;
- Ressourcen, Investitionen und Risiken zum gegenseitigen Gewinn gemeinsam getragen werden.«

Im Allgemeinen gibt es zwei Arten von strategischer Allianz: bilaterale Allianz (zwischen zwei Organisationen) und multilaterale Allianz (zwischen mehr als zwei Organisationen). Die Allianz zwischen der Bank of Scotland und Tesco, bei der die britische Supermarktkette die Dienstleistungen der schottischen Bank in ihren Filialen anbot, war ein Beispiel für eine bilaterale Allianz. Das Airbus-Konsortium und der VISA-Card-Verbund sind Beispiele für multilaterale Allianzen.

Strategische Allianzen haben viele Vorteile: Der unmittelbare finanzielle Aufwand ist gering; Unternehmen haben die Möglichkeit, sich in neue Märkte vorzutasten, ohne sich die Füße nass zu machen; und sie bieten stille Rückzugsmöglichkeiten, falls eine Partnerschaft die in sie gesetzten Hoffnungen nicht erfüllt. Wer aber bei einer Unternehmung von Anfang an tief pokert und weiß, dass ein das Gesicht wahrender Notausgang offen steht, gibt möglicherweise auch nicht sein Bestes, damit daraus ein Erfolg wird.

Am häufigsten dienen Allianzen dazu, einen Fuß in fremde Märkte zu setzen. Es überrascht deshalb auch nicht, dass die Allianzen in Europa und Asien (wo es mehr ausländische Märkte gibt) zahlreicher sind als in den Vereinigten Staaten. In einigen Fällen dienen Allianzen Unternehmen dazu, Märkte zu erobern, die ihnen sonst verschlossen geblieben wären. Deshalb sind sie in der Flugverkehrsbranche so beliebt, wo die Regierungen mit Argusaugen darüber wachen, dass ihre nationalen Fluggesellschaften nicht in fremde Hände geraten. Beispiele sind Oneworld Alliance, zu der derzeit Aer Lingus, American Airlines, British Airlines, Cathay Pacific, Finnair, Iberia, LanChile und Qantas gehören, sowie Star Alliance mit derzeit Air Canada, Air New Zealand, All Nippon Airways, Ansett Australia, Austrian Airlines, British Midland, Lauda Air, Lufthansa, Mexicana Airlines, SAS, Singapore Airlines, Thai Airways, Tyrolean Airways, United und Varig als Mitgliedern.

Als wichtige Voraussetzung für eine erfolgreiche Allianz gilt eine gewisser Grad an kultureller Kompatibilität. So empfiehlt es sich für Unternehmen, Partner vergleichbarer Größe zu suchen. Kooperationen zwischen sehr großen und sehr kleinen Unternehmen lassen sich wegen der unterschiedlichen relativen Bedeutung, die die Allianz für die Beteiligten hat, nur schwer umsetzen.

Häufig werden Allianzen mit Ehen verglichen. Die Partner müssen die gegenseitigen Erwartungen kennen, ein Gespür für Veränderungen in der Stimmungslage der Beteiligten entwickeln und nicht überrascht sein, wenn die Partnerschaft in eine Scheidung mündet. Viele Unternehmen entwerfen für ihre Allianz sogar eine Art Ehevertrag, in dem festgelegt ist, was mit dem gemeinsamen Besitz im Fall einer Trennung geschehen soll.

Historischer Abriss

Strategische Allianzen wuchsen in den neunziger Jahren in einem erstaunlichen Tempo. Einige Unternehmen, wie etwa General Electric und AT&T, gingen sie zu Hunderten ein. Schätzungen zufolge knüpfte IBM im Lauf des Jahrzehnts knapp 1000 strategische Allianzen. Booz Allen & Hamilton zufolge entstanden in der Zeit von 1996 bis 1998 weltweit über 20 000 Allianzen. Accenture behauptete, die Unternehmen der Fortune 500 kämen durchschnittlich auf 50 bis 70 Allianzen. Allianzen waren einst auf kleinere Randbereiche der Unternehmensaktivität beschränkt. Das hat sich inzwischen geändert. Im Jahr 1998 vereinbarten British Telecom und AT&T die Zusammenlegung ihrer internationalen Aktivitäten in ein einziges Jointventure mit einem anfänglichen Jahresumsatz von elf Milliarden US-Dollar, einem jährlichen Gewinn von einer Milliarde US-Dollar sowie circa 5000 Beschäftigten. AT&T ging zudem eine Allianz mit Microsoft ein, die die Bereitstellung von Breitbanddiensten über Kabelfernsehnetze zum Ziel hat, was für beide Partner nicht gerade eine Randbeschäftigung sein dürfte.

Gegen Ende des 20. Jahrhunderts stellten sich strategische Allianzen für viele Unternehmen als die wichtigste Wachstumsquelle dar. Die verbleibenden beiden Wachstumsmöglichkeiten, nämlich organisch oder über Fusionen und Übernahmen, hatten in vielen Märkten ihre Wirksamkeit eingebüßt. In dieser Situation war für Unternehmen die Fähigkeit, ihr Netzwerk von Allianzen geschickt zu managen, außerordentlich wichtig.

Empfohlene Lektüre

Harrigan, K., *Strategies for Declining Businesses*, Lexington 1980

Strategische Planung

Im Altgriechischen bedeutet στρατεγια die Kunst der Heerführung, der Planung und Ausführung militärischer Unternehmungen. Unser davon abgeleitetes modernes Wort Strategie wurde aus dem militärischen auf den zivilen, geschäftlichen Bereich übertragen, als es noch keinen Master of Business Administration gab und eine militärische Karriere als ideale Qualifikation für einen Manager galt. Ähnlich den militärischen Gepflogenheiten wurde Strategie auch in der Geschäftswelt als eine hochkarätige Funktion angesehen, die nur der Führungsspitze und einer kleinen Schar besonders fähiger Ratgeber anstand. Die Planung der Unternehmensstrategie wurde gewissermaßen im Geheimen und in unregelmäßigen Abständen vollzogen.

Obwohl sich einige der fähigsten Geister aus Praxis und Wissenschaft mit den Problemen der strategischen Planung beschäftigt haben, gibt es bis heute keine allgemein anerkannte Methode, die in allen Situationen funktioniert. Die meisten Menschen würden den von Alfred Chandler allgemein formulierten Grundsätzen zustimmen, wonach strategische Planung die Definition eines langfristigen Ziels und die Bereitstellung der für die Erreichung dieses Ziels benötigten Ressourcen beinhaltet. Darüber hinaus jedoch finden sich wenig Gemeinsamkeiten.

Igor Ansoff wies auf einen grundsätzlichen Unterschied zwischen Planung und dem, was er strategisches Management nannte, hin. Strategisches Management habe drei Komponenten:

- strategische Planung,
- die Fähigkeit eines Unternehmens, einmal gemachte Pläne zu verwirklichen,
- die Fähigkeit eines Unternehmens, seinen eigenen Widerstand gegen Veränderungen zu überwinden.

Ansoffs Analyse gründete auf der Beobachtung, dass es »den Unternehmen nicht gelang, die zunehmend geschickteren Strategieformulierungen auch in marktrelevante Resultate zu übersetzen«, was in vielen Firmen zu einer Unterdrückung der Strategieplanung führe.

Henry Mintzberg machte zehn verschiedene Denkschulen zur strategischen Planung aus, wich dann aber einer Entscheidung zugunsten einer Variante aus, indem er behauptete, der Begriff sei irreführend, weil er lediglich bereits existierende Strategien formalisiere. Strategien hingegen seien Visionen und keine Pläne.

Historischer Abriss

In den Sechzigern verhalf die Popularität der strategischen Planung der jungen Sparte der Managementberater zu einem Boom. Wie *Business Week* schrieb, »schoss eine kleine Branche allwissender Beraterboutiquen aus dem Boden ... nun war es möglich, eine Strategie zu entwerfen, die Ihrem Unternehmen den ununterbrochenen Siegeszug garantierte, wenn Sie nur intensiv genug nachdachten«. Neue Firmen wie die Boston Consulting Group wuchsen rasch aufgrund ihrer Erfolge mit strategischen Ideen wie der Portfolio-Matrix (siehe Seite 232) und der Erfahrungskurve (siehe Seite 90). Und auch ältere Firmen wie McKinsey wuchsen aufgrund ihrer Fähigkeiten auf diesem Gebiet.

In den achtziger Jahren jedoch geriet die strategische Planung aus der Mode. Als die Unternehmen begannen, die Gürtel enger zu schnallen (zuerst wegen der globalen Konkurrenz, besonders seitens der Japaner, dann wegen der Rezession), stellten sie fest, dass sie ihre strategischen Planungsabteilungen (die naturgemäß besonders qualifizierte und teure Mitarbeiter beschäftigten) ohne Schaden dezimieren konnten. Zukünftiges Wachstum (oder dessen Planung) stand nicht auf der Tagesordnung. Die Unternehmen konzentrierten sich vielmehr auf das nähere Ziel, die Erträge aus den bestehenden Aktivitäten zu verbessern. Das erforderte notgedrungen die Einführung von Informationstechnologien, und dazu waren eher technisch versierte Berater und weniger die geschniegelten Vertreter von BCG und McKinsey gefragt.

General Electric machte den Anfang, als das Unternehmen im Jahr 1983 seine viel gerühmte Planungsabteilung abschaffte. Der damalige Chief Executive von GE, Jack Welch, befand, dass sich die 200 oder mehr Senior Executives der Abteilung allzu sehr mit finanziellen Details abgaben und sich nicht hinreichend um neue Aktivitäten und visionäre Märkte kümmerten. Die strategische Planung des Unternehmens wurde den Bossen der zwölf Geschäftseinheiten übertragen, die in der Folge regelmäßig im Sommer zu ganztägigen Strategiebesprechungen zusammenkamen. Dabei schauten sie sowohl auf den kurzfristigen Horizont als auch vier Jahre voraus.

Erst Mitte der neunziger Jahre erlebte die strategische Planung ein gewisses Comeback. *Business Week* setzte das Ereignis im August 1996 auf die Titelseite. »Nach einem Jahrzehnt des eifrigen Downsizing«, hieß es dort, »kommen die Big Thinkers bei den Unternehmen wieder in Mode.« Das hatte im Wesentlichen zwei Gründe:

- Die Unternehmen, insbesondere die US-amerikanischen, begannen wieder an Wachstum zu denken.
- Das Internet und die Möglichkeiten des E-Commerce (siehe Seite 75) zwangen die Unternehmen, sich sorgfältig zu überlegen, welche Richtung sie in der neuen Welt des E-Business einschlagen wollten. Unternehmen wie Disney beispielsweise ernannten spezielle Senior Executives, deren Aufgabe in der strategischen Planung für das Onlinegeschäft bestand.

Mit ihrem Wiedererscheinen nahm die strategische Planung allerdings eine andere Form an. Sie gestaltete sich jetzt als ein kontinuierlicher Prozess und nicht – wie früher – als ein halbjährlich oder jährlich stattfindendes Geheimtreffen einiger weniger Auserwählter. Der Mobiltelefonhersteller Nokia erklärte, sein Ziel sei es, Strategie zu einem »alltäglichen Teil der Managertätigkeit« zu machen. Er begann zudem damit, weit mehr Leute innerhalb und außerhalb der Organisation in den Prozess einzubeziehen. Hewlett-Packard beispielsweise brachte in seinen strategischen Planungsmeetings Kunden und Zulieferer mit General Managers zusammen. EDS bezog in den späten Neunzigern über 2000 Beschäftigte in den strategischen Planungsprozess ein. Dennoch sah Gary Hamel, einer der neuen Strategie-Gurus, Grund zur Klage, dass »gerade die jungen Menschen, die der Zukunft am nächsten sind, häufig aus den Strategiebildungsprozessen ausgeschlossen sind«.

Empfohlene Lektüre

Ansoff, I., *Management-Strategie*, München 1966 (Original: Corporate Strategy, New York 1965)
Chandler, A., *Strategy and Structure*, Cambridge, Mass. 1962
Hamel, G., »Strategy as Revolution«, in: *Harvard Business Review*, Juli–August 1996
Mintzberg, H., »Crafting Strategy«, in: *Harvard Business Review*, Juli–August 1987
Porter, M., »What Is Strategy?«, in: *Harvard Business Review*, November–Dezember 1996

SWOT-Analyse

Hinter dem einprägsamen Kürzel SWOT steht eine Methode, die den Planern hilft, sich mit Fragen der Unternehmensstrategie auseinander zu setzen. Es steht für Stärken *(strengths)*, Schwächen *(weaknesses)*, Chancen *(opportunities)* und Risiken *(threats)*. Was sind die SWOTs eines Unternehmens? Wie kann es so mit ihnen umgehen, dass es seine Leistung optimiert?

Der SWOT-Prozess beginnt in der Regel mit der Aufzählung von Einzelpunkten unter den vier Überschriften; zu den Stärken können beispielsweise eine einsatzfreudige Belegschaft oder wertvolle Patente gehören. Diese Punkte werden dann nach den Kriterien bewertet, die in den nächsten Jahren im Geschäftsumfeld des Unternehmens aller Wahrscheinlichkeit nach besonderes Gewicht haben werden. Wenn sich zum Beispiel eine Rezession abzeichnet und Beschäftigte entlassen werden müssen, muss eine engagierte Belegschaft möglicherweise als Schwachpunkt gelten. Wenn ein wirtschaftliches Hoch bevorsteht, kann sie jedoch als Stärke bewertet werden.

Die vier Merkmale lassen sich in zwei Dimensionen aufteilen:

- **Intern/extern:** Zu den internen Merkmalen gehören die Stärken und Schwächen des Unternehmens selbst. Ihre Analyse ist gleichbedeutend mit einer Analyse des Zustands der Organisation. Sie weisen auf Dinge, die bereits existieren. Die externen Merkmale sind Chancen und Risiken hinsichtlich der zukünftigen Leistung des Unternehmens. Sie existieren lediglich am Horizont und lassen sich weniger leicht bestimmen und messen. Sie ergeben sich beispielsweise aus technologischen oder demographischen Veränderungen oder einer veränderten Regierungspolitik.

- **Positiv/negativ:** Zu den positiven Merkmalen zählen die Stärken und Chancen, zu den negativen die Risiken und Schwächen.

Die SWOT-Analyse kann auf vielerlei Aspekte eines Unternehmens wie beispielsweise seine IT-Ausstattung oder seine Wissensbasis (siehe Wissensmanagement, Seite 340) angewandt werden. Die Einfachheit und intuitive Schlüssigkeit des Konzepts haben zu seiner Popularität sowohl bei Unternehmen als auch staatlichen Verwaltungen beigetragen. Dennoch mangelt es nicht an Kritik. Zu den wichtigsten Schwachpunkten gehört, dass die SWOT-Analyse letztlich immer auf subjektiver Einschätzung beruht. Objektive Maßstäbe für alle Bestandteile der Gleichung sind schlechterdings nicht verfügbar. Einige Befürworter sehen darin kein Problem, da der Erstellungsprozess der Analyse allemal wichtiger sei als die Ergebnisse selbst – der Weg sei wichtiger als das Ziel.
Weitere Kritikpunkte:

- Es gibt kaum eine Möglichkeit, die entwickelten Punkte zu verifizieren.
- Es wird kein Versuch unternommen, dieselben Elemente, falls sie auf verschiedenen Listen erscheinen, miteinander in Einklang zu bringen.
- Die Unterscheidung zwischen internen und externen Fragen ist nicht immer eindeutig.
- Es gibt kein Verfahren, um die Genauigkeit der Analyse zu erhöhen.

Mittels der SWOT-Analyse wurden nicht nur die Wettbewerbspositionen verschiedener Unternehmen, sondern auch die verschiedener Länder analysiert. Eine Analyse der Wettbewerbsstärken und -schwächen Deutschlands für das Jahr 1999 ergab beispielsweise, dass die Stärken des Landes in seinen gut ausgebildeten und geschulten Arbeitskräften lagen, während als Schwächen die hohen Arbeits- und Sozialkosten hervorgehoben wurden.

Empfohlene Lektüre

Hill, T. u. Westbrook, R., »SWOT Analysis: It's Time for a Product Recall«, in: *Long Range Planning*, Februar 1997

Pickton, D. W. u. Wright, S. W., »What's SWOT in Strategic Analysis?«, in: *Strategic Change*, Bd. 7, Nr. 2, März–April 1998

Weihrich, H., »Analyzing the Competitive Advantages and Disadvantages of Germany«, in: *European Business Review*, Bd. 99, Nr. 1, 1999

Synergie

Das Wort kommt aus dem Griechischen. συνεργια bedeutet Zusammenarbeit. Andrew Campbell und Michael Goold, zwei britische Akademiker, definieren Synergien als »wechselseitige Beziehungen zwischen Geschäftseinheiten mit dem Ergebnis einer zusätzlichen Wertschöpfung«. Es handelt sich um so etwas wie den Stein der Weisen: zusätzlichen Wert zu erzeugen, ohne weitere Ressourcen zu verbrauchen.

Die aus Synergien gewonnenen Geschäftsvorteile sind häufig nicht hinreichend unterscheidbar von denen, die entstehen, wenn zwei Geschäftsaktivitäten bewusst so kombiniert werden, dass dabei Wert entsteht. Synergie ist ein passives Phänomen, sie entsteht, wenn zwei Dinge zusammenkommen, unabhängig davon, was sie ansonsten tun. Wenn ein Unternehmen einen seiner wichtigsten Zulieferer kauft, resultiert die Synergie aus der Tatsache, dass das Unternehmen jetzt ein Vorzugskunde ist, nicht aus der folgenden Reorganisation der Lagerstätten des Zulieferers, sodass diese für den neuen Besitzer günstiger liegen.

Campbell und Goold nennen sechs Bereiche, in denen sich Synergie auszahlen kann:

- gemeinsames Know-how,
- Koordinierungsstrategien (Strategie ist ein weiteres Wort mit altgriechischen Wurzeln, siehe Seite 281),
- gemeinsame Nutzung materieller Ressourcen wie Callcenters oder Fuhrparks,
- vertikale Integration (siehe Seite 323),
- kombinierte Verhandlungsmacht zweier Organisationen, insbesondere gegenüber Zulieferern (beispielsweise war es ein wichtiges Ziel der Fusion von Daimler und Chrysler, Einsparungen dieser Art zu ermöglichen),

- Addition der Kräfte zur Entwicklung neuer Geschäftsaktivitäten.

Historischer Abriss

Synergie war ein Teil der Rechtfertigung fast jeder Übernahme, seit Alexander der Große in Ägypten einmarschierte. Im 20. Jahrhundert wurde die Idee von der Anthropologin Ruth Benedict propagiert. Sie verwendete den Ausdruck, als sie während des Zweiten Weltkriegs über Gemeinschaften schrieb, in denen Kooperation belohnt wurde und sich als vorteilhaft für alle erwies. Der Ansatz wurde von Abraham Maslow (siehe Bedürfnishierarchie, Seite 17) aufgegriffen und auf die Geschäftswelt übertragen. Er ergänzte sich gut mit dessen nichtautoritärem Modell von der Organisationsstruktur.

Im festen konzeptionellen Rahmen der Wertschöpfungskette (siehe Wettbewerbsvorteil, Seite 336) und der Vorstellung von Unternehmen als einer Kette miteinander verknüpfter Aktivitäten (oder Gruppen von Aktivitäten) hat Synergie einen klar definierten Platz. Bei Michael Porter lesen wir beispielsweise:

»Der Vorteil einer gleichzeitigen wertschöpfenden Tätigkeit auf verschiedenen Geschäftsfeldern resultiert aus der Möglichkeit, bestimmte Funktionen zu teilen und proprietäre Fähigkeiten von einer Aktivität auf die andere zu übertragen. Dadurch erhält der vage Begriff der Synergie eine konkrete und praktische Bedeutung.«

Synergieversprechen haben sich häufig nicht erfüllt. Wie Campbell und Goold es formulieren: »Synergieinitiativen werden den Erwartungen des Managements häufig nicht gerecht.« Sie erwähnen das Beispiel einer Beratungsfirma, die in der Hoffnung auf Synergieeffekte die IT-Spezialisten mit den Strategieexperten zusammenarbeiten ließ, bis die Informatiker eines Tages entdeckten, dass die Strategen auf einer ganz anderen Gehaltsbasis arbeiteten. Alle Synergiegewinne waren augenblicklich dahin. Die Autoren schließen ihren Artikel mit dem ärztlichen

Ratschlag: »Stellen Sie sicher, dass Sie niemandem Schaden zufügen.«

Empfohlene Lektüre

Goold, M. u. Campbell, A., »Desperately Seeking Synergy«, in: *Harvard Business Review*, September–Oktober 1998

Szenariotechnik

Die Szenariotechnik bietet Unternehmen eine vergnügliche Möglichkeit, sich Gedanken über die Zukunft zu machen. Dabei entwirft eine Gruppe von Managern mehrere Szenarios oder Geschichten darüber, wie die zukünftige Entwicklung aussehen könnte, und erörtert was daraus im Hinblick auf eine aktuell anstehende Problemstellung abgeleitet werden kann. Dabei kann es sich um ganz konkrete Fragen handeln – beispielsweise ob es ratsam ist, eine bestimmte Investition zu tätigen. Soll eine Supermarktkette Millionen für zusätzliche Einkaufszentren vor den Toren der Städte und die entsprechenden Fuhrparks ausgeben, oder empfiehlt es sich stattdessen, in sichere Websites und geeignete Lieferwagen für Hausanlieferungen zu investieren? Es kann aber auch um allgemeinere Themen gehen – beispielsweise die Untersuchung einer Schulbehörde zu den Auswirkungen der demographischen Entwicklung auf den Bedarf an neuen Schulen: Wird die Überalterung der Bevölkerung durch zusätzliche Einwanderung kompensiert?

Peter Schwartz definiert in seinem Buch *The Art of the Long View* Szenarios folgendermaßen:

»Geschichten, mit deren Hilfe wir Veränderungen unseres gegenwärtigen Umfelds erkennen und uns darauf einstellen können. Sie stellen eine Methode dar, die verschiedenen Alternativen zu beschreiben, die sich uns morgen möglicherweise bieten werden, und herauszufinden, wie wir uns gegebenenfalls verhalten müssen. Szenarioplanung hilft uns, in Kenntnis möglicher zukünftiger Entwicklungen heute die richtigen Entscheidungen zu treffen.«

Die Szenarioplanung ist ein strukturierter Prozess. Er beginnt mit einer längeren Diskussion darüber, wie sich die Manager den Einfluss der großen gesellschaftlichen, ökonomischen, politischen und technologischen Veränderungen auf die zu behandelnde Fragestellung vorstellen. Als Nächstes versucht die Gruppe, eine Prioritätenliste von Aspekten aufzustellen, die den größten Einfluss auf das diskutierte Thema haben könnten, sowie eine weitere Liste von Entwicklungen, deren Ausgang die größten Unsicherheiten birgt. Diese Listen dienen als Ausgangspunkt, um ein ungefähres Bild von der Zukunft zu zeichnen.

Auf nachfolgenden Sitzungen, vorzugsweise, nachdem sie eine Nacht darüber schlafen konnten, ergänzen die Manager die Szenarios um weitere Details. Gleichzeitig versuchen sie, Frühindikatoren zu bestimmen – Anzeichen, die, sollten sie eintreten, als ein Indiz dafür bewertet werden können, dass ein bestimmtes Szenario in der Praxis eher eintreten wird als alle anderen. Sollte sich beispielsweise Levis Experiment mit computerentworfenen maßgeschneiderten Jeans als großer Erfolg erweisen, so wäre das möglicherweise ein Indiz dafür, dass die Kunden in Zukunft weniger an preisgünstiger Massenware als vielmehr an individuell zugeschnittenen und höherwertigen Produkten interessiert sein werden.

Die an der Übung beteiligten Manager sind nun aufgefordert, ihre Fantasie spielen zu lassen. Sie sollten dabei ermuntert werden, auch provozierende Was-wäre-wenn-Fragen zu stellen. In den achtziger Jahren beispielsweise begann das Pentagon im Rahmen von Szenarioplanspielen, sich mit den möglichen Konsequenzen einer Beendigung des Kalten Krieges auseinander zu setzen – lange bevor sich irgendjemand vorstellen konnte, dass dergleichen zu seinen Lebzeiten Wirklichkeit werden könnte. Als der Ölpreis zu Anfang der siebziger Jahre im Keller war, veranlassten die Szenarioplaner von Royal Dutch Shell ihre Führungsetage, sich über die möglichen Konsequenzen einer plötzlichen Vervierfachung des Ölpreises Gedanken zu machen – rechtzeitig bevor die OPEC dies tatsächlich wahr machte. Dieser Weitsichtigkeit des Unternehmens ist es vermutlich zu verdanken, dass Shell die Turbulenzen des Ölmarkts in den siebziger Jahren besser überstand als seine Rivalen.

Die Szenariotechnik greift auf diverse Disziplinen und Interessengebiete zurück, wie etwa Ökonomie, Psychologie, Politik und Soziologie. Die Literaturempfehlungen des Global Business Network, einer führenden Ratgeberorganisation im Bereich Szenarioplanung, umfassten Bücher wie Alexis de Tocquevilles *Demokratie in Amerika*, Peter Senges *Die fünfte Disziplin* und *Der Leopard*, eine hinreißende Schilderung des sizilianischen Familienlebens von Giuseppe Tomasi di Lampedusa.

Historischer Abriss

Die Szenariotechnik entstand Anfang der siebziger Jahre, als sich eine Reihe führender Unternehmen (insbesondere Royal Dutch Shell) Gedanken zur zukünftigen Funktion ihrer Planungsabteilungen machte. Dabei spielten zwei Faktoren eine Rolle:

- Eine weit verbreitete Unzufriedenheit mit den existierenden Formen der Zukunftsplanung. Viele Organisationen hatten mittlerweile erkannt, wie irreführend Voraussagen waren, die auf einer direkten Extrapolation der Vergangenheit basierten. Die Ölpreisexplosionen von 1973 und 1978 machten auf drastische und schmerzvolle Weise deutlich, wie verwundbar die Unternehmen gegenüber plötzlichen Veränderungen in ihren Märkten waren. Der ungewöhnlich gleichmäßige wirtschaftliche Aufstieg seit dem Zweiten Weltkrieg hatte ihnen ein trügerisches Gefühl von Kontinuität vermittelt.
- Die wachsende Akzeptanz der Idee, dass die Unternehmen weit mehr als bisher von den nichtrationalen Fähigkeiten der Menschen profitieren könnten. An der Spitze der Planungsabteilung von Shell stand damals der Belgier Pierre Wack, der sich hatte überreden lassen, seinen Herausgeberposten bei einer französisch-deutschen Philosophiezeitschrift aufzugeben und für das Unternehmen zu arbeiten.

In einem Artikel, den Wack im Jahr 1985 in der *Harvard Business Review* veröffentlichte, heißt es:

»Szenarios handeln von zwei Welten – der Welt der Fakten und der Welt der Wahrnehmungen. Sie suchen nach Fakten, bezwecken aber letztlich Wahrnehmungen in den Köpfen der Entscheidungsträger. Sie dienen dazu, Informationen von strategischer Relevanz zu sammeln und in neue Wahrnehmungen zu verwandeln. Dieser Transformationsprozess ist nicht trivial – und häufig misslingt er. Wenn er gelingt, dann erleben wir einen kreativen Moment des intuitiven Verstehens ... und gewinnen strategische Einsichten, die die Kräfte unseres Verstands übersteigen.«

Szenarioplanung ist eine Möglichkeit, wie wir den Faktor Intuition in die Geschäftsplanung einbeziehen können. Einige der weltweit größten Unternehmen, neben Royal Dutch Shell auch Motorola, IBM, AT&T, Disney und Accenture, haben von der Szenariotechnik profitiert.

Empfohlene Lektüre

Schwartz, P., *The Art of the Long View*, New York 1996
Wack, P., »The Gentle Art of Re-perceiving«, in: *Harvard Business Review*, September–Oktober 1985

Technologietransfer

Wie sich Technologie transferieren lässt – von ihrem Ursprung in privaten oder öffentlichen Laboratorien bis zum kommerziellen Markt, wo ihre Erfinder und alle, die an ihr beteiligt sind, damit Geld verdienen können – ist seit langem ein Thema, das die Unternehmen und die Regierungen gleichermaßen interessiert. Die transferierte Technologie kann Apparaturen und Ausrüstungsgegenstände umfassen oder immaterieller Natur sein; es kann sich um reines Wissen oder um technisches Know-how handeln. Der Transfer kann in verschiedene Richtungen verlaufen, wie beispielsweise vom öffentlichen in den privaten Sektor (von staatlichen Universitäten zu kommerziellen Unternehmen), oder von den reichen Ländern in die armen Länder. Er kann auch auf unterschiedliche Weise vonstatten gehen, zum Beispiel über gemeinsame Forschungsprojekte, Kooperationen, Lizenzvereinbarungen oder Messen.

In einem UN-Bericht zum Technologietransfer von 1992 heißt es:

- Technologie besteht heute aus Hardware (Sachkapital), Software (wie etwa Computerprogrammen) und Dienstleistungen (wie beispielsweise technischem Fachwissen).
- Innovationen entstehen heute vor allem in den Unternehmen selbst und nicht so sehr in akademischen Institutionen und Forschungslaboratorien.
- Obwohl ein Großteil der Innovationen in den Heimatländern der multinationalen Unternehmen entsteht, tragen deren Tochtergesellschaften und Partnerunternehmen häufig dazu bei, sie an die lokalen Bedingungen anzupassen.

Die Unternehmen exportieren Technologie auf unterschiedliche Weise, zum Beispiel:

- Sie verkaufen neue oder verbesserte Produkte in neuen Auslandsmärkten. Einst waren unter anderem die Japaner dafür bekannt, dass sie neu importierte Produkte in alle Einzelteile zerlegten, um die Technologie zu studieren.
- Sie tragen Patente in fremde Länder, um diese entweder selbst oder die Lizenz zu ihrer Verwendung zu verkaufen. Sobald das Patent ausgelaufen ist, wird die durch sie geschützte Technologie öffentliches Allgemeingut.
- Sie bieten im Rahmen eines umfangreichen Kontrakts mit einer fremden Regierung oder Firma technische Unterstützung an. Diese Art von Klauselvertrag kam insbesondere in den letzten Jahren des 20. Jahrhunderts in Mode, als der internationale Wettbewerb um öffentliche Großaufträge in Entwicklungsländern härter wurde. »Ja, Sie können unser Kraftwerk bauen. Aber ein bestimmter Umfang an technischer Expertise gehört zum Lieferumfang.«
- Sie tätigen Direktinvestitionen im Ausland. Multinationale Unternehmen, die sich in ausländische Firmen einkaufen, haben nicht nur Kapital, sondern (in gewissem Umfang) stets auch Management-Know-how und Fertigungstechnologie im Gepäck. Aufgrund dieser Aktivitäten spielen die multinationalen Unternehmen bei allen globalen Bemühungen um einen verbesserten Technologietransfer in ärmere Länder eine zentrale Rolle.

Es gibt jedoch beträchtliche Barrieren, die dem grenzübergreifenden Technologietransfer im Weg stehen. Zum Beispiel:

- **Geringe lokale Arbeitskosten:** Sie machen die Anwendung von Arbeit sparenden Technologien uninteressant, denn sie wirken sich radikal auf jede Kosten-Nutzen-Analyse (siehe Seite 158) aus, die durchgeführt wird, um die Einführungsmöglichkeiten von Technologien zu testen.
- **Eine mangelhafte lokale Infrastruktur:** Es empfiehlt sich beispielsweise nicht, Direktvertriebstechniken in einem Land einzuführen, das kein leistungsfähiges Telefonnetz besitzt.

- **Mangelhafte lokale Fähigkeiten oder Ausbildung:** Das betrifft insbesondere die Fähigkeiten im Management. Eine bestimmte Stufe der Unternehmensorganisation ist in vielen Fällen Voraussetzung, um von Technologien profitieren zu können.
- **Kulturelle und/oder sprachliche Barrieren:** Obwohl die technische Sprache zunehmend Englisch ist (oder genauer gesagt Techno-Amerikanisch), bleibt die sprachliche Verständigung dennoch eine Barriere – beispielsweise wenn es darum geht, Suaheli sprechende Mitarbeiter mit dem Supply Chain Management vertraut zu machen. Ebenso kann die Kultur ein Hindernis für den Transfer jeder Art von Hightech-Produkten sein, seien es Verhütungspillen oder genetisch veränderte Nahrungsmittel.

Historischer Abriss

Auf die Idee, dass der Technologietransfer, ob innerhalb der Grenzen eines Landes oder grenzüberschreitend, ein wichtiger Faktor des wirtschaftlichen Wachstums (und eine knappe Ressource) ist, kamen die Ökonomen erst spät. In den klassischen Handelstheorien wie beispielsweise der von David Ricardo wird er nicht berücksichtigt. In Ricardos London des frühen 19. Jahrhunderts waren die dramatischen Auswirkungen von Erfindungen wie der »Spinning Jenny« und der Dampfmaschine im Hinblick auf die künftige industrielle Produktion noch gar nicht zu spüren.

Bis zum 20. Jahrhundert waren die einzig diskutierten Produktionsfaktoren Land, Arbeit und Kapital. 1966 stellte Raymond Vernon, ein in Russland gebürtiger Harvard-Professor für Politologie, zum ersten Mal eine formale Beziehung zwischen der internationalen Ausbreitung von Innovationen und dem internationalen Handel sowie dessen Zyklen her. Dennoch gab es bereits im 19. Jahrhundert einen beträchtlichen grenzüberschreitenden Technologietransfer, insbesondere zwischen Großbritannien und den Vereinigten Staaten. Dabei handelte es sich größtenteils um Migrationsbewegungen von Menschen, die ihre Fähigkeiten und ihr technisches Know-how in ihre neue Heimat mitbrachten.

Zum Ende des 20. Jahrhunderts fungierten vor allem die multinationalen Unternehmen als Technologieträger. Es herrschte jedoch eine verbreitete Besorgnis hinsichtlich des unzureichenden – sowohl nationalen als auch internationalen – Technologieflusses zwischen Anbietern und Anwendern. Der Regierung der Vereinigten Staaten beispielsweise missfiel es, dass die Forschungsergebnisse der Bundeslaboratorien nicht in ausreichendem Maß dem Markt zugute kamen.

Einer der Gründe dafür war, dass die Bundesforschung allen zugänglich war. Das war vordergründig eine gute Idee, hinderte die Unternehmen jedoch daran, hier Kapital anzulegen, da sie ihre Investitionen nicht schützen konnten. Mit anderen Worten: Sie zögerten, in die Forschung der Bundeslaboratorien zu investieren, weil die Forschungsergebnisse öffentliches Allgemeingut waren. Deshalb erließ der amerikanische Kongress in den achtziger Jahren einige Bestimmungen, die darauf abzielten, den Transfer von Bundestechnologie zu fördern und die Investitionen des Privatsektors zu schützen.

Xerox ist ein technologisch innovatives Unternehmen, das sich lange mit der Frage herumschlug, wie es einen umfassenderen Teil der hauseigenen Erfindungen, für die Xerox selbst keine unmittelbare Verwendung hatte, zu Geld machen konnte, bevor andere diese Erfindungen aufgriffen. Zur Lösung dieses Problems gründete es eine spezielle Geschäftseinheit namens Xerox Technology Ventures. Dieses in Kalifornien angesiedelte Unternehmen hatte eigens die Aufgabe, jene Ideen auszuschlachten, die aus den Forschungslaboratorien des Unternehmens kamen, für die jedoch im Rahmen der zentralen Firmenaktivitäten keine Verwendung bestand. Wenn man hier auf eine Idee stieß, die man in den Markt transferieren wollte, holte man die betreffenden Erfinder aus ihren gemütlichen Labors, gab ihnen spartanische Firmenräume und einen professionellen Manager zur Seite und machte sie zu Inhabern von bis zu 20 Prozent des investierten Kapitals.

Empfohlene Lektüre

Jeremy, D. J., *Technology Transfer and Business Enterprise*, Aldershot 1994
Vernon, R., *Sovereignty at Bay – The Multinational Spread of US Enterprises*, New York 1971

Die Theorien X und Y

Theorie X und Theorie Y wurden von Douglas McGregor in seinem 1960 erschienenen Buch *Der Mensch im Unternehmen* eingeführt. Sie standen für einen fundamentalen Unterschied zwischen möglichen Managementstilen und bildeten die Grundlage für vieles, was später über das Thema geschrieben wurde. Theorie X steht für den autoritären Stil mit Betonung auf »Produktivität, ordentliches Tagewerk, Vermeidung unnötigen Personals und Belohnung von Leistung ... [sie] spiegelt die grundsätzliche Überzeugung wider, dass das Management einer dem Menschen angeborenen Neigung entgegenwirken muss, der Arbeit aus dem Weg zu gehen«. Theorie X war der vorherrschende Managementstil, nachdem das mechanistische System des Scientific Management (siehe Seite 257) in den ersten beiden Jahrzehnten des 20. Jahrhunderts alles vorher Dagewesene hinweggeschwemmt hatte.

Theorie Y begründet den partizipativen Managementstil, der »davon ausgeht, dass die Menschen in dem Maß, in dem sie selbst ein Interesse an den Unternehmenszielen haben, die nötige Selbstdisziplin und die Selbstkontrolle aufbringen werden, um diese Ziele zu erreichen«. Die Aufgabe des Managements besteht in diesem System vorrangig darin, dieses Interesse zu maximieren.

Der Theorie X zufolge sind die Menschen hinterlistig, arbeitsscheu und brauchen ständig die Rute. Sie bietet eine vorgefertigte Entschuldigung für jegliches Misslingen – die angeborenen Grenzen jeglichen Human-Resource-Potenzials. Theorie Y hingegen geht davon aus, dass die Menschen aus freien Stücken zur Arbeit gehen, weil Arbeit die einzige Möglichkeit darstellt, wie sie ihr (ausgeprägtes) Bedürfnis nach Leistung und Selbstachtung erfüllen können. Die Menschen arbeiten auch ohne Peitsche

– das war immer schon ihr Schicksal, seitdem Adam und Eva aus dem Paradies vertrieben wurden. Der Mensch muss arbeiten, um zu überleben.

Theorie Y gesteht dem Management keine einfachen Entschuldigungen für Fehlschläge zu. Sie verlangt von ihm vielmehr »Innovation und die Entdeckung neuer Wege, menschliche Anstrengungen zu organisieren und zu leiten, auch wenn wir wissen, dass die perfekte Organisation, ähnlich dem perfekten Vakuum, in der Praxis unerreichbar bleibt«. McGregor drängt die Unternehmen, sich an Theorie Y zu orientieren. Seiner Überzeugung nach kann nur sie die Menschen motivieren, ein Höchstmaß an Leistung zu erbringen. Theorie X befriedigt lediglich ihre elementaren materiellen Bedürfnisse und erreicht niemals dieselbe Produktivität. »Der Mensch ist ein Tier mit Bedürfnissen«, schreibt McGregor, »sobald eines seiner Bedürfnisse befriedigt ist, tritt ein anderes an seine Stelle.«

Parallelen existieren zur Bedürfnishierarchie Abraham Maslows (siehe Seite 17), der tatsächlich von McGregor beeinflusst wurde. Er versuchte beispielsweise, Theorie Y in einem kalifornischen Elektronikunternehmen einzuführen, stellte aber fest, dass die Idee in ihrer extremen Form nicht funktionierte. Alle Menschen, seien sie auch noch so unabhängig und reif, so schloss er, benötigten eine Art Struktur um sich herum und irgendeine Form von Führung durch andere. Maslow kritisierte Theorie Y auch als »inhuman« gegenüber den Schwachen und denen, die nicht in einem hohen Maß zu Selbstmotivation fähig seien.

Historischer Abriss

Douglas McGregor starb 1964 im vergleichsweise jungen Alter von 58 Jahren. Er hatte eine zielstrebige akademische Karriere zurückgelegt, an der Harvard University und am MIT Vorlesungen gehalten und war einer der ersten Sloan-Professoren gewesen. Seines frühen Todes wegen war die Zahl seiner Publikationen nicht groß, was er jedoch veröffentlicht hatte, fand weithin Beachtung. 1993 galt er zusammen mit dem Franzosen Henri Fayol als der meistgelesene Managementautor.

Viele führende Managementgrößen, die ihm folgten, darunter Rosabeth Moss Kanter, Warren Bennis und Tom Peters, bestätigten, dass das moderne Managementdenken zu einem großen Teil auf McGregor zurückgeht und insbesondere seine Schriften nachhaltigen Einfluss auf spätere Ideen zum Thema Führung hatten.

In seinem humoristischen Klassiker *Hoch lebe die Organisation* wirbt Robert Townsend, ehemaliger President des Autovermieters Avis, mit folgenden Worten für die Theorie Y:

»Die Menschen hassen die Arbeit nicht. Sie ist etwas ebenso Natürliches wie Ruhe oder Spiel. Man muss die Menschen nicht zwingen oder ihnen drohen. Sobald sie sich für gemeinsame Ziele interessieren, treiben sie sich selbst effektiver an, als Sie sie antreiben können. Aber ihr Einsatz reicht nur so weit, wie sie Möglichkeiten sehen, ihr Ego und ihre Entwicklungsbedürfnisse zu befriedigen.«

Empfohlene Lektüre

Lorsch, J. u. Morse, J., »Beyond Theory Y«, in: *Harvard Business Review*, Mai–Juni 1970
Maslow, A., *Eupsychian Management*, Homewood 1965
McGregor, D., *Der Mensch im Unternehmen*, Düsseldorf 1970 (Original: *The Human Side of Enterprise*, New York 1960)
McGregor, D., *Leadership and Motivation*, Cambridge, Mass. 1966
Townsend, R., *Hoch lebe die Organisation: Aus der Trickkiste eines Erfolgsmanagers*, München 1970 (Original: *Up the Organization*, New York 1970)

Total Quality Management (TQM)

Total Quality Management steht für die Idee, dass Qualitätskontrolle nicht darauf beschränkt sein sollte, ans Ende der Produktionskette einen »Qualitätskontrolleur« zu stellen, der das Endresultat prüft. Vielmehr sollte sie die ganze Organisation durchdringen – vom Augenblick der Anlieferung der Rohmaterialien bis zu dem Moment, an dem das Endprodukt das Werk verlässt.

Total Quality Management ist ein prozessorientiertes System, das auf der Überzeugung gründet, dass Qualität einfach eine Frage der Ausrichtung an den Erfordernissen der Kunden sei. Diese Erfordernisse lassen sich messen, sodass Abweichungen davon mittels Prozessverbesserung oder -umgestaltung vermieden werden können.

Die European Foundation for Quality Management (EFQM) sieht TQM-Strategien durch folgende Merkmale charakterisiert:

- die Güte aller Management-, Betriebs- und Verwaltungsprozesse,
- eine Kultur der ständigen Verbesserung bezüglich aller Aspekte der Geschäftsaktivität,
- das Verständnis, dass Qualitätsverbesserung zu Kostenvorteilen und einem besseren Gewinnpotenzial führt,
- die Herstellung intensiverer Beziehungen zu Kunden und Zulieferern,
- die Einbeziehung der gesamten Belegschaft,
- marktorientierte Organisationspraktiken.

Zu den üblichen Fehlern gehören:

- unzureichendes Engagement des Managements,
- unrealistische Erwartungen,
- fehlende Prioritätensetzung,
- ungenügende Messmethoden.

Historischer Abriss

Die Idee des Total Quality Management wurde in den fünfziger und sechziger Jahren in einer Reihe japanischer Firmen entwickelt. Die wesentlichen Grundlagen dafür waren allerdings von zwei Amerikanern, W. Edwards Deming und J. J. Juran, geschaffen worden, die deren Prinzipien in den ersten Jahren nach dem Zweiten Weltkrieg fast unbemerkt entwickelt hatten. Über Bücher und Artikel – zum Beispiel David Garvins 1983 in der *Harvard Business Review* erschienene Schilderung, wie sich japanische Unternehmen mittels TQM und anderer Techniken einen großen Vorsprung vor der ausländischen Konkurrenz sicherten – fand die Idee schließlich auch in den Vereinigten Staaten Anklang und wurde dort von vielen Unternehmen übernommen.

Europa, für das in diesem amerikanisch-japanischen Pingpong-Spiel bisweilen kein Platz zu sein schien, beanspruchte ebenfalls die Urheberschaft an dem Qualitätsgedanken. Raymond Levy, der Vorsitzende des französischen Autoherstellers Renault, sagte in den frühen Neunzigern:

»Qualität ist das Charakteristikum einer Kultur, die wir Europäer nicht von anderen monopolisieren lassen sollten. Das Europa Descartes', das Europa des Zeitalters der Vernunft und der Aufklärung, das Europa der industriellen und technologischen Revolution der letzten zwei Jahrhunderte trägt in sich alle Elemente der Methodik und Genauigkeit, die wir unter dem Begriff Total Quality subsumieren.«

In den letzten Jahren ist man zunehmend auf die negativen Begleiterscheinungen von TQM aufmerksam geworden, insbesondere in den Vereinigten Staaten. Florida Power & Light beispielsweise, das erste US-Unternehmen, das den Deming-Preis für Qualitätsmanagement erhielt, reduzierte sein TQM-Programm aufgrund von Klagen seiner Mitarbeiter über den Umfang der dazu notwendigen Schreibarbeit. Douglas Aircraft, eine Tochter von McDonnell Douglas, ist ein weiteres Unternehmen, das sein Qualitätsprogramm radikal beschnitten hat. *Newsweek* kommentierte den Schritt des Flugzeugherstellers mit farbigen Worten: »Bei Douglas erschien TQM wie eine von so vielen japanischen Treibhausblumen, die nicht dazu geschaffen sind, auf dem felsigen amerikanischen Boden zu gedeihen.«

Empfohlene Lektüre

Crosby, P. B., *Qualität bringt Gewinn*, Hamburg 1986 (Original: *Quality Is Free*, New York 1979)

Deming, W. E., *Out of the Crisis*, Cambridge, Mass. 1988

Juran, J. J., *Quality Control Handbook*, 4. Auflage, New York 1988

Garvin, D., »Quality on the Line«, in: *Harvard Business Review*, September–Oktober 1983

Hauser, J. R. u. Clausing, D., »The House of Quality«, in: *Harvard Business Review*, Mai–Juni 1988

Unique Selling Proposition (USP)

Eine Unique Selling Proposition oder ein einzigartiges Verkaufsversprechen ist die Beschreibung der besonderen Qualitäten, die ein bestimmtes Produkt (oder eine Dienstleistung) eindeutig auszeichnen und zugleich in einer Weise von anderen Produkten unterscheiden, dass sich die Kunden dadurch verleiten lassen, dieses Produkt anderen vorzuziehen.

Marketingexperten vertraten einst die Ansicht, jedes Produkt und jede Dienstleistung müsse eine USP haben oder zumindest ein unverwechselbares Merkmal, das sich in einem einminütigen Werbespot erklären lässt – das Äquivalent zu einem einzigen Textabsatz. Diese Idee geriet später jedoch ins Hintertreffen gegenüber der Vorstellung, dass bei der Vermarktung eines Produkts oder einer Dienstleistung vor allem die Positionierung im Bedürfnisspektrum der Kunden zählt. Shampoos beispielsweise werden angeblich den verschiedensten Kundenbedürfnissen gerecht und haben die unterschiedlichsten Positionierungen – Shampoos für trockenes oder fettiges, dunkles oder blondes Haar, für häufiges oder selteneres Waschen. Die wenigsten Shampoos haben jedoch eine Unique Selling Proposition.

Einzigartigkeit ist selten, und ständig neue Produkte mit einzigartigen Merkmalen auf den Markt zu bringen, ist in der Praxis nahezu unmöglich. Laut Philip Kotler hat die Schwierigkeit, funktionelle Einzigartigkeit zu erzeugen, dazu geführt, dass sich die Unternehmen »darauf konzentrieren, eine einzigartige Emotional Selling Proposition (ESP) statt einer USP zu entwickeln«. Er führt als Beispiele das Ferrari-Auto und die Rolex-Uhr an. Beide haben keine funktionelle Einzigartigkeit, aber beide erwecken in den Köpfen der Kunden einzigartige Assoziationen.

Einzigartigkeit kann auf unterschiedliche Art erreicht werden:

- **Durch den niedrigsten Preis:** Das britische Kaufhaus John Lewis verkündet, dass es sich wissentlich von niemandem unterbieten lasse. Seine USP positioniert es als den (unter bestimmten Bedingungen) billigsten Anbieter der Produkte, die es im Sortiment hat. Das ist jedoch ein steiniger Erfolgspfad, insbesondere in Zeiten, in denen manches Unternehmen bereit ist, (zeitweilig) unter Selbstkosten zu verkaufen, nur um Umsatz zu machen. Dieses Vorgehen traf auf viele der frühen Versuche des Einzelhandels über Internet zu. Zudem sind Käufer, die ihre Kaufentscheidung allein vom Preis abhängig machen, selten treue Kunden. Dass die Kunden weiter zu John Lewis gehen, liegt nicht allein an dessen Preisversprechen.
- **Durch höchste Qualität:** Das ist der Rolls-Royce-Ansatz im Verkaufsgeschäft.
- **Durch Exklusivität:** Im Informationszeitalter gewinnt diese Art von USP zunehmend an Bedeutung. Immer mehr Unternehmen bieten zum Beispiel eine einzigartige Zusammenstellung von Informationen oder Wissen an.
- **Durch besten Kundenservice:** Domino's Pizzaservice wurde in den Vereinigten Staaten dank seiner USP zum Markenbestseller: »Frische heiße Pizza, in weniger als 30 Minuten geliefert, garantiert.« Das Unternehmen versprach nicht hohe Qualität oder niedrige Preise, sondern lediglich rasche Lieferung. Ein Nebeneffekt einer solchen USP ist, dass sie die Beschäftigten zwingt, sich das bisschen mehr anzustrengen, das nötig ist, um das Versprechen zu halten. Einem Unternehmen, das seine USP nicht einhält, ist hingegen der Ruin sicher, wenn es nicht rasch mit etwas Neuem aufwarten kann.
- **Durch die größte Auswahl:** Dieser Weg eignet sich besonders für Nischenmärkte. Ein Spezialgeschäft für Käse etwa kann möglicherweise behaupten, eine größere Käseauswahl als irgendwer sonst anzubieten.
- **Durch die beste Garantie:** Das ist besonders in bestimmten Wirtschaftszweigen wie der Reisebranche oder dem Kataloghandel wichtig, wo die Kunden für etwas im Voraus bezahlen und dann hoffen müssen, dass sie das, was sie gekauft zu haben glauben, auch irgendwann geliefert bekommen.

Jay Abraham, ein Marketingberater, der sich als »teuerster und erfolgreichster Marketingberater auf unserem Planeten« bezeichnet, behauptet, dass die meisten Unternehmen keine USP haben:

»[Sie] haben keine eigene Linie und kein eigenes Gesicht, sondern schwimmen nur im Strom des Marktes mit. An ihnen ist nichts Einzigartiges, nichts, was sie von anderen unterscheidet. Sie versprechen keinen großen Wert, Nutzen oder Service – ohne berechtigten und vernünftigen Grund sagen sie einfach: ›Kaufen Sie bei uns.‹«

Empfohlene Lektüre

Abraham, J., *1000 Supertipps für Power-Marketing mit kleinem Budget*, Landsberg 2000 (Original: *Getting Everything You Can out of All You've Got*, New York 2000)

Unternehmensethik

»Geschäft ist Geschäft, und Moses ist Moses«, lautet ein altes
jüdisches Sprichwort, das heißt: vermische Geschäft nicht mit
Moral, Familie, Religion oder den anderen Dingen, die mit dem
Namen Moses verknüpft sind. Und dennoch sahen sich die
Unternehmen im 20. Jahrhundert (besonders an dessen Ende) zunehmend dem Druck ausgesetzt, Geschäft und Moses zu vermi-
schen, das heißt: ethische Betrachtungen in ihrer täglichen Geschäftstätigkeit ernsthafter zu berücksichtigen.
Die große Frage »Was bedeutet es für ein Unternehmen, sich
ethisch zu verhalten?« hatte einen konkreten Untertext: »Ist es
möglich, sich ethisch zu verhalten und gleichzeitig zu versuchen,
den Gewinn zu maximieren?«
Viele internationale Konferenzen wurden zu diesem Thema
abgehalten, und unzählige Abhandlungen mit Überschriften wie
»Ein Begriffssystem zur Bestimmung der Wechselbeziehung zwischen Handelsliberalisierung und Erhalt der biologischen Arten-
vielfalt« wurden veröffentlicht. Dennoch haben die meisten
Unternehmen keine klare Vorstellung, was sie tun müssen, um
als ethisch zu gelten.
Drei Hauptstränge haben sich im Hinblick auf ethische Fragen
herausgebildet:

Umwelt
Hierbei geht es nicht mehr nur um die Forderung an die Unternehmen, durch ihre Fabrikschlote nicht länger schwarze Rauch-
wolken in die Luft zu blasen, sondern darum, den Appetit auf die
natürlichen Ressourcen zu drosseln, zum Beispiel auf das Holz
brasilianischer Regenwälder oder das Fell seltener Tiere. Das
Problem wird jedoch selten klar formuliert. Wo soll die Grenze
gezogen werden? Ist es wirklich unethisch, Pelzmäntel zu ver-

kaufen? Die Menschen haben immer schon Tierpelze getragen, und niemand regt sich über Schaffell auf. Ist es also nur unethisch, die Felle gefährdeter Tierarten zu verkaufen? Der Zuchtnerz ist keineswegs gefährdet. Und doch entließen Demonstranten aus einer britischen Zuchtfarm Nerze in die Freiheit – mehr um gegen die Reichen zu protestieren, die sich solche Pelze leisten können, als gegen die Behandlung der Tiere selbst. Dennoch sehen sich die von der Aggressivität der Antipelzlobby verschreckten Händler zu der Beteuerung gezwungen: »Macht keinen Fehler: All unsere Pelze sind Imitationen.«

Ausbeutung

Der zweite Strang betrifft die Ausbeutung von Arbeitskräften, insbesondere von Frauen in den entwickelten Ländern und von Kindern in der weniger entwickelten Welt. Viele Zeitgenossen sind der Meinung, der Prozess der Globalisierung (siehe Seite 114) habe über die Stärkung der multinationalen Unternehmen zur Schwächung von Gewerkschaften und anderen Arbeitnehmerorganisationen beigetragen. Wenn aber westliche Unternehmen die von Minderjährigen beispielsweise auf dem indischen Subkontinent hergestellten Produkte nicht mehr einkaufen, berauben sie diesen Kontinent dann nicht dringend benötigter Exportgewinne?

Manche sehen in der Anwendung ethischer Standards auf die Arbeitsbedingungen auch eine Form des kulturellen Imperialismus, mit dem die Entwicklungsländer daran gehindert werden sollen, eine natürliche (in den Augen des Westens Dickens'sche) Phase der industriellen Entwicklung zu durchlaufen. Auch hier geht es um die Frage, wie die Standards aussehen, wie sie gemessen werden sollen und wie sich ihre Einhaltung erzwingen lässt.

Korruption

Der dritte Strang betrifft die Korruption, und insbesondere die Frage, was Bestechung ist (das heißt, wann aus generöser Freigebigkeit Korruption wird) und welchen Schutz Whistleblower (Beschäftigte oder andere Insider, die über entsprechendes Fehlverhalten im Unternehmen berichten) genießen sollten.

Auch hier gibt es ein starkes kulturelles Element. Nicht alles, was in westlichen Ländern als Bestechung gilt, wird auch in Gegenden wie dem Mittleren Osten so gesehen. Viele Unternehmen geben ihren Beschäftigten Richtlinien für den Umgang mit Zuwendungen an die Hand. British Gas (BG) ist hier nicht untypisch:

»Während es anerkannter Brauch ist, im Rahmen der Bildung normaler Geschäftsbeziehungen Gesten der Gastfreundschaft zu erweisen und entgegenzunehmen, sollten die Mitarbeiter keine Leistungen oder Gaben akzeptieren, die sie in irgendeiner Weise verpflichten könnten. Jede Form von Bestechung ist inakzeptabel. Undeklarierte Geschenke oder Zahlungen werden von BG-Mitarbeitern weder akzeptiert noch Dritten angeboten. Die Mitarbeiter sind gehalten, jegliche Kontakte zu vermeiden, die zu einem Interessenkonflikt zwischen ihren persönlichen Aktivitäten und der Geschäftstätigkeit des Unternehmens führen könnten.«

Historischer Abriss

Im Jahr 1987 schrieb Adrian Cadbury, der Chef der berühmten Schokoladenfirma, in der *Harvard Business Review:*

»Noch nie war jemand, der ein Unternehmen führte, gegen Konflikte zwischen ethischen und kommerziellen Erwägungen gefeit. Das ist kein neues Problem. Der Unterschied besteht in dem breiteren und kritischeren Interesse, mit dem unsere Entscheidungen und die ethischen Grundsätze, auf die wir uns dabei beziehen, heutzutage verfolgt werden.«

Viele große Unternehmen machen ihre ethischen Prinzipien heute öffentlich bekannt. John Harvey-Jones, früherer Chairman der britischen Chemiegruppe ICI, sagte einst: »Ich finde es erschreckend, dass Ethik an der Harvard Business School lediglich als freiwilliges Zusatzfach angeboten wird.« In den sechziger Jahren wäre eine solche Äußerung noch höchst unwahrscheinlich gewesen.

Viele Unternehmen sehen inzwischen ein, dass die Kosten-Nutzen-Analyse (siehe Seite 158) in Bezug auf die Frage, ob es sich lohnt, ein ethisches Unternehmen zu werden, deutlich positiv ausfällt. Die immer zahlreicheren Kunden, die bereit sind, mehr Geld für den Kauf von Produkten auszugeben, bei denen sie ein gutes Gefühl haben, versprechen lukrative Mehreinnahmen. »Gut zu sein«, sagt Anita Roddick, Gründerin des »ethischen« Kosmetikunternehmens The Body Shop, »ist ein gutes Geschäft.« (Siehe auch Mission Statement, Seite 308.)

In den Vereinigten Staaten vertritt das Better Business Bureau die These, dass unethisches Geschäftsverhalten nicht nur bestimmten Firmen, sondern der ganzen Ökonomie schadet: »Unethische Geschäftspraktiken rufen allergische Reaktionen bei den Kunden und in der Gesellschaft hervor, nicht nur gegenüber dem einzelnen Unternehmen, sondern gegenüber der Wirtschaft insgesamt.«

Empfohlene Lektüre

Carroll, S. J. u. Gannon, M. J., *Ethical Dimensions of International Management*, Thousand Oaks 1997
Davies, P., *Current Issues in Business Ethics*, London 1997
Donaldson, T. u. Gini, A. (Hg.), *Case Studies in Business Ethics*, 4. Aufl., London 1996
Reinhardt, F. L., »Bringing the Environment Down to Earth«, in: *Harvard Business Review*, Juli–August 1999
Roddick, A., *Body and Soul: Erfolgsrezept Öko-Ethik*, 2. Aufl., Düsseldorf 1991 (Original: *Body and Soul*, New York 1991)

Unternehmenskultur

Die Kultur eines Unternehmens findet ihren Ausdruck in den Prioritäten, die dessen verschiedene Geschäftstätigkeiten bestimmen. Manchmal werden diese Prioritäten explizit manifestiert, beispielsweise im offiziellen Mission Statement des Unternehmens, in seiner Organisationsstruktur oder durch die Macht, die den verschiedenen Abteilungen und Funktionen zukommt. Manchmal sind sie nur implizit in dem enthalten, was die *Financial Times* als »die große Zahl von unausgesprochenen und von allen Managern geteilten Grundsätzen und Überzeugungen bezüglich ›unseres Stils‹« bezeichnet.

Edgar Schein, Mitglied der MIT Sloan School of Management, sagt, die Kultur einer Organisation sei das, »was diese im Lauf ihres Bestehens in ihrer Eigenschaft als soziale Einheit gelernt hat«.

Mehrere Dinge prägen die Kultur eines Unternehmens:

Das Verhalten der Mitarbeiter

In jedem Unternehmen verhalten sich neue Mitglieder in der Regel so, wie sie es bei den Kollegen beobachten, nicht so, wie man sie anweist – ob das nun die Kleiderordnung, die Verwendung bestimmter Technologien oder die Arbeitszeiten betrifft. Dazu gehört zum Beispiel auch, welche Bedeutung bestimmten Symbolen – etwa reservierten Parkplätzen – gegeben wird oder wie die Anredeform für leitende Führungskräfte lautet: Vorname, Nachname oder Initialen. »Hatte heute morgen ein gutes Gespräch mit A. J. Auch B. J. war dabei.« Das Verhalten der Mitarbeiter wird auch von Geschichten und Mythen beeinflusst. Diese erzählen von legendären Unternehmensführern aus der Vergangenheit und von berühmten Fehlschlägen. Von solchen Schilderungen gehen deutliche Signale aus, welches Verhalten zulässig ist und welches nicht: zum Beispiel wilde Alkoholgelage oder sexuelle Belästigung.

Der Prozess der Mitarbeiterauswahl

Die Einstellung bestimmter Typen von Mitarbeitern spiegelt die Kultur einer Organisation wider und hat selbst wieder prägenden Einfluss auf diese Kultur. In seinem Buch *Im Bauch der Organisation* beschreibt Charles Handy eindrücklich, wie die Familie Brooke ihre Leute rekrutierte, die sie für die Verwaltung der großen britischen Kolonie Sarawak benötigte, eines Gebiets, das die Familie vor dem Zweiten Weltkrieg ein Jahrhundert lang praktisch kontrollierte.

Die erste Voraussetzung war, dass sie

»... eine öffentliche Schule in West Country [das heißt westlich der Universitätsstadt Oxford] besucht hatten – dies war die Heimat der Brooke-Familie und bildete gewissermaßen die Stammesbande. Zweitens mussten sie über sechs Fuß groß sein (die einheimischen Dayak waren klein und ließen sich, so dachte man, von groß gewachsenen Herrschern beeindrucken). Wenn sie diese Voraussetzungen erfüllten, wurden sie zu einem Dinner ins Savoy geladen, wo sie vor der Mahlzeit zwei starke Getränke, zum Essen Wein und im Anschluss noch einmal zwei starke Getränke serviert bekamen. Wenn sie dabei eine zivilisierte Konversation aufrechterhalten und am Ende festen Schrittes zur Tür hinausgehen konnten, waren sie engagiert (die Dayak mixten ein kräftiges Getränk, dass man den lokalen Bräuchen zufolge unbeschadet trinken können musste).«

Handy behauptet ferner, dass der Fall der Brooke-Dynastie »den homogenen Organisationsstil der damaligen Zeit exemplifiziert«: Die Unternehmen waren mit gleich denkenden Leuten bevölkert, die »Gruppengeist« erzeugten – einen von allen akzeptierten Zustand, in welchem einander ähnliche Menschen eine gegen äußere Einflüsse und die reale Welt immune Geisteshaltung entwickeln.

Die Art der Geschäftstätigkeit

Gewisse Branchen, wie etwa die Filmindustrie oder das Bankgewerbe, pflegen eine besondere Kultur. Ebenso haben viele Hightech-Unternehmen ihre eigene (häufig durch das Silicon Valley beeinflusste) Kultur entwickelt. So ist sich beispielsweise der

Computerhersteller Hewlett-Packard seit langem seiner Kultur
(»The HP Way«) bewusst und hat über die Jahre erhebliche Mittel
in ein Mitarbeitertraining investiert, das dazu dienen soll, diese
Kultur zu erhalten und zu pflegen. Die Kultur von Hewlett-Packard basiert auf dem Respekt gegenüber anderen, einem ausge-
prägten Gemeinschaftsgefühl und ordentlicher, harter Arbeit
(laut *Fortune Magazine* vom 15. Mai 1995).

Das äußere Umfeld

Die Unternehmen müssen die Kultur der Gesellschaft berücksichtigen, in der sie agieren. Multinationale US-Konzerne können
beispielsweise nicht einfach die Methoden aus Milwaukee direkt
nach Mombasa übertragen und erwarten, dass dort alles harmo-
nisch funktioniert.

Zu den wenigen Bereichen der Managementforschung, die eher
von den Europäern als von den Amerikanern dominiert werden,
gehört das interkulturelle Management. Die Europäer haben hier
einen Heimvorteil. Fons Trompenaars, eine Autorität auf diesem
Gebiet, schrieb einst, sein niederländischer Vater und seine französische Mutter hätten ihm ein Verständnis für die Tatsache vermittelt, dass »etwas, was in der einen Kultur funktioniert, in der
anderen noch lange nicht funktionieren muss«.

Gert Hofstede, ein niederländischer Akademiker, der lange Zeit
in der Wirtschaft, insbesondere für IBM gearbeitet hat, ist anerkannter Experte auf diesem Gebiet. Er ist Gründer des Institute
for Research on International Cooperation. Hofstedes Arbeiten
bieten einen guten Ausgangspunkt für das Verständnis kultureller Unterschiede. Das so genannte Hofstede-Modell (auch 5-D-
Modell) basiert auf einer Umfrage unter den Mitarbeitern eines
multinationalen Unternehmens in mehr als 50 verschiedenen
Ländern und klassifiziert die Unternehmenskulturen nach fünf
Dimensionen:

1. **Individualismus/Kollektivismus:** Diese Dimension beschreibt,
   inwieweit der Einzelne selbst für sich und seine nächsten Fa-
   milienangehörigen sorgen darf und soll oder inwieweit diese
   Fürsorge im Rahmen der existierenden Sozialstruktur von der

Gruppe übernommen wird, der der Einzelne angehört und für die er sich im Gegenzug mit allen Kräften einsetzt. Diese Unterscheidung wurde am ausführlichsten in Bezug auf die Vereinigten Staaten und Japan untersucht. Die Erfolge der japanischen Industrie wurden mitunter auf die dortige Vorliebe für Gruppenarbeit zurückgeführt. Der amerikanische Autor Richard Pascale warnt jedoch vor dem Irrglauben, Kultur sei jemals der Hauptgrund für eine überlegene Wirtschaftsleistung. Bald nachdem die japanische Wirtschaft in den neunziger Jahren ins Stocken kam und deren Kollektivismus ihren Glanz verlor, kamen amerikanischer Individualismus und Unternehmergeist wieder in Mode.

2. **Machtdistanz:** Diese Kategorie umschreibt, inwieweit eine Gesellschaft die Tatsache akzeptiert, dass Macht in Institutionen und Organisationen nicht gleich verteilt ist.

3. **Unsicherheitsvermeidung:** Dieser Begriff bezieht sich darauf, inwieweit Beschäftigte unklare Vorgaben als Bedrohung empfinden und welche Bedeutung sie eindeutigen Verhaltensregeln, langfristiger Arbeitsplatzsicherheit und einer stetig ansteigenden Karriereleiter beimessen.

4. **Maskulinität/Femininität:** Damit wird die Natur der dominierenden Werte einer Organisation beschrieben. So können beispielsweise maskuline Werte wie selbstbewusstes Auftreten und finanzielle Orientierung feminine Werte wie Fürsorglichkeit und Beziehungspflege dominieren.

5. **Langfristige/kurzfristige Orientierung:** Mit dieser Kategorie sollen die unterschiedlichen Zeitvorstellungen verdeutlicht werden, in denen die verschiedenen Menschen und Organisationen denken. Wer kurzfristig denkt, neigt eher zum Konsum und dazu, mit dem Status der Nachbarn Schritt halten zu wollen. Wer langfristig denkt, ist eher bestrebt, statusgerechte Beziehungen zu pflegen und Sparsamkeit zu praktizieren.

Historischer Abriss

Unternehmenskulturmanagement wurde im späten 20. Jahrhundert zu einem großen Thema. Es ist allerdings keineswegs neu. Bereits 1513 hatte der äußerst scharfsinnige Niccolò Machiavelli dazu etwas zu sagen:

»Wenn ein Eroberer Staaten in einer Provinz mit einer anderen Sprache, anderen Gebräuchen und anderen Institutionen einnimmt, dann muss er sich auf große Schwierigkeiten gefasst machen, denn es braucht großes Geschick und viel Fortune, um sie halten zu können.«

Machiavelli traf damit genau die zwei Punkte, die schließlich zur Wiederbelebung des Interesses an diesem Thema in den neunziger Jahren des vergangenen Jahrhunderts führten:

- **Globalisierung:** Die Prinzen der Geschäftswelt dehnten ihren Aktionsradius weiter aus als jemals zuvor. Die Zunahme von Jointventures und grenzüberschreitenden Partnerschaften stellte immer mehr Unternehmen vor die Herausforderung, einen produktiven Betrieb mit Mitarbeitern zu gewährleisten, die ein breites Spektrum von ethnischen und kulturellen Hintergründen mitbrachten. Der Einbruch der Disney-Kultur in das Frankreich der neunziger Jahre war ein klassischer Fall eines »Culture Clash«. Die Disney-Organisation passte so wenig in die europäische Landschaft, dass zeitweilig das ganze Projekt infrage stand.
- **Fusionen und Übernahmen:** Die Prinzen schluckten zudem neue Geschäftsunternehmen in einem solchen Tempo, dass im Vergleich dazu Machiavellis Herren aus der Familie Borgia geradezu von Appetitlosigkeit geplagt gewesen zu sein schienen. Viele Fusionen und Übernahmen brachten zwei oder mehr Unternehmen verschiedenster Kultur zusammen, die den Erwartungen zufolge gemeinsam produktiver sein sollten als die ehemals unabhängigen Lehensgüter. Häufig wurden kulturelle Unterschiede als wichtigstes Hemmnis dafür genannt, dass eine Fusion die in sie gelegten Erwartungen nicht erfüllte.

Manche Unternehmen schaffen sich ihre Kultur durch Mitarbeitertraining. Andere untermauern sie mit einem klar formulierten Mission Statement. Eines der bemerkenswertesten Mission Statements stammte beispielsweise von der britischen Kaufhauskette Marks & Spencer. Die »Mission« des Unternehmens bestand demnach in der ...

»Abschaffung der Klassenstruktur des Englands des 19. Jahrhunderts, indem der Arbeiter- und der unteren Mittelklasse Oberklassenqualität angeboten wird zu Preisen, die für die Arbeiter- und untere Mittelklasse erschwinglich sind«.

Einige Unternehmen tun ein Übriges und formulieren ein »Vision Statement«. Es dient dazu, einen idealen Zustand des Unternehmens in der Zukunft zu beschreiben.

Empfohlene Lektüre

Coupland, D., *Microsklaven*, München 1999 (Original: Microserfs, London 1996)

Handy, C., *Im Bauch der Organisation: Zwanzig Einsichten für Manager und alle anderen, die etwas bewegen wollen*, Frankfurt 1993 (Original: *Inside Organizations: 21 Ideas for Managers*, London 1990)

Hofstede, G., *Interkulturelle Zusammenarbeit: Kulturen – Organisationen – Management*, Wiesbaden 1993 (engl.: *Cultures and Organizations: Software of the Mind*, New York 1991)

Johnson, G., »Strategy, Culture and Managerial Action«, in: *Long Range Planning Journal*, Februar 1992

Morosini, P., *Managing Cultural Differences*, Oxford 1998

Pascale, R., »Communication and Decision-Making across Cultures: Japanese and American Comparisons«, in: *Administrative Science Quarterly*, Bd. 23, 1978

Schein, E., *Unternehmenskultur: Ein Handbuch für Führungskräfte*, Frankfurt 1995 (Original: *Organizational Culture and Leadership*, 2. Aufl., San Francisco 1985)

Trompenaars, F. u. Hampden-Turner, C., *Handbuch globales ma-*

nagen: Wie man kulturelle Unterschiede im Geschäftsleben versteht, Düsseldorf 1993 (Original: *Riding the Waves of Culture*, 2. Aufl., London 1997)

Watson, T., *A Business and its Beliefs: The Ideas that Helped Build IBM*, New York 1963

Unternehmensstruktur

Die Klassifizierung von Unternehmensstrukturen und die Suche nach der optimalen Struktur beschäftigt die Wirtschaftstheoretiker seit langem. Der deutsche Soziologe Max Weber ging über die trockene Untersuchung formaler Autoritätslinien hinaus und studierte das tatsächliche Verhalten der Menschen innerhalb einer Organisation. Sein klassisches Werk *Wirtschaft und Gesellschaft* beschreibt drei Phasen der Struktur: Den Anfang macht die charismatische Phase, in der die Organisation ganz auf die Vision und das Vorbild einer einzelnen Führungspersönlichkeit ausgerichtet ist. Danach folgt die traditionelle Organisation, in der Regeln aufgestellt und Präzedenzmuster geschaffen werden. Den Abschluss bildet die bürokratische Phase, deren Organisationsstruktur mit maschinenähnlicher Effizienz erfolgt. Das Militär ist ein Beispiel für eine Organisation in dieser Art.

Der kanadische Professor Henry Mintzberg stellte eine weitere viel beachtete Klassifizierung auf. Er machte fünf Grundstrukturen von Organisationen aus:

1. **Die einfache Struktur** (oder Strategische Spitze): das junge Unternehmen, dessen Gründer noch alle Fäden in der Hand hält. Es wird häufig autokratisch geführt, und ein einziger Herzanfall kann sein Ende bedeuten, wie Mintzberg betont. Vor der industriellen Revolution gab es praktisch nur diese Struktur.
2. **Die maschinelle Bürokratie** (oder Technobürokratie): Unternehmen mit vielen Managementebenen und unzähligen formalen Verfahren und Abläufen. Sie reagieren träge auf Veränderungen und scheinen für das 21. Jahrhundert schlecht gerüstet zu sein.

3. **Die professionelle Bürokratie** (oder Amtsbürokratie): Unternehmen, die durch eine Art professionelles Spezialwissen zusammengehalten werden, wie beispielsweise ein Krankenhaus oder eine Beraterfirma. Das ist in der Regel die demokratischste Struktur, unter anderem, weil diese Unternehmen häufig in Form einer Partnerschaft organisiert sind. An den Entscheidungen haben ebenso wie an den Gewinnen alle gemeinsam teil.

4. **Die gegliederte Struktur** (oder Divisionenstruktur): eine maschinelle Bürokratie, die ihre Bürokraten weitgehend abgeschüttelt hat. In dieser Struktur gibt es wenig zentrale Autorität, und soweit es sie gibt, ist sie klar definiert.

5. **Die Adhocratie:** ein Unternehmenstypus, der sich häufig in der Computerwelt findet. Er besteht aus lauter flexiblen Teams, die an spezifischen Projekten arbeiten. Auch in Hollywood dominiert diese Struktur, und laut Mintzberg ist sie die Struktur der Zukunft.

Mintzbergs Klassifizierung beinhaltet die grundsätzliche Unterscheidung zwischen vertikalen Organisationen (1, 2 und 4) und horizontalen Organisationen (3 und 5).

In seinem Buch *The Horizontal Organization* definiert Frank Ostroff die vertikale Struktur folgendermaßen:

»[Sie besitzt] vielfältige Zuständigkeitsebenen und einen Entscheidungsapparat, der die Autorität in der Nähe der Unternehmensspitze konzentriert. Das ›Denken‹ ist Sache des Managements; die ›Ausführung‹ obliegt einer Reihe funktionell getrennter Abteilungen, deren Mitarbeiter sich auf spezialisierte und in der Regel fragmentierte Aufgaben konzentrieren.«

In der Vergangenheit waren die meisten Unternehmen vertikal organisiert. Diese Struktur eignete sich besonders für die industrielle Revolution und die Erfordernisse der Massenproduktion. Nach allgemeinem Dafürhalten verlangt das Informationszeitalter hingegen eine andere Organisationsform. Das moderne Unternehmen benötigt Arbeitskräfte mit überdurchschnittlichen

Befähigungen. Es muss sich zudem stärker auf den Kunden ausrichten (auf die Schaffung von Nachfrage statt auf die Optimierung des Angebots). Diese Erfordernisse, so wird argumentiert, erfüllt am ehesten die horizontale Struktur.

Horizontale Organisationen haben eine Reihe sie definierender Eigenschaften:

- In ihnen sind Teams, nicht Einzelpersonen, die zentralen Einheiten des Organisationsaufbaus.
- Sie sind um funktionsübergreifende Kernprozesse, nicht um Aufgaben oder Funktionen herum strukturiert.
- Sie stehen in einer engeren Beziehung zu Kunden und Zulieferern.
- Sie erzeugen eine von Offenheit und Kooperation geprägte Unternehmenskultur.

Historischer Abriss

Die Idee, dass eine Unternehmensstruktur nicht nur theoretisch und ohne konkreten Bezug entworfen und analysiert werden kann, geht auf Alfred Chandlers im Jahr 1962 erschienenen Klassiker *Strategy and Structure* zurück. Er wies darauf hin, dass erfolgreiche Unternehmen eine auf ihre Geschäftsstrategie abgestimmte Struktur benötigten. Der Wirtschaftshistoriker Chandler gründete seine Theorie auf Untersuchungen von US-Unternehmen zwischen 1850 und 1920. Diese entwickelten damals aus kompakten, zentral geleiteten Betriebseinheiten schirmartige Strukturen, in denen sich eine Reihe vergleichsweise autonomer Einheiten einen bestimmten Überbau, insbesondere die Strategieplanung, teilten. Er entdeckte die Ursprünge moderner Managementhierarchien im Zusammenhang mit den rasch wachsenden US-Eisenbahnlinien: Lokale Entscheidungsfindung in der Nähe der Trassen war ebenso notwendig wie eine Zentrale zur Koordinierung der einzelnen lokalen Aktivitäten. Äußere Vorgaben zwangen den Organisationen diese Struktur auf.

Auch in den letzten Jahren haben äußere Bedingungen (insbesondere die Globalisierung und die zunehmende Bedeutung der Informationstechnologie) viele Unternehmen dazu gezwungen, ihre Struktur zu überdenken. So unterschiedliche Unternehmen wie General Electric, Ford, Motorola, Xerox und Barclays haben mehr oder weniger horizontale Strukturen entwickelt. Ostroff schreibt über Xerox:

»Als Xerox entschied, sich als ›The Document Company‹ neu zu positionieren, kam das Unternehmen zu dem Schluss, dass es, wie Chairman und Chief Executive Paul Allaire formulierte, ›die Grundarchitektur des Unternehmens verändern‹ müsse. Das bedeutete den Abschied vom funktionalen, hierarchischen Aufbau, der Reaktionsschnelligkeit und Verantwortungsübernahme behindert hatte, und die Aufspaltung des Unternehmens in kleinere, der Marktlogik entsprechende Teile. Das Ergebnis ... ist eine Hybridorganisation, in der wichtige Forschungs- und Verkaufsaktivitäten an Funktionen gebunden bleiben, während der Entwurf und die Entwicklung neuer Produkte sowie Herstellung und Marketing in horizontale funktionsübergreifende Aktivitätsbereiche zusammengefasst wurden.«

Die meisten Unternehmen der Zukunft werden vermutlich Hybridformen mit vertikalen und horizontalen Komponenten sein. Einige unternehmensweite vertikale Managementprozesse wie beispielsweise Strategieplanung, Finanzen und Personal werden sicherlich erhalten bleiben, um die horizontal strukturierten Aktivitäten zu koordinieren. (Siehe auch Das Sieben-S-Modell, Seite 260, und Matrixstruktur, Seite 198.)

Empfohlene Lektüre

Chandler, A., *Strategy and Structure: Chapters in the History of the Industrial Enterprise*, Cambridge, Mass. 1962
Chandler, A. u. Deams, H. (Hg.), *Managerial Hierarchies: Comparative Perspectives on the Rise of Modern Industrial Enterprises*, Boston 1980

Drucker, P., *Das Großunternehmen: Sinn, Arbeitsweise und Ziel-setzung in unserer Zeit*, Düsseldorf 1966 (Original: *Concept of the Corporation*, New York 1946)

Mintzberg, H.: *Die Mintzberg-Struktur: Organisationen effektiver gestalten*, Landsberg 1992 (Original: *Structures in Fives: Designing Effective Organizations*, Englewood Cliffs 1983)

Mintzberg, H., *Mintzberg über Management. Führung und Organisation, Mythos und Realität*, Wiesbaden 1991 (Original: *Mintzberg on Management*, New York 1989)

Mintzberg, H., *The Structuring of Organizations: A Synthesis of the Research*, Englewood Cliffs 1979

Ostroff, F., *The Horizontal Organization*, Oxford 1999

Weber, M., *Wirtschaft und Gesellschaft – Die Wirtschaft und die gesellschaftlichen Ordnungen und Mächte*, Max Weber Gesamtausgabe, Bd. 22/5, Tübingen 1999

Verbundvorteile

Verbundvorteile sind jene Faktoren, die es billiger machen, eine ganze Palette von Produkten gleichzeitig zu produzieren, anstatt diese jeweils einzeln herzustellen. Diese Kosteneinsparungen können daraus resultieren, dass verschiedene Geschäftsbereiche bestimmte zentralisierte Funktionen wie Finanz- und Marketingabteilung gemeinsam nutzen. Oder sie ergeben sich aus Querverbindungen in andere Bereiche des Geschäftsprozesses, indem beispielsweise zwei Produkte im Paket verkauft werden oder der Ausstoß eines Geschäftsbereichs von einem anderen weiterverarbeitet wird.

Analog der ökonomischen Theorie der Größenvorteile (siehe Seite 119), die die Grundlage für viele Unternehmensstrategien – von der Massenfertigung bis zu Fusionen und Übernahmen – bildet, begründet auch die Theorie der Verbundvorteile die Basis für verschiedene unternehmensstrategische Konzepte, allen voran das der Diversifikation (siehe Seite 65).

Historischer Abriss

Die Schaffung großer internationaler Mischkonzerne, darunter BTR und Hanson in Großbritannien sowie ITT in den Vereinigten Staaten in den siebziger und achtziger Jahren, geschah vor allem mit der Absicht, von Verbundvorteilen zu profitieren. Die Unternehmen bezweckten mit diesen Verschmelzungen, ihre finanziellen Fähigkeiten in den verschiedensten Branchen nutzbar zu machen.

Hanson war das klassische Beispiel eines Unternehmens, das auf diese Weise gewachsen war. In den frühen Sechzigern war es ein kleines familienbetriebenes Fuhrunternehmen mit Stammsitz in Yorkshire. In den frühen Neunzigern war daraus nach einer wahren Flut von Fusionen und Übernahmen in Großbritannien und den Vereinigten Staaten das viertgrößte britische Fertigungsunternehmen geworden, das Batterien, Schreibmaschinen, Baumaterialien, HP Sauce und Jacuzzi Whirlpools produzierte. Dieses Wachstum machte jedoch nur insofern Sinn, als die immer größeren Akquisitionen den Shareholder Value des Unternehmens vermehrten. Wie bei anderen Branchendiversifikationen stellte sich auch in diesem Fall bald heraus, dass mit der parallelen Herstellung von Batterien und Bausteinen wenige Synergien verbunden waren. Am Ende beschränkten sich die Verbundvorteile darauf, dass die wenigen Funktionen der Unternehmenszentrale gemeinsam genutzt wurden und es lediglich einen Chief Executive für das gesamte Unternehmen gab.

In den Neunzigern waren die Mischkonzerne bereits aus der Mode gekommen. Es schien wenig attraktiv zu sein, Verbundvorteilen nachzujagen, die (wie inzwischen deutlich wurde) immer größere Akquisitionen von immer zusammenhangloseren Geschäftsbereichen erforderlich machten. Hanson, BTR, ITT und andere schrumpften zu einem Schatten ihrer selbst.

Eine Reihe von Mischkonzernen entstand jedoch in den neunziger Jahren aufgrund der neuen Begeisterung für Cross Selling (siehe Seite 52) und der damit verbundenen Hoffnung, durch den Verkauf zahlreicher Produkte an dieselben Kunden und über dieselben Systeme Verbundvorteile zu erzielen. Die Aussicht auf Synergien aus dem gemeinsamen Vertrieb von beispielsweise Hotelübernachtungen, Versicherungen und Mietwagen machte Unternehmen wie die US-amerikanische Cendant Corporation in den Augen der Aktienmärkte interessant. Der Zusammenschluss von Travelers Group und Citicorp im Jahr 1998 zielte auf erhebliche Kostenersparnisse durch ein Cross Selling der finanziellen Produkte des einen Unternehmens über die Kundenservicepunkte des anderen.

Vertikale Integration

Vertikale Integration bezeichnet den Zusammenschluss zweier Unternehmen, die auf verschiedenen Stufen des Produktionsprozesses angesiedelt sind, wie beispielsweise die Fusion eines Lebensmittelherstellers und einer Supermarktkette. Eine derartige Verschmelzung in Richtung des weiteren Produktionsverlaufs (und folglich auf den Endkunden zu) wird als Vorwärtsintegration, eine Zusammenlegung in die entgegengesetzte Richtung (wie etwa die eines Lebensmittelherstellers und eines landwirtschaftlichen Betriebs) als Rückwärtsintegration bezeichnet. Die jeweiligen Geschäftsaktivitäten gelten als einander nachgelagert oder vorgelagert – je nachdem ob sie näher oder weiter vom Endkunden entfernt sind (das Meer, in das der Produktionsfluss mündet).

Vertikale Integration ist von horizontaler Integration zu unterscheiden, bei der Unternehmen fusionieren, die auf derselben Stufe des Produktionsprozesses angesiedelt sind, wie etwa der Zusammenschluss zweier Supermarktketten oder zweier Lebensmittelhersteller. Die Verschmelzung von zwei Unternehmen, die in zwei völlig getrennten Bereichen aktiv sind, wird manchmal als konglomerater Zusammenschluss bezeichnet (siehe auch Diversifikation, Seite 65).

Die Vorteile der vertikalen Integration ergeben sich aus der verbesserten Fähigkeit eines Unternehmens, Verfügbarkeit, Kosten, Qualität und Lieferzeiten von Zulieferprodukten zu kontrollieren. Mit abnehmender Popularität einer auf Befehl und Kontrolle basierenden Organisationsstruktur gegen Ende des 20. Jahrhunderts verlor jedoch auch dieses Argument an Überzeugungskraft.

In den späten Neunzigern lesen wir zum Beispiel in einer Veröffentlichung von McKinsey & Co:

»Während sich die Unternehmen in der Vergangenheit vertikal zusammenschlossen, um sich den Zugriff auf beschränkte materielle Ressourcen zu sichern, agieren moderne Unternehmen im Innern und nach außen hin unabhängig, um sich an einer Vielzahl von Allianzen und Jointventures zu beteiligen und sogar solche Aktivitäten auszulagern, die eindeutig noch zu ihren Kernkompetenzen gehören.«

Es war nicht einfach für die Unternehmen, die Strategie der vertikalen Integration erfolgreich zu implementieren. Sie ist häufig komplex, aufwändig und nahezu unumkehrbar. Vorgelagerte Produzenten gehen häufig eine Verschmelzung mit nachgelagerten Vertriebsorganisationen ein, um sich für ihre Produkte einen Absatzmarkt zu sichern. Das funktioniert in prosperierenden Zeiten. Sobald jedoch die Nachfrage zurückgeht, sehen sich viele Unternehmen gezwungen, die Abgabepreise für ihre nachgelagerten Vertriebsunternehmen zu senken, nur um die Auslastung ihrer Produktionskapazitäten zu sichern. Häufig werden dadurch Wettbewerber ohne vertikale Integration aus dem Markt gedrängt, während sich die Kunden gegen anschließende erneute Preisanhebungen als höchst resistent erweisen.

Die vertikal integrierten Giganten der Computerbranche wie beispielsweise IBM, Digital und Burroughs hatten massive Einbrüche, als Apple sich gegen Ende der Siebziger mit Intel und Microsoft zusammentat und ein Netzwerk unabhängiger Spezialisten bildete, das viel effizientere Geräte produzierte als die integrierten Riesen.

Historischer Abriss

Einige der spektakulärsten Beispiele einer vertikalen Integration spielten sich in der Erdölbranche ab. In den Siebzigern und Achtzigern stiegen viele Unternehmen, die ursprünglich nur bei der Suche und dem Abbau von Rohöl aktiv gewesen waren, in das Raffinerie- und Vertriebsgeschäft ein. Unternehmen wie Shell und BP kontrollierten jeden einzelnen Schritt von der Förderung des Öls in der Nordsee oder in Alaska bis zum Benzintank unserer Autos.

Die Idee der vertikalen Integration wurde von Dell Computer, einem der erfolgreichsten Unternehmen der neunziger Jahre, noch einen Schritt weiterentwickelt. Dessen Gründer, Michael Dell, sagte, sein Rezept sei es, die traditionelle vertikale Integration in Richtung Zulieferkette mit den besonderen Merkmalen der virtuellen Organisation zu verbinden, um so etwas wie »virtuelle Integration« zu erreichen. Das Unternehmen Dell baut Computer aus Teilen anderer Hersteller zusammen, unterhält zu ihnen aber engere Beziehungen, als im traditionellen Käufer-Zulieferer-Verhältnis üblich. Es handelt sich dabei nicht um ein Besitzverhältnis im Sinn einer vertikal integrierten Organisation, jedoch wird über den Einsatz von Informationen und eine Reihe lockerer Assoziationen dasselbe Ziel erreicht: »eine eng koordinierte Zulieferkette«.

Empfohlene Lektüre

Dell, M., Magretta, J. u. Rollins, K., »The Power of Virtual Integration: An Interview with Dell Computer's Michael Dell«, in: *Harvard Business Review*, März–April 1998
Stuckey, J. u. White, D., »When and When Not to Vertically Integrate«, in: *McKinsey Quarterly*, Nr. 3, 1993

Die virtuelle Organisation

Obwohl viele Zeitgenossen die These vertreten, dass die Zukunft der virtuellen Geschäftsorganisation gehört, erhält man von denselben Leuten nur schwer eine präzise Definition, was darunter zu verstehen ist. Der Ursprung des Ausdrucks ist jedoch klar: Er entstand in Anlehnung an die virtuelle Realität, das heißt elektronisch erzeugter, möglichst wirklichkeitsnaher Bilder und Klänge. Ein virtuelles Unternehmen ähnelt nach außen hin einem traditionellen Unternehmen. Der Unterschied besteht in der Art der Wertschöpfung in seinem Inneren.

Eine virtuelle Organisation lässt sich leicht als solche erkennen. Eines der meistgefeierten Beispiele ist die britische Virgin Group. Im Jahr 1995 bediente diese fünf Prozent des britischen Cola-Marktes mit gerade einmal fünf Beschäftigten. Erreicht wurde dies durch einen konsequenten Fokus auf die Kernkompetenz (siehe Seite 148) des Unternehmens, nämlich das Marketing. Alles Übrige, von der Herstellung bis zum Vertrieb der Getränke, wurde von anderen ausgeführt.

Wie Robert Baldock in seinem Buch *Destination Z* erklärt, bedeute Virtualisierung »die Aufhebung zeitlicher, örtlicher und formaler Grenzen ... die durch die zunehmende Verflechtung im Bereich der Computer, der Telekommunikation und der visuellen Medien möglich geworden ist«. Die virtuelle Organisation hat eine fast unendliche Bandbreite von fließenden und wandelbaren Strukturen. In der Regel werden ähnlich wie bei Virgin so gut wie keine Beschäftigten mehr benötigt. Ein New Yorker Versicherungsunternehmen wurde von einem Menschen erfolgreich aus dem Boden gestampft, der entschlossen war, niemanden außer sich selbst zu beschäftigen.

In der virtuellen Organisation verlieren die materiellen Vermögenswerte an Bedeutung. Das hängt damit zusammen, dass der

Wertschöpfungsprozess zunehmend auf (beweglichem) Wissen und immer weniger auf (ortsgebundenen) Anlagenkapazitäten beruht. Virtuelle Organisationen haben zudem nur wenige eigene Vollzeitbeschäftigte und verwenden stattdessen ein Netzwerk elektronisch verbundener Freelancer, die manchmal auch als E-Lancer bezeichnet werden.

Die Idee der virtuellen Organisation hängt mit der Idee des virtuellen Büros zusammen, wo der einzelne Beschäftigte keinen festen Schreibtisch mehr hat. Die Menschen arbeiten je nach Bedarf, und sie arbeiten dort, wo gerade Platz ist. Diese Praxis wird gemeinhin als Hot Desking bezeichnet. Das virtuelle Büro hat den Vorteil, dass die Beschäftigten jeden Tag eine andere Aussicht genießen. Es erschwert jedoch den Aufbau von Beziehungen zwischen Kollegen.

In dem Reader *Rethinking the Future* gibt Lester Thurow, ehemaliger Dekan der Sloan School of Management, eine eindrucksvolle Beschreibung des virtuellen Büros:

»Sie kommen in das Gebäude und lesen auf einer elektronischen Tafel, dass Raum 1021 frei ist. Sie begeben sich in Raum 1021. Sie haben Ihre persönliche Telefonnummer. Sie geben Ihr Computerkennwort ein. Sie drücken einen Knopf, woraufhin ein Foto von Ihrer Familie auf einem Flatscreen-Monitor an der Zimmerwand erscheint. Dieser Raum ist so lange Ihr Büro, wie Sie sich darin aufhalten. Sobald Sie ihn verlassen, ist er es nicht mehr.

Wir wissen, warum Ihr Alltag bislang nicht so aussieht; die Menschen lieben ihre eigene kleine Höhle. Aber das erste Unternehmen, das es versteht, dieses Konzept umzusetzen, wird 25 Prozent beim Büroraum, 25 Prozent bei der Telefonanlage und 25 Prozent bei den Computern einsparen. Dies werden die Lowcost-Hersteller sein, und den Lowcost-Herstellern wird die Welt gehören.«

Das US-Telekommunikationsunternehmen AT&T schätzt, dass es zwischen 1991 und 1998 durch Umstrukturierung von Büroraum nach virtuellen Prinzipien über eine Milliarde US-Dollar eingespart hat.

Historischer Abriss

Der Prozess der Virtualisierung von Unternehmen verläuft üblicherweise stufenweise und erstreckt sich über einen längeren Zeitraum. Indem sich die Unternehmen immer mehr auf ihre Kernkompetenzen zurückziehen, werden sie zunehmend virtuell. Die virtuelle Organisation kann diese Kernkompetenzen in beliebigen Branchen zum Einsatz bringen. Sie kann gleichzeitig in der Versicherungs- und in der Eisenbahnbranche tätig sein (wie beispielsweise die britische Virgin Group). Sie kann bei Bedarf einzelne Aktivitäten beliebig rasch aufgeben oder in ganz andere Bereiche einsteigen, indem sie strategische Allianzen mit Organisationen bildet, die jene Grundfähigkeiten einbringen, die ihr selbst fehlen. Und sie kann das von jedem Ort der Welt aus tun.

Hollywood wird häufig als Musterbeispiel für eine virtuelle Organisationsstruktur angeführt. Seitdem sich die Branche vom alten Studiosystem befreit hat (in dem jedermann – von Cary Grant bis hinunter zum Türsteher – ein Vollzeitbeschäftigter war), wurden Filme nach dem virtuellen Prinzip hergestellt. Eine Anzahl Freelancer – von Schauspielern über Filmarchitekten und Werbeagenten bis zu Regisseuren – kommt mit einem gemeinsamen Ziel zusammen: einen Film zu drehen, eine Geschichte auf Zelluloid zu erzählen. Sie gehen anschließend ihrer getrennten Wege, und eine andere (unzusammenhängende) Gruppe von Menschen (mit einer ähnlichen Konstellation von Fähigkeiten) bildet sich, um einen weiteren Film zu drehen. So geht das immer weiter und funktioniert bestens.

Die virtuelle Organisation ist kurzlebiger als die Organisation der Vergangenheit. Es ist schwieriger, ihre Unternehmensgeschichte zu definieren, weil sie kein natürliches Langzeitgedächtnis besitzt wie etwa der Mitarbeiter, der ein halbes Jahrhundert für dieselbe Organisation gearbeitet hat. Und sie ist längerfristig auch nicht an einem geographischen Ort präsent, wo die Menschen »den alten Herrn Chambers noch von früher kennen«.

Empfohlene Lektüre

Baldock, R., *Destination Z*, New York 1999

Davidow, W. H. u. Malone, M. S., *Das virtuelle Unternehmen – Der Kunde als Co-Produzent*, 2. Aufl., Frankfurt 1997 (Original: *The Virtual Corporation*, New York 1992)

Gibson, R. (Hg.), *Rethinking the Future – So sehen Vordenker die Zukunft von Unternehmen*, München 1997 (Original: *Rethinking the Future*, London 1997)

Hamel, G. und Prahalad, C. K., *Wettlauf um die Zukunft. Wie Sie mit bahnbrechenden Strategien die Kontrolle über Ihre Branche gewinnen und die Märkte von morgen schaffen*, Wien 1995 (Original: *Competing for the Future*, Boston 1994)

Handy, C., »Trust and the Virtual Organization«, in: *Harvard Business Review*, Mai–Juni 1995

Malone, T. W. u. Laubacher, R. J., »The Dawn of the E-lance Economy«, in: *Harvard Business Review*, September–Oktober 1998

Thurow, L., *Die Zukunft des Kapitalismus*, Regensburg 2000 (Original: *The Future of Capitalism*, London 1996)

Vision

Eine Vision ist das Bild, das ein Unternehmen von seinen Zielen haben sollte, bevor es darangeht, sie zu erreichen. Es ist ein bisschen wie das alte Sprichwort:»Wenn du nicht weißt, wohin du gehst, kannst du sicher sein, dass du nicht ankommst.« Warren Bennis, ein bekannter Autor zum Thema Unternehmensführung, erklärt:

»Um eine Richtung wählen zu können, muss ein Manager zuerst eine Vorstellung von den möglichen und wünschenswerten zukünftigen Zuständen seiner Organisation entwickeln. Diese Vorstellung, die wir als Vision bezeichnen, kann so vage wie ein Traum oder so konkret wie ein Ziel oder ein Mission Statement sein.«

In den frühen Sechzigern hatte John F. Kennedy die Vision, bis zum Jahr 1970 einen Menschen auf den Mond zu bringen; in den Achtzigern hatte Sanford Weill die Vision, innerhalb von fünf Jahren aus American Express die führende Investmentbank zu machen. Und die Vision von IBM in dieser Zeit war noch allgemeiner: den besten Service aller Unternehmen der Welt zu bieten.

Große Unternehmensführer erzeugen große Visionen. Mary Parker Follett, eine amerikanische Politologin, schreibt in *Dynamic Administration*: »Der erfolgreichste Führer ist derjenige, der ein anderes, noch nicht verwirklichtes Bild sieht. Er sieht Dinge, die in sein gegenwärtiges Bild gehören, auch wenn sie noch nicht da sind.« Peter Drucker zufolge hängt der Erfolg eines Unternehmens von der Vision ab, die dessen Führungsspitze artikuliert.

Die folgende Beschreibung Napoleons stammt von seinem zeitgenössischen Biographen Louis Madelin:

»Mitunter verfolgte er drei oder vier Alternativen gleichzeitig und war bestrebt, jede mögliche Entwicklung, auch die schlechteste, in Betracht zu ziehen. Diese Voraussicht als Ergebnis seines Nachdenkens ließ ihn in der Regel gegen jeden Rückschlag gewappnet sein, und nichts konnte ihn jemals überraschen ... Die erstaunlichste Eigenschaft seines Intellekts war wohl die Kombination aus Idealismus und Realismus, die es ihm ermöglichte, sich gleichzeitig mit den gewagtesten Visionen und den unbedeutendsten Realitäten zu befassen. In gewissem Sinn war er sogar ein Visionär und Träumer.«

Damit eine Vision bei den Beschäftigten einer Organisation Wirkung zeigt, muss sie in eindrücklicher und nachhaltiger Weise vermittelt werden. Dabei helfen häufig Metaphern: »Ein Huhn für jeden Kochtopf« ist die Standardvision von Politikern, die Programme für einen raschen wirtschaftlichen Aufschwung versprechen.

Jan Carlzon, der legendäre Führer von Scandinavian Airline Systems (SAS) in den achtziger Jahren, umriss einst seine Vision vom »Passenger Pleasing Plane«. »Das Flugzeug, das den Passagieren gefällt« sollte nicht mehr als zwei Sitze nebeneinander und eine größere Kopffreiheit haben. »Erst dann kommen die Maschine und das Cockpit, nicht andersherum.« Carlzon blieb allerdings nicht lang genug in dieser Position, um seine Vision zu verwirklichen.

Historischer Abriss

Dass man sich seit Mitte der neunziger Jahre wieder vermehrt auf die »Vision« besinnt, geht im Wesentlichen auf James Collins und Jerry Porras zurück. In ihrem Bestseller *Built to Last* stellten sie einen Bezug zwischen der Langlebigkeit von Unternehmen und deren Visionen und Zielen her. Das Durchschnittsalter der von den Autoren betrachteten erfolgreichen Unternehmen betrug 97 Jahre. Wir lesen bei ihnen:

»Die Lektionen dieser Unternehmen lassen sich von der über-wiegenden Mehrheit der Manager aller Ebenen lernen und an-wenden. Für immer ausgedient – zumindest in unseren Augen – hat die Vorstellung, dass die Erfolgskurve eines Unterneh-mens davon abhängt, ob an seiner Spitze Menschen stehen, deren seltene und geheimnisvolle Qualitäten sich von anderen nicht erlernen lassen.«

Und so kam es, dass Scharen von Managern, die wussten, dass sie mit keinen seltenen und geheimnisvollen Qualitäten gesegnet waren, ausschwärmten, um das Buch zu kaufen.

Man hat den Autoren vorgeworfen, dass von den 18 unter-suchten Organisationen 17 US-Unternehmen waren. (Die einzige Ausnahme war Sony.) Europa und Japan haben sicherlich mehr Erfahrung mit langlebigen Unternehmen als die Vereinigten Staaten. Es wäre interessant gewesen zu ergründen, welche Er-fahrungen dort mit Visionen gemacht wurden.

Empfohlene Lektüre

Collins, J. C. u. Porras, J. I., *Built to Last: Successful Habits of Visionary Companies*, New York 1994
Collins, J. C. u. Porras, J. I., »Building Your Company's Vision«, in: *Harvard Business Review*, September–Oktober 1996

Wertschöpfungskette

Die Vorstellung von der Wertschöpfungskette tauchte zum ersten Mal im zweiten Kapitel von Michael Porters Buch *Wettbewerbsvorteile* auf, wo es heißt:

»Eine systematische Methode zur Bestimmung aller Aktivitäten eines Unternehmens und von deren Zusammenspiel ist Voraussetzung, um mögliche Quellen für Wettbewerbsvorteile (siehe Seite 336) zu analysieren. In diesem Kapitel führe ich die Wertschöpfungskette als das grundlegende Werkzeug dafür ein.«

In dem Jahrzehnt nach der Erstveröffentlichung des Buches (im Jahr 1985) entwickelte sich dieser Ansatz zu einer der meistzitierten und am häufigsten missverstandenen Ideen im Managementbereich.

Jedes Glied einer Wertschöpfungskette besteht aus einer Gruppe von Aktivitäten (Wertschöpfungsaktivitäten), und diese Aktivitäten dienen dazu, ein Produkt »zu entwerfen, herzustellen, zu vermarkten, zu vertreiben und zu supporten«. »Wertschöpfungsaktivitäten sind die einzelnen Bausteine der Wettbewerbsstärke«, schreibt Porter.

Die Wertschöpfungsketten rivalisierender Unternehmen können einander ähneln oder sich auch stark voneinander unterscheiden. Porter erwähnt das Beispiel von People Express, einer der frühesten Lowcost-Fluggesellschaften, und United Airlines, einem traditionellen Vertreter der Branche. Sie waren beide in demselben Bereich aktiv, dennoch unterschieden sie sich stark in der Art, wie sie etwa das Boarding und den Flugbetrieb handhaben sowie die Crews einsetzten. Derlei Unterschiede, behauptet Porter, sind die wichtigsten Quellen für Wettbewerbsvorteile.

Kritiker dieser Idee weisen auf die Schwierigkeit hin, die einzelnen Bausteine voneinander abzugrenzen. Ohne eine sorgfältige Definition ist es nicht möglich, sie mit denen der Wettbewerber zu vergleichen und auf diese Weise Möglichkeiten für Wettbewerbsvorteile zu entdecken. Porter dazu:

»[Jede Wertschöpfungsaktivität] erfordert, um ihre Funktion erfüllen zu können, eingekaufte Inputs, Human Resources (Arbeitskräfte und Management) und irgendeine Form von Technologie. Jede Wertschöpfungskette verwendet und erzeugt außerdem Informationen ... Der geeignete Grad an Unabhängigkeit ergibt sich aus den wirtschaftlichen Gesetzmäßigkeiten der einzelnen Aktivitäten und der Zielsetzung, die mit der Analyse der Wertschöpfungskette verknüpft ist.«

Porter formuliert außerdem, was eine Wertschöpfungskette nicht ist. So erklärt er beispielsweise: »Wertschöpfungsaktivitäten und Buchführungskategorien stimmen selten überein.« Dennoch ist es für die Unternehmen in der Praxis nicht leicht, einzelne Wertschöpfungsaktivitäten zu identifizieren, insbesondere in Bereichen, in denen es nicht um Fertigungsprozesse geht.

Historischer Abriss

Seit ihrer Einführung durch Porter wurde die Idee der Wertschöpfungskette in verschiedenen Dimensionen weiterentwickelt. Es wurden Versuche unternommen, sie über die unmittelbaren Fertigungsprozesse, für die sie in ihrer ursprünglichen Form am besten geeignet war, hinaus zu erweitern. Richard Norman und Rafael Ramirez vertraten die Auffassung, die Wertschöpfungskette habe ausgedient, da sie sich nur für eine Welt des langsameren Wandels mit fest umrissenen Märkten eigne. Heutige Unternehmen, sagen sie, müssten Wert »neu erfinden«, anstatt lediglich den Ausgangswert zu vermehren. Das könnten sie tun, indem sie die Rollen und Beziehungen in »einer Konstellation von Akteuren« – wie Zulieferern, Partnern, Kunden – neu gestalteten. Als erfolgreiches Beispiel führen sie das in Schweden beheimatete, internationale Möbelhaus IKEA an.

Jeffrey Rayport und John Sviokla wendeten das Konzept auf die virtuelle Welt, die Welt der Information, an und behaupten, die Unternehmen müssten ihr Augenmerk gleichermaßen auf die Wertschöpfung in der realen wie auch in der virtuellen Welt des Marktes richten. Ebenso wie die Unternehmen Rohmaterialien zu Produkten verarbeiteten, so veredelten sie zunehmend auch Rohinformationen zu höherwertigen Informationen. Laut Rayport und Sviokla erreichen sie dies durch eine Folge von fünf Aktivitäten: das Sammeln, Organisieren, Selektieren, Synthetisieren und Verteilen von Informationen.

Empfohlene Lektüre

Egan, G., *Adding Value*, San Francisco 1993
Freeman, E. u. Liedtka, J., »Stakeholder Capitalism and the Value Chain«, in: *European Management Journal*, Juni 1997
Norman, R. u. Ramirez, R., »From Value Chain to Value Constellation: Designing Interactive Strategy«, in: *Harvard Business Review*, Januar–Februar 1993
Porter, M., *Wettbewerbsvorteile. Spitzenleistungen erreichen und behaupten*, 5. durchges. u. erw. Aufl., Frankfurt 1999 (Original: *Competitive Advantage – Creating and Sustaining Superior Performance*, New York 1985)
Rayport, J. F. u. Sviokla, J. J., »Exploiting the Virtual Value Chain«, in: *Harvard Business Review*, Januar–Februar 1995

Wettbewerbsvorteil

Wettbewerbsvorteile ist der Titel eines Buches von Harvard-Professor Michael Porter, das in den späten Achtzigern zur Bibel der Managementtheoretiker wurde. Es griff die populären Ideen des Bankiers und Ökonomen David Ricardo zum komparativen Vorteil auf, die dieser im 19. Jahrhundert entwickelt hatte, und gab den Managern ein Strategiekonzept an die Hand, wie sie ihre Wettbewerber übertrumpfen konnten. Porter schreibt:

»Ein Wettbewerbsvorteil lässt sich dadurch erreichen, dass man vergleichbaren Käuferwert effizienter bereitstellt als die Konkurrenz (niedrigere Kosten) oder dass man zu vergleichbaren Kosten, aber in unverwechselbarer Weise etwas bietet, das mehr Käuferwert erzeugt, als die Angebote der Konkurrenz, und sich deshalb mit einer höheren Marge verkaufen lässt (Differenzierung).«

Unternehmen gewinnen, wenn ihre Angebote entweder billiger oder anders sind (und von den Kunden als besser oder zweckdienlicher wahrgenommen werden). Andere Möglichkeiten gibt es nicht.

Nur wenige Managementideen sind so klar und so unmittelbar einleuchtend. Vielleicht gab es in den letzten zwei Jahrzehnten des 20. Jahrhunderts Bücher mit höheren Auflagen, aber keines war einflussreicher als *Wettbewerbsvorteile*.

Hinter der Idee des Wettbewerbsvorteils steht eine neue Sichtweise vom Unternehmen als einer Reihe von Aktivitäten, die zusammen eine »Wertschöpfungskette« (siehe Seite 333) bilden, wie Porter es nannte. Für viele Leser war dies der entscheidende Schlüssel zur Theorie. Viele Autoren haben seither Konzepte entwickelt, die auf der Metapher einer verketteten Folge von Aktivitäten oder Gruppen von Aktivitäten (und dem verwandten Begriff des Prozesses, siehe Prozessverbesserung, Seite 244) aufbauen. Jedes Glied in der Kette erhöht den Wert, für den der Kunde am Ende zu zahlen bereit ist. Auch die Sekundäraktivitäten eines Unternehmens wie Mitarbeitertraining und Kompensationssysteme können Glieder dieser Kette bilden und ebenfalls eine Quelle für Wettbewerbsvorteile darstellen.

Historischer Abriss

Der Wettbewerb und die Möglichkeiten für die Unternehmen, hier zu gewinnen oder zu verlieren, werden seit Jahrzehnten erforscht. Porter war jedoch einer der Ersten, die sich intensiv mit dem Wettbewerbsverhalten einzelner Unternehmen beschäftigten.

Wettbewerbsvorteile erschien 1985 als »wesentliche Ergänzung« zu Porters früherem Buch *Wettbewerbsstrategie* (1980). *Wettbewerbsstrategie* befasste sich mit dem Wettbewerb auf Branchenebene, während *Wettbewerbsvorteile* auf die Situation des einzelnen Unternehmens einging. »Mein Bestreben war es«, sagte Porter, »die Funktionsweise eines Unternehmens so darzustellen, dass die Möglichkeiten für kurzfristige und längerfristige Wettbewerbsvorteile klar zutage treten.«

Wettbewerbsstrategie (mit dem Untertitel *»Methoden zu Analyse von Branchen und Konkurrenten«*) half den ambitionierten jungen Managern aus den Planungsabteilungen bei der Suche nach guten Ideen, wie sie ihr Unternehmen profitabel machen konnten. Das Buch definierte fünf Faktoren, die für die Profitabilität von Unternehmen eine Rolle spielen: das Konkurrenzverhalten der Wettbewerber, die Bedrohung durch neue Anbieter, die Gefährdung der Branche durch Substitutionsprodukte, die Verhandlungsmacht der Zulieferer und die Verhandlungsmacht der Kunden.

Wettbewerbsvorteile dagegen ist für die Unternehmensspitze geschrieben. Der Untertitel lautet *»Spitzenleistungen erreichen und behaupten«*. Das Buch verspricht den Unternehmen also nicht nur Hilfe bei der Bezwingung der Konkurrenz, sondern auch bei der Sicherung dieser Position. Das Stichwort lautete dabei: langfristige Wettbewerbsvorteile. Es schien sich um nichts Geringeres zu handeln als das Viagra für Unternehmen.

Porters handlungsbetonter Ansatz erlaubte es auch, dem bis dato etwas verschwommenen Begriff der Synergie (siehe Seite 284) einen konkreten Inhalt zu verleihen. Bei Porter heißt es:

»Der Vorteil einer gleichzeitigen wertschöpfenden Tätigkeit auf verschiedenen Geschäftsfeldern resultiert aus der Möglichkeit, bestimmte Funktionen zu teilen und proprietäre Fähigkeiten von einer Aktivität auf die andere zu übertragen. Dadurch erhält der vage Begriff der Synergie eine konkrete und praktische Bedeutung.«

Die Ideen des Buches *Wettbewerbsvorteile* regten die Firmenbosse an, sich vermehrt Gedanken über die interne Situation ihrer Unternehmen zu machen. Bis dahin hatten sich die Unternehmen in erster Linie durch ihre Beziehungen zur Außenwelt definiert, beispielsweise durch ihren Marktanteil oder ihre relative Größe. Porter machte gewissermaßen die Nabelschau salonfähig. In der Praxis allerdings taten sich viele Unternehmen schwer, all ihre verschiedenen Aktivitäten im Sinn Porters zu identifizieren – selbst dann, wenn sie zu wissen glaubten, wonach sie suchten, was durchaus nicht immer der Fall war.

In einem späteren Buch, *Nationale Wettbewerbsvorteile*, befasste sich Porter mit der Frage, inwieweit geographische Standortentscheidungen für die Wettbewerbschancen eines international tätigen Unternehmens eine Rolle spielen. Dieser geographische Aspekt führte ihn zum Gedanken des Clustering (siehe Seite 47) und zu der Frage, inwieweit Clusterbildung heute »wettbewerbsentscheidend« ist. Im Jahr 1998 zählte er folgende aktuelle Forschungsschwerpunkte auf: »Wie kommt es, dass unterschiedliche Geschäftsaktivitäten zu unterschiedlichen Wettbewerbspositionen führen? Wie lassen sich unterschiedliche Positionen Gewinn bringend nutzen? Wie lässt sich verhindern, dass Geschäftsaktivitäten von anderen imitiert werden? In welcher Beziehung stehen die verschiedenen Geschäftsaktivitäten zueinander? Wie lässt sich eine Alleinstellung auf dem Markt langfristig sichern?«

Porter ist nicht nur Bestsellerautor, er gründete auch ein Managementberatungsunternehmen namens Monitor, in dem er alle seine Beratungstätigkeiten bündelt. Für eine einstündige Präsentation werden ihm Honorare in sechsstelliger Höhe geboten. Seine persönliche Wettbewerbswaffe ist Differenzierung, nicht Preisdumping.

Empfohlene Lektüre

Porter, M., »How Competitive Forces Shape Strategy«, in: *Harvard Business Review*, März–April 1979
Porter, M., *Wettbewerbsstrategie. Methoden zur Analyse von Branchen und Konkurrenten*, 10. durchges. u. erw. Aufl., Frankfurt 1999 (Original: *Competitive Strategy – Techniques for Analyzing Industries and Competitors*, New York 1980)
Porter, M., *Wettbewerbsvorteile. Spitzenleistungen erreichen und behaupten*, 5. durchges. u. erw. Aufl., Frankfurt 1999 (Original: *Competitive Advantage – Creating and Sustaining Superior Performance*, New York 1985)
Porter, M., *Nationale Wettbewerbsvorteile. Erfolgreich konkurrieren auf dem Weltmarkt*, Wien 1999 (Original: *The Competitive Advantage of Nations*, New York 1990)
Stalk, G., »Time: The Next Source of Competitive Advantage«, in: *Harvard Business Review*, Juli–August 1988

Wissensmanagement

Im Jahr 1988 schrieb Peter Drucker, der Begründer der modernen Managementtheorie:

»Das typische Unternehmen [der Zukunft] wird wissensbasiert sein und größtenteils aus Spezialisten bestehen, die ihre eigene Leistung mittels Feedback vonseiten der Kollegen, der Kunden und der Unternehmenszentrale ausrichten und kontrollieren. In diesem Sinn wird es eine, wie ich es nenne, informationsbasierte Organisation sein.«

In einem solchen Unternehmen wird die Handhabung von Wissen und Informationen zu einer wichtigen Fähigkeit.

»In der heutigen Geschäftswelt«, ergänzte im Jahr 1992 der führende britische Managementautor Charles Handy, »kommt den intellektuellen Fähigkeiten, die allein den Herzen und Köpfen der Individuen innewohnen, eine zentrale Rolle zu.« Beide Autoren gaben der zunehmend um sich greifenden Erkenntnis Ausdruck, dass die Unternehmen die viktorianischen Zeiten inzwischen weit hinter sich gelassen hatten, in denen sie (wie Handy es formulierte) »aus einem Stück Gelände bestanden mit Anlagen darauf, die von Händen bedient wurden, deren Zeit die Besitzer kauften«. Allerdings haben sich Gesetzgebung und Verhaltensweisen nicht in demselben Maß verändert.

Das Wissen, das entweder in den Köpfen und Herzen der Mitarbeiter oder in formellen Datenbanken, Patenten, Copyrights zu finden ist, gilt zunehmend als wichtigster Vermögenswert eines Unternehmens. Der amerikanische Managementprofessor Lester Thurow sprach in einem 1997 in der *Harvard Business Review* erschienenen Artikel sogar davon, dass geistige Eigentumsrechte wichtiger seien als Produktfertigung oder Warenhandel.

Sobald die Unternehmen für sich zu dieser Erkenntnis gekommen sind, werden sie sich der Notwendigkeit bewusst, Methoden zu entwickeln, wie sie dieses Wissen managen und zur systematischen Erzeugung von zusätzlichem Wert nutzen können. An einer solchen Systematik hat es bislang gefehlt. Die Informationstechnologie hilft den Unternehmen bei der Einführung entsprechender Wissensmanagementmethoden. Die Fortschritte im IT-Bereich haben auch die Managementtheorie entscheidend weitergebracht. Mittels Data Warehousing (der zentralen Speicherung riesiger Datenmengen) können die Unternehmen ihre Strategien verfeinern und gezielter auf ihre Kunden ausrichten. Endlich weiß die linke Hand, was die rechte tut; die Marketingabteilung weiß, wer bereits Kunde des Unternehmens ist und welche Produkte und Dienstleistungen er bezieht.

Wissensmanagement gilt als Schlüssel nicht nur für die Erzeugung von Unternehmensvermögen, sondern auch von Wohlstand für die ganze Volkswirtschaft. Im Weißbuch der britischen Regierung zur Wettbewerbsfähigkeit des Landes von 1998 heißt es:»Unser Erfolg hängt davon ab, wie gut wir unsere wertvollsten Ressourcen verwenden: unser Wissen, unsere Fähigkeiten und unsere Kreativität... sie bilden den Kern jeder modernen Wissensökonomie.«

Das Wissensmanagement eines Unternehmens lässt sich auf verschiedenerlei Weise verbessern:

- **Informationen sammeln:** Alle Mitarbeiter sollten ein Bewusstsein dafür entwickeln, in welcher Weise Wissen für die Organisation von Nutzen sein kann. Die Organisation sollte sicherstellen, dass sie nicht plötzlich durch den Wechsel eines Mitarbeiters zu einem anderen Arbeitgeber wichtiger Informationen beraubt wird.
- **Ideen erzeugen:** Alle Mitarbeiter sollten ein Bewusstsein dafür entwickeln, dass nicht alle gute Ideen Ergebnisse sensationeller wissenschaftlicher Erkenntnisse sein müssen und nicht ausschließlich in hoch spezialisierten Forschungslabors erzeugt werden. Jeder sollte ermutigt werden, neue Ideen kundzutun, entweder mithilfe von»Ideenkästen« oder Ähnlichem

oder durch Belohnungen von Vorschlägen, die dem Unternehmen Geld einbringen oder sparen helfen.

- **Informationen speichern:** Datenbanken sollten so strukturiert sein, dass die bereitgehaltenen Informationen von jedem Mitglied der Organisation abgerufen und so verwendet werden können, dass es der Organisation Nutzen bringt.
- **Informationen verbreiten:** Die Organisationen müssen ihre Leute überzeugen, Informationen mit anderen zu teilen, wenn dies dem Gesamtunternehmen einen Vorteil bringt. Zu lange galten Informationen in den Organisationen lediglich als Machtinstrument. Als solche haben die Manager sie häufig im Interesse ihre privaten Machtspiele für sich behalten.

Manche Leute behaupten, die beste Möglichkeit, Menschen dazu zu bringen, Wissen zu teilen, bestehe darin, sie gemeinsam in einem Raum arbeiten zu lassen. Wenn zur Bewältigung bestimmter Aufgaben Teams gebildet werden, dann häufig unter der Prämisse, dass die Beteiligten räumlich eng zusammenarbeiten. Virtuelle Teams, die über E-Mail und Telefon verbunden sind, zeigen in der Regel nicht dieselbe Dynamik.

Empfohlene Lektüre

Nonaka, I. u. Takeuchi, H., *Die Organisation des Wissens: Wie japanische Unternehmen eine brachliegende Ressource nutzbar machen*, Frankfurt 1997 (engl.: *The Knowledge Creating Company*, Oxford 1995)

Zero Base Budgeting (ZBB)

Es gab einmal eine Zeit, in der sich das Jahresbudget am Vorjahresbudget orientierte. Jeder Posten aus dem vorigen Budget wurde um einen bestimmten Prozentsatz erhöht. Dieser wurde mehr oder weniger zufällig festgesetzt, auch wenn er vermeintlich in einem gewissen Verhältnis zur Inflationsrate, zur Gesamtstrategie des Unternehmens und zur Tagesverfassung des Managers stand, der diese Festlegung vornahm.

Seit langem war vielen klar, dass diese Methode zur Verteilung der knappen finanziellen Ressourcen eines Unternehmens nicht ideal war. Sie veranlasste die Manager, sich vor allem auf die jährlichen Kostenzuwächse anstatt auf die zugrunde liegenden Kosten selbst zu konzentrieren. Dieser Ansatz berücksichtigte zudem nur unzureichend das sich rasch verändernde Umfeld der Unternehmensaktivität. Eine jährliche Erhöhung der Ausgaben für den IT-Bereich um wenig mehr als die Inflationsrate beispielsweise konnte das Unternehmen schnell gegenüber seinen Wettbewerbern ins Hintertreffen bringen.

Niemand hatte eine überzeugende Lösung, bis schließlich Peter Pyhrr, ein Manager bei Texas Instruments in Dallas, die Idee des Zero Base Budgeting entwickelte. Er stellte sein Budget jedes Jahr so auf, als hätte es die Vorjahreszahlen nicht gegeben. Jede Annahme musste von Grund auf überdacht und begründet werden. Es war für ihn nicht akzeptabel, die Ausgaben des Vorjahres als Vergleichsmaßstab für die Budgetposten des laufenden Jahres zu verwenden und nur die Ausgabenzuwächse zu rechtfertigen. Im Prinzip behandelt das Zero Base Budgeting alle Budgetposten wie erstmals beantragte Mittel für völlig neue Projekte.

Grundvoraussetzung für ein Zero Base Budgeting ist, dass die Manager Minimalbudgets für ihre Geschäftsbereiche entwickeln. Anschließend müssen sie für einzelne Geschäftsentscheidungen, die eine Erhöhung dieses Budgets erfordern, eine Kosten-Nutzen-Rechnung durchführen. Eine solche Unterteilung des Budgets in einzelne Entscheidungskomplexe erleichtert es den oberen Führungskräften, die richtige Auswahl bezüglich der Verwendung der begrenzten Ressourcen zu treffen.

Diese Idee wurde rasch von anderen Unternehmen übernommen. Sie fand ebenfalls Anwendung in kommunalen und nationalen Verwaltungen sowie in Gesundheits- und Bildungsbehörden, Bereichen also, in denen die Budgets traditionell von Jahr zu Jahr unverändert übernommen wurden, ohne die zugrunde liegenden Annahmen ernsthaft zu hinterfragen.

Zu den Nachteilen eines Zero Base Budgeting gehören die praktischen Schwierigkeiten seiner Umsetzung, die es vergleichsweise zeitaufwändig machen. Für die traditionelle zuwachsorientierte Budgetierung spricht die einfache Handhabung. Anderen kritischen Stimmen zufolge beweist die jüngere Geschichte, dass Zero Base Budgeting eine bedenkliche Angriffsfläche für politischen Druck und Einflussnahme bietet.

Empfohlene Lektüre

Pyhrr, P., *Zero-base Budgeting: A Practical Management Tool for Evaluating Expenses*, New York 1978

Bruce Tulgan
Wettlauf um die Besten
Talente finden, fördern und ans Unternehmen binden
Aus dem Amerikanischen von Wilfried Hof

Preis: € 30.- / DM 58.67 / öS 428.- / sFr 52.20
ISBN: 3-430-19205-6
244 Seiten, gebunden mit Schutzumschlag

Den Kampf um die Besten für sich entscheiden

»Den Krieg um die Talente gewinnen« ist ein Thema, das immer häufiger durch Medien und Unternehmen geistert; zu Recht, denn Unternehmen können nur mit den besten, innovativsten Köpfen erfolgreich sein. Doch vor allem die Vertreter der Generation X, die nach 1963 Geborenen, sind extrem flexibel, kennen ihren Wert, suchen Abwechslung, auch in der Arbeit. Plötzlich sehen sich Unternehmen in der Situation, um die besten Köpfe kämpfen zu müssen, ob sie sie bereits im Haus haben und halten möchten oder erst »erobern« wollen. Bruce Tulgan, der seit Jahren die Werte und Ziele der Generation X untersucht, besuchte die Fronten dieses neuen Krieges und erforschte, mit welchen Strategien und Taktiken die einflussreichsten Unternehmen Amerikas den Kampf um Talente führen. Daraus entstand dieses wegweisende Buch, dessen Lektüre sich kein Personalverantwortlicher entgehen lassen darf.

Bruce Tulgan, gelernter Jurist und Politikwissenschaftler, ist heute Meinungsforscher, Managementconsultant und gefragter Referent. Sein Forschungs- und Beratungsunternehmen RainmakerThinking untersucht u. a. das Arbeitsleben der Generation X und dessen Auswirkung auf Unternehmensführung und Management. Tulgans Arbeit war das Thema von bislang mehr als 1000 Zeitungsbeiträgen; seine eigenen Artikel erscheinen u.a. in der *New York Times*, der *Los Angeles Times* und in *USA Today*.

Eine reiche Kollektion an Ideen und Beispielen, die garantiert Manager und Mitarbeiter in Unternehmen jeglicher Größe und Branche provoziert und herausfordert.
Michael D. Parker, CEO von Dow Chemical Company

John Middleton

Die E-Business-Bibliothek
50 Bücher, die Sie kennen müssen
Aus dem Englischen von Stephan Gebauer

Preis: € 24.95 / DM 49.90 / öS 364.– / sFr 43.60
ISBN 3-430-16904-3
366 Seiten, gebunden mit Schutzumschlag

Das ultimative Wissen zur New Economy –
kompakt und übersichtlich

Was das Internet in ein paar Jahren geschafft hat, dafür brauchten die Eisenbahn, das Telefon oder das Automobil viele Jahrzehnte. Diese gewaltige Geschwindigkeit und das Tempo, in dem unser Wissen zum E-Business gewachsen ist, lassen auch vieles binnen kürzester Zeit veralten. Jahr für Jahr erscheint eine enorme Anzahl von Veröffentlichungen zum Thema E-Business. Einen Überblick über die wirklich unverzichtbaren Bücher zu haben, ist dabei kaum mehr möglich. Hinzu kommt, dass *das* Buch zur New Economy nie geschrieben wurde.

Frei nach Tom Petzinger von Wall Street Journal, der sagt: „ Niemand ist so smart wie alle", stellt John Middleton, englischer E-Business-Vordenker, die 50 besten Titel vor. Er erläutert die darin entwickelten Konzepte, Ideen und ihren Wert für Geschäftsmodelle und Unternehmensstrukturen: von Stan Davis und Christopher Meyer (Blur) über das Cluetrain Manifest und Tom Peters (Die ICH AG) bis hin zu Bruce Tulgan (Work This Way). Eine ausführliche kommentierte Literaturliste lädt ein zum Weiterlesen und zur Vertiefung. Die E-Business-Bibliothek ist das bisher einzige Buch, das eine gute und verständliche Übersicht in Buchform bietet.

John Middleton ist englischer Business-Vordenker und Gründer des Bristol Management Research Center und Herausgeber von Future Filter, einem englischen Magazin für die New Economy. Er arbeitet als Berater und Trainer für zukunftsgerichtete Unternehmen.

Kai Romhardt
Wissen ist machbar
50 Basics für einen klaren Kopf

Preis: € 14.95 / DM 29.24 / öS 213.- / sFr 26.90
ISBN: 3-430-17875-4
205 Seiten, gebunden mit Schutzumschlag

50 kompakte Tipps für ein Selbstmanagement des Wissens

Unser Wissen in Beruf und Privatleben wird immer komplexer. Die tägliche Flut neuer Informationen verringert die Halbwertszeit des Wissens dramatisch. Da die Aufnahmefähigkeit für neues Wissen begrenzt ist, droht der Wissens-Overkill.

Dieser einzigartige Ratgeber hilft, mit Wissen völlig neu umzugehen. Er zeigt, wie wir lernen können, unser Wissen als einen aktiven Austauschprozess und uns selbst als Teil von Wissensgemeinschaften zu verstehen. Konkret gibt er einen Einblick in die Grundlagen von Wissen, zeigt neue S trategien der Wissensorganisation und leitet auf originelle Weise an, wichtige von unwichtigen Informationen zu unterscheiden.

Anschaulich geschrieben und verpackt in 50 inspirierende praxisnahe Tipps, beschreibt Kai Romhardt, wie Sie in Arbeit und Alltag Wissen bewusst aufnehmen, völlig neu erleben und sich selbst effizient (wissens)managen können.

Kai Romhardt, geboren in Hamburg, studierte Betriebswirtschaft an der renommierten Universität St Gallen und promovierte in Genf zum Thema Wissensmanagement. Er ist erfolgreicher Buchautor und gefragter Referent sowie als Trainer und Berater in vielen renommierten deutschen und Schweizer Unternehmen tätig.